2.ª FASE DO EXAME DA OAB

Modelos de peças de Direito Comercial

Vander Brusso da Silva

BF&A

Barros, Fischer & Associados

PARTE II

Nota do autor

A presente obra tem por objetivo preparar os candidatos para a segunda fase do Exame de Ordem, assim como servir de instrumento de consulta e fonte de pesquisa para a prática forense aos profissionais já habilitados.

O livro foi dividido em duas partes. Na primeira, trato da prática jurídica empresarial, discutindo os assuntos atinentes a essa disciplina: teoria geral do Direito Comercial, Direito Societário, títulos de crédito, recuperação judicial, recuperação extrajudicial e falência. Também explico o processo civil aplicável a tais temas, com modelos de peça, citação de leis, artigos, jurisprudências, súmulas e a mais respeitada doutrina.

A segunda parte é dedicada aos recursos utilizados na vida profissional do advogado que pretende especializar-se em Direito Comercial: recurso de apelação, agravo retido, agravo por instrumento, embargos, recurso especial, recurso extraordinário, entre outros. Abordo questões polêmicas, sem perder de vista o objetivo principal. São citados autores respeitados, jurisprudências, súmulas, artigos, etc.

O direito material, por sua vez, foi estudado de maneira mais simplificada, razão pela qual sugiro como leitura complementar *Direito Comercial*, publicado por esta editora na coleção Para Aprender Direito e também de minha autoria.

Boa leitura.

Vander Brusso da Silva

PARTE I
Prática jurídica empresarial

O Direito Comercial vem sofrendo inúmeras transformações ao longo do tempo. A mais relevante se deu em 2002, com a publicação do novo Código Civil, que passou a adotar a teoria da empresa, ampliando, assim, a antiga teoria de atos de comércio e consolidando a transição do Direito francês para o Direito italiano.

Em razão dessa mudança, alguns doutrinadores e estudiosos do Direito Comercial passaram a chamá-lo de Direito Empresarial, na tentativa de adaptá-lo à teoria da empresa. No entanto, em que pese o notório saber jurídico dos colegas, ouso discordar. Creio que a denominação da referida disciplina deve ser Direito Comercial, mesmo após a reforma introduzida pelo novo Código Civil. Isso porque a mudança reflete apenas na teoria geral do Direito Comercial, não alterando nem afetando as demais leis comerciais, como a das sociedades anônimas, a do Direito Cambiário, a das marcas e patentes, entre outras. Portanto, nesta obra, tal disciplina é chamada de Direito Comercial.

Teoria geral do Direito Comercial

Em decorrência da aparente mudança introduzida pelo Código Civil de 2002, a figura do antigo comerciante dá lugar à do empresário. Assim, dispõe o diploma legal:

> *Art. 966 – Considera-se empresário quem exerce profissionalmente atividade econômica organizada para a produção ou a circulação de bens ou serviços.*

Portanto, o conceito de empresário representa uma ampliação do antigo comerciante: no Direito Comercial regido pela teoria de atos de comércio, o comerciante era a pessoa física ou jurídica que exercia atos de intermediação; no novo sistema, inclui-se em sua atividade a produção.

Ensina Fran Martins (*Curso de Direito Comercial*, p. 65):

> *Com a evolução da importância das empresas no exercício das atividades comerciais, os comerciantes são considerados empresários, isto é, os chefes das empresas (Código Civil italiano, de 1942, art. 2.086). Tendo-se em conta que é considerado empresário "quem exerce profissionalmente atividade econômica organizada para a produção ou circulação de bens ou serviços" (Projeto de Código Civil de 1975, art. 1.033), vê-se que o campo de ação do comerciante foi ampliado com o conceito de empresário, pois, se no direito tradicional o comerciante era simples intermediário, no novo direito as atividades da empresa podem ser também de produção.*

Da definição trazida pelo Código Civil, destaca-se a importância dos seguintes conceitos básicos:

Profissionalismo – O empresário é quem exerce sua atividade de maneira habitual, e não, portanto, de modo esporádico, aventurando-se no mercado; deve-se respeitar o caráter da pessoalidade, ou seja, o empresário não pode ser empregado; por fim, o empresário é o detentor das informações de seus produtos e dos riscos causados ao consumidor final.

Atividade econômica – O empresário exerce uma atividade, isto é, a própria empresa. Entende-se por "econômica" a busca do lucro na exploração do empresário de sua empresa.

Organização – Para o professor Fábio Ulhoa Coelho, pertencem à organização empresarial quatro fatores: o capital, a mão de obra, os insumos e a tecnologia. Assim, segundo ele, não é empresário quem explora atividade de produção ou circulação de bens ou serviços sem um desses fatores.

Produção de bens ou serviços – Produção de bens é a fabricação de mercadorias; produção de serviços, a prestação destes.

Circulação de bens ou serviços – Representa a intermediação de mercadorias ou de serviços.

Ressalte-se que o *caput* do artigo 966 do Código Civil, como visto, diz respeito ao empresário, ao passo que o parágrafo único se refere ao não empresário, também conhecido, quando explorado por intermédio de uma pessoa jurídica, como **sociedade simples**.

> *Art. 966, parágrafo único – Não se considera empresário quem exerce profissão intelectual, de natureza científica, literária ou artística, ainda com o concurso de auxiliares ou colaboradores, salvo se o exercício da profissão constituir elemento de empresa.*

As atividades de natureza científica, literária ou artística continuam sendo consideradas civis e não estão sujeitas às regras do Direito Comercial. É o caso de um médico que explora sua atividade mesmo que com colaboradores (secretária, por exemplo): seus clientes vão ao consultório pela individualização do profissional. Entretanto, se esse mesmo médico organiza-se e constitui uma clínica especializada em endocrinologia com outros profissionais, é considerado empresário.

Tipos de empresário

Assim como o comerciante, o empresário pode ser pessoa física, chamado **empresário individual**, ou jurídica, denominado **sociedade empresária**. O empresário não deve ser confundido com outras figuras societárias. Quando duas ou mais pessoas se unem para formar uma sociedade de maneira organizada, constituem uma sociedade empresária, cujos membros são considerados sócios, investidores ou colaboradores, nunca empresários.

As denominações também são diferentes quando se explora atividade econômica não incluída no conceito de empresário trazido pelo Código Civil: autônomo, ambulante ou outra, para pessoa física, e sociedade simples, para pessoa jurídica.

Capacidade e condições para ser empresário

Capacidade é o exercício da personalidade. Miguel Reale (*Lições de Direito*, p. 232) distingue a capacidade de fato e a capacidade de direito. A primeira refere-se "às condições materiais do exercício, enquanto a segunda é concernente à aptidão legal para a prática dos atos".

Toda pessoa é capaz de direitos e obrigações. O Código Civil preceitua as condições para ser empresário:

> *Art. 972 – Podem exercer a atividade de empresário os que estiverem em pleno gozo da capacidade civil e não forem legalmente impedidos.*

A capacidade civil para o exercício dos atos da vida civil e, agora, da vida mercantil ou empresarial encontra-se prevista no artigo 5.º do Código Civil, que preceitua:

Art. 5.º – A menoridade cessa aos 18 anos completos, quando a pessoa fica habilitada à prática de todos os atos da vida civil.
Parágrafo único – Cessará, para os menores, a incapacidade:
I – pela concessão dos pais, ou de um deles na falta do outro, mediante instrumento público, independentemente de homologação judicial, ou por sentença do juiz, ouvido o tutor, se o menor tiver 16 anos completos;
II – pelo casamento;
III – pelo exercício de emprego público efetivo;
IV – pela colação de grau em curso de ensino superior;
V – pelo estabelecimento civil ou comercial, ou pela existência de relação de emprego, desde que, em função deles, o menor com 16 anos completos tenha economia própria.

Portanto, pode ser empresário no Brasil o indivíduo brasileiro ou estrangeiro maior de 18 anos ou maior de 16 e menor de 18 devidamente emancipado.

Também se permite ao incapaz que seja empresário, desde que representado ou assistido, mediante autorização do juiz. Ele pode continuar a empresa que exercia enquanto capaz ou que recebeu em sucessão, mas não, em hipótese alguma, constituir uma empresa nova, por falta de previsão legal.

A autorização definida no Código Civil de 2002 difere da prevista no antigo Código Comercial. Neste, eram os pais que concediam a autorização ao menor que pretendesse constituir uma empresa nova, e eles poderiam revogá-la a qualquer momento, salvo se o menor se estabelecesse com economia própria, hipótese em que seria considerado emancipado. A autorização de que trata o Código Civil decorre do juiz, e não da vontade dos pais. O juiz procederá à autorização judicial após o exame das circunstâncias e dos riscos da empresa, bem como da conveniência em continuá-la, e poderá revogá-la a qualquer momento, ouvidos os pais, tutores ou representantes legais do menor ou do interdito, sem prejuízo dos direitos adquiridos por terceiros (art. 974, § 1.º, CC).

Se o representante ou assistente for pessoa legalmente impedida, será nomeado um gerente para a empresa do menor, com a aprovação do juiz, assim como um gerente para todos os atos para os quais ele achar conveniente, sem prejuízo da responsabilidade do representante ou assistente (art. 975, CC).

A emancipação do menor e a autorização do incapaz, assim como a eventual revogação destas, serão averbadas no Registro Público de Empresas Mercantis, ou seja, na Junta Comercial do Estado, e o uso da nova firma caberá, conforme o caso, ao gerente, ao representante do incapaz ou a este, quando puder ser autorizado (art. 976, CC).

Por fim, convém mencionar os impedimentos decorrentes da lei para ser empresário. A atividade empresarial não é incompatível com outras atividades, porém, levando em conta o cargo ocupado pelos supostos empresários, as leis comerciais vedam seu exercício, dentre outros, a: servidores públicos; militares da ativa; magistrados e cônsules; médicos em farmácias, drogarias ou laboratórios farmacêuticos; falidos, enquanto não reabilitados; estrangeiros não residentes no país; leiloeiros. Importante observar que os impedimentos se aplicam apenas à condição de inscrição no Registro Público de Empresas Mercantis como pessoa física, isto é, empresário individual, não se estendendo à participação como quotista ou acionista de sociedades empresárias.

No que diz respeito à capacidade para ser sócio de uma sociedade empresária, ela será estudada no capítulo "Direito Societário".

Capacidade processual e empresário individual

Segundo a melhor doutrina, a pessoa natural adquire capacidade de direito com o nascimento com vida.

O empresário individual exerce a empresa em nome próprio e, como toda pessoa física, sua capacidade processual se dá em decorrência da própria pessoa natural. Assim, aquele que está habilitado para a prática de atos da vida civil e é empresário individual tem capacidade processual. Com o registro de seus atos constitutivos na Junta Comercial, o empresário adquire também a capacidade de estar em juízo.

Capacidade processual e pessoas jurídicas

De acordo com o ordenamento brasileiro, as pessoas jurídicas podem ser:

a) de direito público externo: Estados estrangeiros;
b) de direito público interno: entes da Federação (União, Estados, Distrito Federal e Municípios), autarquias, etc.;
c) de direito privado: sociedades, associações e fundações.

Interessa-nos aqui as sociedades, pois exercem atividade empresarial.

A doutrina costuma classificar as sociedades em contratuais (ex.: sociedade limitada) e institucionais, regidas por estatuto (ex.: sociedade anônima).

Segundo o Código Civil, as sociedades decorrem da elaboração de um contrato e ganham personalidade jurídica com o registro de seus atos constitutivos no Cartório de Registro de Pessoas Jurídicas, no caso das sociedades simples, ou na Junta Comercial, no caso das sociedades empresárias.

A falta de registro não desqualifica a sociedade de estar em juízo ou fora dele, mas a torna irregular, gerando, em contrapartida, algumas proibições, como a de recuperação judicial ou extrajudicial, a de responsabilidade ilimitada dos sócios ou acionistas e a do direito de contratar com o Poder Público.

Quanto à representação em juízo, dispõe o Código de Processo Civil (CPC):

> *Art. 12 – Serão representados em juízo, ativa e passivamente:*
> *[...]*
> *VI – as pessoas jurídicas, por quem os respectivos estatutos designarem, ou, não os designando, por seus diretores.*

Dessa maneira, as sociedades serão representadas em juízo pelas pessoas autorizadas pelo contrato social ou pelo estatuto ou, em sua falta, por seus diretores.

Capacidade processual e pessoas despersonalizadas

Algumas pessoas despersonalizadas têm capacidade processual, embora sejam não personificadas, como é o caso da massa falida, que será representada em juízo pelo administrador judicial, conforme a Lei de Recuperação e Falências (Lei 11.101/05).

As sociedades sem personalidade jurídica serão representadas pela pessoa a quem couber a administração de seus bens (art. 12, VII, CPC). Oportuno, porém, citar que tais sociedades, quando demandadas, não poderão opor a irregularidade de sua constituição.

Processo e procedimento mais adequado

Segundo o Código de Processo Civil, existem três tipos de processo: de conhecimento, de execução e cautelar. Escolher erroneamente o procedimento poderá levar à extinção do processo sem julgamento do mérito (art. 267, IV, CPC) ou ao indeferimento da petição inicial, quando o procedimento não corresponder à natureza da causa ou ao valor da ação, situação em que o juiz poderá adaptar o procedimento (art. 295, V, CPC), evitando, assim, maiores prejuízos.

Modelo

Procuração

Outorgante: [Qualificar a pessoa física ou identificar a pessoa jurídica de forma completa.]

Outorgado: [Qualificar o advogado de forma completa.]

Poderes: Pelo presente instrumento particular [Ou: Por este instrumento], são conferidos poderes para o foro, em qualquer juízo, instância ou tribunal, podendo, ademais, propor contra quem de direito as devidas ações ou defesas, agindo, para tanto, em conjunto ou separadamente, podendo, ainda, substabelecer a outrem, com ou sem reservas de iguais poderes, em especial para __________________.

Local, data.

Assinatura

Petição inicial

Petição inicial é o instrumento pelo qual as partes exercem seu direito de ingressar em juízo e pedir a prestação jurisdicional do Estado. Consiste, pois, no instrumento pelo qual se exercita a ação.

A petição inicial – e até mesmo uma contestação – somente poderá ser proposta se a parte interessada comprovar seu interesse e legitimidade para agir (art. 3.º, CPC).

Portanto, a petição inicial é o instrumento hábil para instalar um processo judicial. Peço liberdade ao professor Humberto Theodoro Jr. para reproduzir os ensinamentos nos quais faz referência a Eduardo Couture (*Curso de Direito Processual Civil*, p. 110):

> *O homem observa sempre a sequência "saber-querer-agir". Também o órgão judicial, diante da lide a solucionar, primeiro conhece os fatos e o direito a eles pertinentes; depois decide, isto é, manifesta a vontade de que prevaleça determinada solução para o conflito; e, finalmente, se a parte vencida não se submete espontaneamente à vontade manifestada, age, de maneira prática, para realizar, mediante força, o comando do julgado.*

Requisitos

Para que seja hábil aos fins aos quais se destina, a petição inicial deverá atender aos requisitos legais determinados pelos artigos 282 e 283 do CPC, sob pena de inépcia, como veremos a seguir.

> *Art. 282 – A petição inicial indicará:*
> *I – o juiz ou tribunal a que é dirigida;*

Recurso de agravo por instrumento

a) Excelentíssimo Senhor Doutor Desembargador do Tribunal Regional Federal da ____ Região.
b) Excelentíssimo Senhor Doutor Desembargador do Egrégio Tribunal de Justiça do Estado de ____.

Recurso de apelação

Endereçado ao mesmo juízo da ação inicial, ou seja, ao juízo *a quo*.

Recurso especial ou extraordinário

Endereçados ao Superior Tribunal de Justiça (STJ) ou ao Supremo Tribunal Federal (STF), conforme o caso.

> *II – os nomes, prenomes, estado civil, profissão, domicílio e residência do autor e do réu;*

Na inicial, as partes deverão ser devidamente qualificadas, com nomes, prenomes, estado civil, profissão, domicílio e residência. Obviamente, tratando-se de ação movida por iniciativa do autor, a qualificação a ele se referirá, e, sendo o réu pessoa jurídica, de sua qualificação constarão apenas a identificação e o local considerado para fins de seu domicílio. Exemplo:

[autor] João da Silva, brasileiro, solteiro, empresário, portador da cédula de identidade RG n.º ____ e do CPF ____, residente e domiciliado no Município de ____, na Rua ____, n.º ____, Bairro ____, Estado de ____, CEP ____; **[réu]** Alfa Indústria e Comércio de Roupas Ltda., com sede no Distrito Federal...

No caso de **mandado de segurança**, é bom lembrar que este será direcionado a "ato" de autoridade, que, para fins de impetração, deverá ser mencionado.

III – o fato e os fundamentos jurídicos do pedido;

O subscritor da petição inicial deverá narrar os fatos com cuidado.

Nas provas relativas ao Exame de Ordem, o candidato deverá:

a) ater-se ao problema apresentado, descrevendo cuidadosamente os fatos e não acrescentando dados que não foram indicados;
b) nos fundamentos jurídicos do pedido, elaborar a tese na defesa dos interesses do cliente, arguindo toda a matéria necessária para tal.

Não existe um modelo específico para os fundamentos jurídicos do pedido, que deverão ser apresentados de acordo com o fato concreto; a elaboração da tese é livre. Nesse aspecto, entretanto, é importante distinguir os fundamentos de direito material e os de direito processual:

Fundamentos de direito material – Variam de acordo com o caso concreto e estão vinculados à pretensão do autor.

Fundamentos de direito processual – São os que autorizam o exercício da ação a ser manejada visando à proteção de um direito do autor. Tais fundamentos, por estarem direcionados a um tipo de ação determinado, são sempre os mesmos.

IV – o pedido, com as suas especificações;

O pedido variará conforme a pretensão do autor a ser deduzida em juízo. Nesse sentido, vale lembrar que o pedido será imediato e mediato.

Pedido imediato – É sempre o mesmo, qual seja, a procedência do pedido.

Pedido mediato – Refere-se à causa de pedir remota e se associa ao objetivo da demanda, isto é, à obtenção de uma sentença declaratória ou condenatória. A condenação ao pagamento das custas e dos honorários advocatícios faz parte do pedido mediato. Mencionada condenação, contudo, não tem lugar em sede de mandado de segurança.

Tratando-se de recursos, o pedido imediato será o de que o recurso seja conhecido e provido, e o pedido mediato variará de acordo com o próprio recurso e quanto ao que se pretende relativamente à decisão impugnada.

V – o valor da causa;

O valor da causa, em regra, variará de acordo com a própria pretensão.

VI – as provas com que o autor pretende demonstrar a verdade dos fatos alegados;

O protesto por provas consiste em direito do autor a ser exercido livremente, sob pena de prejuízo ao contraditório, assim inserido na ampla defesa. Não se trata, portanto, de pedido ou de requerimento, e sim de direito. O autor da ação deverá anexar os documentos comprobatórios de seus direitos à petição inicial, promovendo o protesto genérico quanto à produção de outras provas que se fizerem necessárias no curso da demanda. Ressalte-se que, no mandado de segurança, não se admite dilação probatória, não havendo, portanto, possibilidade para a produção de outras provas senão as que comprovam a existência do direito líquido e certo nos quais se fundamenta a ação. Ademais, de acordo com o artigo 283 do CPC, a petição inicial será instruída com os documentos indispensáveis à propositura da ação.

Quanto ao protesto por provas, é relevante frisar que se distingue tanto do pedido como dos requerimentos. O pedido consubstancia-se na própria pretensão do autor quanto à declaração, extinção, condenação, etc. Os requerimentos referem-se aos atos processuais a serem praticados no curso do processo, sem os quais haverá prejuízo para sua regularidade e, consequentemente, não será alcançada a decisão de mérito. O protesto, como visto, sendo um direito, não se subordina a um deferimento pelo juízo.

VII – o requerimento para a citação do réu.

A relação jurídico-processual somente se completa quando o réu é chamado a participar. O autor da ação deverá requerer a citação do réu, para que, dentro do prazo legal, apresente defesa.

Além desse requerimento, que é essencial à regularidade do processo válido, outros podem ser promovidos no curso do processo, a exemplo da juntada de outras petições.

Consequência do não atendimento dos requisitos da petição inicial

Caso o juiz verifique que a petição inicial não atendeu, total ou parcialmente, aos requisitos exigidos pelos artigos 282 e 283 do CPC, determinará que o autor a emende ou complete, no prazo de dez dias. Se o autor não cumprir a diligência, o juiz indeferirá a petição inicial (art. 284, CPC).

Petição em termos

Considera-se em termos a petição inicial que atende aos requisitos dos artigos 282 e 283 do CPC. Assim estando, o juiz a despachará, ordenando a citação do réu, para responder; do mandado citatório constará a advertência de que, não sendo contestada a ação, serão presumidos como aceitos pelo réu os argumentos articulados pelo autor na inicial (art. 285, CPC).

Determinação do pedido

O pedido, como mencionado, está atrelado à pretensão do autor a ser exercida por meio de ação própria. De acordo com a previsão do artigo 286 do CPC, deve ser certo ou determinado, sendo lícito à parte, contudo, formulá-lo de maneira genérica nas seguintes situações:

I – nas ações universais, se não puder o autor individuar na petição os bens demandados;
II – quando não for possível determinar, de modo definitivo, as consequências do ato ou do fato ilícito;
III – quando a determinação do valor da condenação depender de ato que deva ser praticado pelo réu.

Caso o autor peça que seja imposta ao réu a abstenção da prática de algum ato, a tolerância de alguma atividade, a prestação de ato ou, ainda, a entrega de coisa, poderá requerer cominação de pena pecuniária para o caso de descumprimento da sentença ou da decisão antecipatória da tutela (art. 287, CPC).

O pedido será formulado de modo alternativo quando, pela natureza da obrigação, o devedor puder cumprir a prestação de mais de um modo. Quando, pela lei ou pelo contrato, a escolha couber ao devedor, o juiz lhe assegurará o direito de cumprir a prestação de um ou de outro modo, ainda que o autor não tenha formulado pedido alternativo (art. 288, CPC).

Importante lembrar que o autor poderá, também, formular mais de um pedido, em ordem sucessiva, a fim de que o juiz conheça do posterior, em não podendo acolher o anterior (art. 289, CPC).

Por fim, de acordo com o artigo 292 do CPC, é permitida a cumulação, em um único processo, contra o mesmo réu, de vários pedidos, ainda que entre eles não haja conexão, desde que:

I – os pedidos sejam compatíveis entre si;
II – seja competente para conhecer deles o mesmo juízo;
III – seja adequado para todos os pedidos o tipo de procedimento.

Quando, porém, para cada pedido, corresponder tipo diverso de procedimento, a cumulação somente será admitida se o autor concordar em empregar, para todos, o procedimento ordinário.

Aditamento do pedido

Antes da citação, o autor poderá aditar o pedido, arcando com as custas havidas em razão dessa iniciativa. Verificada a citação, entretanto, o autor somente poderá alterar o pedido mediante expressa concordância do réu, o mesmo ocorrendo no caso de desistência.

Indeferimento da petição inicial

Nos termos do artigo 295 do CPC, a petição inicial será indeferida:

I – quando for inepta;
II – quando a parte for manifestamente ilegítima;
III – quando o autor carecer de interesse processual;
IV – quando o juiz verificar, desde logo, a decadência ou a prescrição;
V – quando o tipo de procedimento escolhido pelo autor não corresponder à natureza da causa, ou ao valor da ação, caso em que só não será indeferida se puder adaptar-se ao tipo de procedimento legal;
VI – quando não atendidas as prescrições dos artigos 39, parágrafo único, primeira parte, e 284.

Considera-se inepta a petição inicial quando:

a) lhe faltar pedido ou causa de pedir. Toda petição inicial deverá trazer o pedido e a causa de pedir. O pedido imediato consistirá sempre na procedência da ação para o fim (pedido mediato) de que o juiz, por exemplo, declare falido o empresário, conceda a liminar e confirme em definitivo a ordem de segurança, etc. A causa de pedir remota está intimamente ligada aos fundamentos jurídicos de direito material; a causa de pedir próxima associa-se aos fundamentos jurídicos de direito processual. Na petição inicial, portanto, o autor deverá demonstrar a causa de pedir com seus respectivos fundamentos jurídicos, de modo a sustentar sua tese de defesa, com observância da possibilidade jurídica do pedido e, quando houver mais de um pedido, da compatibilidade entre eles.

b) o pedido for juridicamente impossível. O pedido da ação deverá ser juridicamente possível, ou seja, viável perante os limites estabelecidos em lei.
c) contiver pedidos incompatíveis entre si. Os pedidos poderão ser cumulados desde que tenham conexão, ou seja, sejam compatíveis, não sendo, por isso, formulados de modo contraditório.

Indeferida a inicial, o autor poderá apelar da sentença de indeferimento, e será facultado ao juiz, no prazo de 48 horas, reformar sua decisão. Não sendo reformada a decisão, os autos serão imediatamente encaminhados ao tribunal competente. Lembre-se de que, nesse caso, o recurso cabível será o de apelação, que poderá ser interposto quando a petição inicial for indeferida ou, quando julgada, a parte não se conformar com a decisão.

Papel do Ministério Público

De acordo com o artigo 81 do CPC, o Ministério Público exercerá o direito de ação nos casos expressamente previstos em lei, cabendo-lhe, no processo, os mesmos poderes e ônus que às partes. O artigo 82 autoriza o douto representante do Ministério Público a intervir no processo:

I – nas causas em que há interesses de incapazes;

II – nas causas concernentes ao estado da pessoa, pátrio poder, tutela, curatela, interdição, casamento, declaração de ausência e disposições de última vontade;

III – nas ações que envolvam litígios coletivos pela posse da terra rural e nas demais causas em que há interesse público evidenciado pela natureza da lide ou qualidade da parte.

Nessas situações, o representante do Ministério Público, como interventor, terá vista dos autos depois das partes, sendo intimado de todos os atos do processo. Poderá juntar documentos e certidões, produzir prova em audiência e requerer medidas ou diligências necessárias ao descobrimento da verdade.

Quando a lei considerar obrigatória a intervenção desse órgão, sua não intimação será causa de nulidade do processo. Além das matérias mencionadas, a Lei do Mandado de Segurança (12.016/09) diz que é obrigatória a manifestação do Ministério Público, sob pena de nulidade processual. Tal dispositivo vem recebendo tratamento diverso pela jurisprudência brasileira.

Processo e procedimento

É muito comum entre os processualistas a menção aos procedimentos ordinário ou sumário de determinada ação. Eles estão previstos nos artigos 270 e seguintes do CPC.

Procedimento sumário

De acordo com o artigo 272 do CPC, o procedimento comum é ordinário ou sumário. O procedimento especial, por seu turno, e o sumário regem-se pelas disposições que lhes são próprias, aplicando-se-lhes, subsidiariamente, as disposições gerais do procedimento ordinário.

O procedimento sumário encontra-se previsto no artigo 275 do CPC, que diz:

Observar-se-á o procedimento sumário:
I – nas causas cujo valor não exceda a 60 (sessenta) vezes o valor do salário mínimo;
II – nas causas, qualquer que seja o valor:
a) de arrendamento rural e de parceria agrícola;
b) de cobrança ao condômino de quaisquer quantias devidas ao condomínio;
c) de ressarcimento por danos em prédio urbano ou rústico;
d) de ressarcimento por danos causados em acidente de veículo de via terrestre;
e) de cobrança de seguro, relativamente aos danos causados em acidente de veículo, ressalvados os casos de processo de execução;
f) de cobrança de honorários dos profissionais liberais, ressalvado o disposto em legislação especial;
g) que versem sobre revogação de doação;
h) nos demais casos previstos em lei.
Parágrafo único – Este procedimento não será observado nas ações relativas ao Estado e à capacidade das pessoas.

A escolha pelo rito sumário ou ordinário não decorre da vontade das partes, ainda que acordado entre elas, uma vez que o rito sumário encontra-se previsto no Código de Processo Civil, sendo estabelecido em razão do interesse da Justiça. Claro que a própria lei prevê algumas exceções, que não serão objeto de estudo aqui.

O procedimento sumário é considerado pela doutrina especializada mais célere do que o ordinário.

Características do procedimento sumário

A petição inicial do procedimento sumário deve atender a requisitos que lhe são próprios, além dos pertinentes ao procedimento ordinário (arts. 282 e 283, CPC), desde que compatíveis. Nela, o autor apresentará o rol de testemunhas e, se houver requerimento de perícia, formulará os quesitos, podendo, nessa oportunidade, indicar assistente técnico (art. 276, CPC).

O juiz, além de mandar citar o réu para responder, procedimento típico do ordinário, designará a audiência de conciliação, a ser realizada no prazo de 30 dias, citando-se o réu, com antecedência mínima de dez dias e sob a advertência de reputar os fatos narrados na inicial como verdadeiros, determinando o comparecimento das partes, conforme artigo 277 do CPC. Sendo ré a Fazenda Pública, os prazos serão contados em dobro.

As partes deverão comparecer pessoalmente à audiência, podendo também ser representadas por procurador com poderes especiais. Caso haja conciliação, ela será reduzida a termo e homologada por sentença – o juiz poderá ser auxiliado por um conciliador.

Na audiência, o juiz decidirá de plano a impugnação ao valor da causa ou a controvérsia sobre a natureza da demanda, determinando, se for o caso, a conversão do procedimento sumário em ordinário. A conversão também ocorrerá quando houver necessidade de prova técnica de maior complexidade.

Diz o artigo 278 do CPC que, não obtida a conciliação, oferecerá o réu, na própria audiência, resposta escrita ou oral, acompanhada de documentos e rol de testemunhas, e, se houver requerimento de perícia, formulará seus quesitos desde logo, podendo indicar, nesse momento, assistente técnico.

Não há limites de matérias que podem ser alegadas pelo réu em audiência, senão a proibição do pedido de reconvenção, nos termos do artigo 278, § 1.º, do CPC. Isso porque no procedimento sumário a contestação do réu tem natureza dúplice, podendo o réu, assim, além de contestar, formular pedido, no bojo de sua contestação.

Os atos probatórios realizados em audiência poderão ser documentados mediante taquigrafia, estenotipia ou outro método hábil de documentação, fazendo-se a respectiva transcrição se assim determinar o juiz (art. 279, CPC).

Concluídos a instrução e os debates orais, o juiz proferirá sua sentença na própria audiência ou no prazo de dez dias. Por fim, de acordo com o artigo 280 do CPC, nesse tipo de procedimento não são admissíveis a ação declaratória incidental e a intervenção de terceiros, salvo a assistência, o recurso de terceiro prejudicado e a intervenção fundada em contrato de seguro.

Procedimento ordinário

Segundo o artigo 274 do CPC, o procedimento ordinário rege-se pelas disposições previstas nos livros I e II do mesmo código, consistindo num procedimento mais moroso do que o sumário e muito mais complexo.

Notas importantes

Petição inicial

Como visto, a petição inicial deve atender às regras impostas pelo Código de Processo Civil, especialmente dois artigos, o 282 e o 283. Eles determinam os requisitos mínimos exigidos pelo CPC para que uma petição inicial seja processada e apreciada pelo juiz.

Além disso, o advogado ou o candidato ao exame de Ordem precisam fundamentar sua ação inicial. Se for uma ação de recuperação judicial, têm de fazer menção à Lei 11.101/05 (Lei de Recuperação e Falências), e assim por diante. Dessa maneira, o autor da petição inicial deve combinar os fundamentos do direito processual com os do direito material.

Chamo também a atenção do leitor para a estrutura da petição inicial:

1 – Dos fatos

Em sua prática forense, o advogado deve narrar o acontecido (ou os fatos) para que o magistrado tome conhecimento e possa, assim, analisar a possibilidade do pedido mediante um processo de conexão entre os fatos, o direito e o pedido.

O candidato ao Exame de Ordem deve ter em mente o mesmo raciocínio, tomando os seguintes cuidados:

I – Os fatos devem corresponder exatamente ao problema formulado pela banca examinadora da Ordem dos Advogados, isto é, o candidato não deve inovar ou criar situações não trazidas pelo problema (prova).

II – O candidato pode resumir os fatos na hora de transcrevê-los para a folha de prova, porém deve ficar atento aos elementos mais importantes descritos no problema.

III – Caso tenha alguma dificuldade em resumir os fatos, o candidato pode transcrevê-los na íntegra, quebrando o texto em parágrafos. Nesse caso, deve ater-se às regras gramaticais para que o texto não fique truncado ou sem sentido.

IV – Por fim, o candidato deve lembrar-se, sempre, de que os fatos ensejarão o Direito, o qual refletirá no pedido e no requerimento.

2 – Do direito

Neste item da petição inicial, o advogado geralmente tenta demonstrar para o magistrado que os fatos narrados acarretam a violação de um direito ou garantem um direito para seu cliente. Desse modo, indica o direito material, ora violado, ora garantidor, na tentativa de demonstrar para o julgador que seu cliente deve ser indenizado (reparado) ou até mesmo protegido. É muito comum o advogado fazer menção a jurisprudências (decisões dos tribunais) ou súmulas (decisões já pacificadas nos tribunais) com o intuito de convencer o magistrado do direito que assiste a seu cliente.

Pode valer-se dessa prática o candidato ao Exame de Ordem. Embora saibamos que os magistrados são conhecedores do Direito, aconselho o advogado e o candidato a comprovar o direito do cliente, citando a legislação e as decisões jurisprudenciais, mas sem exageros.

Por fim, tanto o advogado como o candidato ao Exame de Ordem devem ficar atentos às mudanças nas legislações e nas jurisprudências, tomando cuidado para não fazer citações de leis ou artigos já revogados ou modificados ou de jurisprudências inaplicáveis.

3 – Do requerimento e do pedido

Os estudiosos do Direito Processual Civil costumam distinguir **requerimento** de **pedido**, e com razão.

Para eles, requerimento diz respeito aos atos processuais, como a citação, ao passo que pedido (imediato e mediato) refere-se à pretensão do autor, isto é, pede-se a procedência do pedido para uma providência jurisdicional, como a concessão da recuperação judicial.

Aproveito para chamar a atenção do candidato ao Exame de Ordem e do advogado militante em contencioso civil ou empresarial para que, ao redigir sua petição inicial, não incorra no seguinte erro: *Isso posto, pede-se a procedência da **ação***. A procedência não é da ação, e sim do pedido. Assim, temos: *Isso posto, pede-se a procedência do **pedido.***

4 – Das provas

Neste item da petição inicial, devem ser indicados os meios de prova que se pretende produzir em juízo, de modo a comprovar tudo aquilo que foi alegado na petição.

5 – Valor da causa

O valor da causa varia de acordo com o tipo de ação ou até mesmo com o direito a ser reparado ou protegido. Sua menção é imprescindível na petição inicial, especialmente para o recolhimento das custas processuais.

Modelo

Petição inicial

EXCELENTÍSSIMO SENHOR DOUTOR JUIZ DE DIREITO DA ____ VARA CÍVEL DA COMARCA DE ____, ESTADO DE ____.

↕ Espaço de 10 linhas

[QUALIFICAR A PESSOA FÍSICA OU IDENTIFICAR A PESSOA JURÍDICA, CONFORME EXEMPLO A SEGUIR.] Beta Indústria e Comércio de Roupas Ltda., devidamente inscrita no CNPJ/MF sob o n.º ____, com sede no Município de ____, na Rua ____, n.º ____, Bairro ____, Estado ____, CEP ____, por seu advogado infra-assinado (procuração anexa), com escritório profissional no Município de ____, na Rua ____, n.º ____, Bairro ____, Estado ____, CEP ____, local onde deseja receber as devidas intimações, conforme artigo 39, I, do CPC, vem, perante Vossa Excelência, propor a presente [IDENTIFICAR A AÇÃO.], pelo rito ordinário, com base nos artigos [INDICAR A FUNDAMENTAÇÃO DA AÇÃO.], em face de [CONFORME EXEMPLO A SEGUIR.] Gama Industrial S/A, devidamente inscrita no CNPJ/MF sob o n.º ____, com sede no Município de ____, na Rua ____, n.º ____, Bairro ____, Estado ____, CEP ____, pelas razões de fato de direito a seguir aduzidas:

1 – Dos fatos

2 – Do direito

3 – Do requerimento e do pedido

Isso posto, pede e requer:

I) a citação pessoal do réu, para que querendo conteste no prazo legal, sob pena de revelia;

II) a procedência do pedido para _____, bem como a condenação do réu nas despesas processuais e nas verbas de sucumbências, a serem fixadas por este douto juízo.

4 – Das provas

Provará o alegado por todos os meios de provas admitidos em direito, especialmente por documentos, testemunhas e depoimento pessoal do réu.

Dá-se à causa o valor de R$ ____.

Nesses termos,
pede deferimento.

Local, data.

Advogado(a)
OAB

Modelo

Petição inicial (execução)

EXCELENTÍSSIMO SENHOR DOUTOR JUIZ DE DIREITO DA ____ VARA CÍVEL DA COMARCA DE ____, ESTADO DE ____.

↕ Espaço de 10 linhas

[QUALIFICAR A PESSOA FÍSICA OU IDENTIFICAR A PESSOA JURÍDICA, CONFORME EXEMPLO A SEGUIR.] Beta Indústria e Comércio de Roupas Ltda., devidamente inscrita no CNPJ/MF sob o n.º ____, com sede no Município de ____, na Rua ____, n.º ____, Bairro ____, Estado ____, CEP ____, por seu advogado infra-assinado (procuração anexa), com escritório profissional no Município de ____, na Rua ____, n.º ____, Bairro ____, Estado ____, CEP ____, local onde deseja receber as devidas intimações, conforme artigo 39, I, do CPC, vem, perante Vossa Excelência, propor a presente ação de execução, com base nos artigos [INDICAR A FUNDAMENTAÇÃO DA AÇÃO.], em face de [CONFORME EXEMPLO A SEGUIR.] Gama Industrial S/A, devidamente inscrita no CNPJ/MF sob o n.º ____, com sede no Município de ____, na Rua ____, n.º ____, Bairro ____, Estado ____, CEP ____, pelas razões de fato de direito a seguir aduzidas:

1 – Dos fatos

2 – Do direito

3 – Do requerimento e do pedido

Isso posto, pede e requer:

I) a citação pessoal do réu, para que querendo conteste no prazo legal, sob pena de revelia;

II) a procedência do pedido para que o executado pague no prazo legal o valor principal, acrescido de juros, bem como a condenação do réu nas despesas processuais e nas verbas de sucumbências, a serem fixadas por este douto juízo.

4 – Das provas

Provará o alegado por todos os meios de provas admitidos em direito, especialmente por documentos, testemunhas e depoimento pessoal do réu.

Dá-se à causa o valor de R$ ____ [VALOR DO TÍTULO EXECUTIVO].

Nesses termos,
pede deferimento.

Local, data.

Advogado(a)
OAB

Contestação

Conforme estudado, a petição inicial é o instrumento pelo qual as partes exercem seu direito de ingressar em juízo e pedir a prestação jurisdicional do Estado. Trata-se, pois, do instrumento pelo qual se exercita a ação. Uma vez distribuída a petição inicial, ela será apreciada pelo juiz e, estando em termos, ele determinará a citação da outra parte, ora denominada réu, para contestar as alegações do autor da petição.

Contestação, portanto, consiste em uma peça processual ou em um instrumento pelo qual o réu contradiz tudo aquilo que foi alegado pelo autor da ação em sua petição inicial. É, ainda, o momento oportuno para que ele produza ou requeira a produção de provas. Humberto Theodoro Jr. define contestação como "o instrumento processual utilizado pelo réu para opor-se, formal ou materialmente, à pretensão deduzida em juízo pelo autor".

Ao analisar a sistemática adotada pelo Código de Processo Civil, percebe-se que o objeto do litígio firmado entre as partes é determinado pelo autor da ação por intermédio de sua petição. Vale dizer, a contestação apresentada pelo réu não tem como objetivo ampliar o objeto do litígio, pois ela já está delimitada na petição inicial. Isso ocorre porque na petição inicial o autor formula uma pretensão, ou seja, faz um pedido. Na contestação, o réu levanta questões de fato ou de direito que podem ser opostas à pretensão do autor. Trata-se de uma resistência do réu. Em razão disso, o pedido formulado pelo réu na contestação geralmente é a *improcedência do pedido do autor*. Os dispositivos gerais aplicáveis à contestação encontram-se previstos nos artigos 297 e seguintes do CPC.

Prazo para apresentação da contestação

De acordo com o artigo 297 do CPC, o réu poderá oferecer contestação, exceção e reconvenção em **petição escrita**, dirigida ao juiz da causa, no prazo de 15 dias. Note-se que no procedimento ordinário a contestação será apresentada por escrito, e no rito sumário, **por escrito ou oralmente**, acompanhada de documentos e rol de testemunhas, e, se o réu requerer perícia, formulará seus quesitos desde logo, podendo indicar assistente técnico (art. 278, CPC).

Quando forem citados para a ação vários réus, o prazo para contestar ser-lhes-á comum, salvo quando os litisconsortes tiverem diferentes procuradores (art. 298, CPC). Nesse caso, o prazo será em dobro (art. 191, CPC).

Se o autor desistir da ação em relação a algum réu ainda não citado, o prazo para resposta correrá da intimação do despacho que deferir a desistência (art. 298, parágrafo único, CPC). Em se tratando da Fazenda Pública ou do Ministério Público, o prazo computar-se-á em quádruplo para contestar e em dobro para recorrer (art. 188, CPC).

A contagem dos prazos tomará por base o artigo 241 do CPC, que preleciona:

Começa a correr o prazo:
I – quando a citação ou intimação for pelo correio, da data de juntada aos autos do aviso de recebimento;
II – quando a citação ou intimação for por oficial de justiça, da data de juntada aos autos do mandado cumprido;

III – quando houver vários réus, da data de juntada aos autos do último aviso de recebimento ou mandado citatório cumprido;
IV – quando o ato se realizar em cumprimento de carta de ordem, precatória ou rogatória, da data de sua juntada aos autos devidamente cumprida;
V – quando a citação for por edital, finda a dilação assinada pelo juiz.

Por fim, tanto a contestação como a reconvenção serão oferecidas simultaneamente, em peças autônomas. A exceção, por sua vez, será processada em apenso aos autos principais.

Matérias objeto da contestação

Em primeiro lugar, cumpre ressaltar que compete ao réu alegar, na contestação, toda a matéria de defesa, expondo as razões de fato e de direito com que impugna o pedido do autor e especificando as provas que pretende produzir (art. 300, CPC).

Uma contestação bem elaborada é em geral dividida em **preliminares** e **mérito** pelo autor da exordial. Infelizmente, a grande maioria dos operadores do direito acaba confundindo as duas matérias, misturando preliminar com mérito ou, pior, alegando em preliminar matérias que pertencem ao mérito da ação, ou vice-versa.

Em razão do emaranhado criado pelos operadores do direito, sigo as regras estabelecidas no Código de Processo Civil, especialmente os artigos 301 e 302.

Preleciona o artigo 301:

Compete-lhe, porém, antes de discutir o mérito, alegar:
I – inexistência ou nulidade da citação;
II – incompetência absoluta;
III – inépcia da petição inicial;
IV – perempção;
V – litispendência;
VI – coisa julgada;
VII – conexão;
VIII – incapacidade da parte, defeito de representação ou falta de autorização;
IX – convenção de arbitragem;
X – carência da ação;
XI – falta de caução ou de outra prestação, que a lei exige como preliminar.

Portanto, compete ao réu, antes de discutir o mérito, alegar as matérias aí elencadas, ou seja, o Código de Processo Civil considera essas 11 matérias preliminares e, como tais, devem ser alegadas antes mesmo das matérias de mérito.

Desse modo, na contestação do réu, a alegação de matéria não prevista no rol do artigo 301 deverá ser feita no mérito da ação e não nas preliminares.

Ademais, todas essas matérias, com exceção da convenção de arbitragem, o juiz conhecerá de ofício, independentemente de provocação do réu. Por fim, é importante lembrar que a grande maioria das matérias elencadas no artigo 301 leva à extinção do processo sem julgamento do mérito.

Sem perder de vista a discussão acerca das preliminares e do mérito das matérias, o artigo 302 do CPC diz que o réu deve manifestar-se, de maneira precisa, sobre os fatos narrados na petição inicial, sob pena de presumirem-se como verdadeiros, pois se trata de presunção *juris tantum*, salvo:

I – se não for admissível, a seu respeito, a confissão;
II – se a petição inicial não estiver acompanhada do instrumento público que a lei considerar da substância do ato;
III – se estiverem em contradição com a defesa, considerada em seu objeto.

Eduardo Arruda Alvim, em *Curso de Direito Processual Civil*, traz uma decisão importante do Tribunal de Alçada do Rio Grande do Sul, em que o entendimento da corte é contra a contestação por negativa geral. Essa mesma linha foi adotada pelo Tribunal de Justiça de Santa Catarina. Infelizmente, embora seja um assunto integrante do Direito Processual Civil, não posso, nesta obra, discuti-lo, mas chamo a atenção do leitor para um estudo mais aprofundado sobre o tema. Seja como for, sou favorável à ideia de que tudo o que foi alegado na petição inicial deve ser contestado, ou seja, o réu contestará item por item, pedido por pedido. Se não o fizer, correrá o risco de tê-los como verdadeiros.

Por fim, além das manifestações sobre os fatos narrados na petição inicial, a exposição dos fatos e fundamentos jurídicos resistentes à pretensão do autor e seu pedido, o réu deve apresentar os documentos pelos quais pretende comprovar suas alegações, conforme o artigo 396 do CPC, que diz que compete à parte instruir a petição inicial (art. 283) ou a resposta (art. 297), com os documentos destinados a provar-lhe as alegações.

Modelo

Contestação

EXCELENTÍSSIMO SENHOR DOUTOR JUIZ DE DIREITO DA ____ VARA CÍVEL DA COMARCA DE ____, ESTADO DE ____.

⇕ Espaço de 5 linhas

Processo n.º ____

⇕ Espaço de 5 linhas

[QUALIFICAR A PESSOA FÍSICA OU IDENTIFICAR A PESSOA JURÍDICA, CONFORME EXEMPLO A SEGUIR.] João da Silva, brasileiro, casado, aposentado, portador da cédula de identidade RG n.º ____ e do CPF/MF n.º ____, residente e domiciliado no Município de ____, na Rua ____, n.º ____, Bairro ____, Estado ____, CEP ____, por seu advogado infra-assinado (procuração anexa), com escritório profissional no Município de ____, na Rua ____, n.º ____, Bairro ____, Estado ____, CEP ____, local onde deseja receber as devidas intimações, conforme artigo 39, I, do CPC, vem, perante Vossa Excelência, apresentar a presente

CONTESTAÇÃO À AÇÃO RENOVATÓRIA DE LOCAÇÃO

com base nos artigos 72 da Lei 8.245/91 e nos artigos 282, 283, 300 e seguintes do CPC, em face de [CONFORME EXEMPLO A SEGUIR.] Alfa Indústria e Comércio de Roupas Ltda., devidamente inscrita no CNPJ/MF sob o n.º ____, com sede no Município de ____, na Rua ____, n.º ____, Bairro ____, Estado ____, CEP ____, pelas razões de fato de direito a seguir aduzidas:

1 – Dos fatos

[NARRAR OS FATOS, ISTO É, AQUILO QUE FOI ALEGADO NA PETIÇÃO INICIAL.]

2 – Do direito

[NARRAR O DIREITO MATERIAL QUE ASSISTE AO RÉU E QUE ENSEJARÁ A IMPROCEDÊNCIA DO PEDIDO FORMULADO NA PETIÇÃO INICIAL DO AUTOR.]

3 – Do requerimento e do pedido

Isso posto, pede e requer:

I) que sejam julgados improcedentes os pedidos formulados pela autora em sede de sua ação renovatória [APENAS A TÍTULO DE EXEMPLO] e que seja expedido o competente mandato de despejo da autora, após os 30 (trinta) dias para a desocupação voluntária [APENAS A TÍTULO DE EXEMPLO];

II) a condenação da autora nas despesas processuais e nas verbas de sucumbências, a serem fixadas por este douto juízo.

4 – Das provas

Provará o alegado por todos os meios de provas admitidos em direito, especialmente por documentos, testemunhas e depoimento pessoal do réu.

Nesses termos,
pede deferimento.

Local, data.

Advogado(a)
OAB

Estabelecimento empresarial

O estabelecimento comercial ou industrial passou a ser chamado de "estabelecimento empresarial" por força da alteração legislativa ocorrida em 2002, com a promulgação do Código Civil, que prevê em seu artigo 1.142:

Considera-se estabelecimento todo complexo de bens organizado, para o exercício da empresa, por empresário ou por sociedade empresária.

Entendo que estabelecimento empresarial é a reunião organizada dos bens corpóreos e incorpóreos para o exercício da empresa por empresário ou por sociedade empresária.

J. X. Carvalho de Mendonça (*Tratado de Direito Comercial brasileiro*, p. 16) explica:

O estabelecimento comercial designa o complexo de meios idôneos materiais e imateriais, pelos quais o comerciante explora determinada espécie de comércio; é o organismo econômico aparelhado para o exercício do comércio. Caracteriza-se ele pela função técnica, tomando, ordinariamente, a designação de acordo com seu objeto: um banco, uma fábrica, uma agência, etc.

O estabelecimento empresarial, portanto, compreende os bens indispensáveis para o exercício da atividade pelo empresário, como mercadorias, maquinários, veículos, marcas, patentes, tecnologia, entre outros, todos fazendo parte da empresa. Isso significa que não há como iniciar uma atividade sem a organização do estabelecimento empresarial, tampouco sem um investimento do empresário.

É muito comum na doutrina especializada a confusão entre "estabelecimento empresarial" e "fundo de comércio" ou "fundo de empresa". A grande maioria utiliza-se dessas expressões como sinônimas, isto é, tanto faz chamar o conjunto de bens corpóreos e incorpóreos organizados pelo empresário ou pela sociedade empresária de estabelecimento empresarial ou de fundo de comércio ou de fundo de empresa.

Com o devido respeito à doutrina, não concordo com tal posição. O estabelecimento empresarial não deve ser confundido com fundo de comércio ou fundo de empresa. Estabelecimento empresarial há de ser entendido nos exatos termos do artigo 1.142 do Código Civil, que o considera um conjunto de bens corpóreos e incorpóreos organizados pelo empresário ou pela sociedade empresária.

Fundo de comércio ou fundo de empresa, por sua vez, consiste em algo diverso. Trata-se de um valor agregado ao estabelecimento empresarial em razão do exercício repetitivo da mesma atividade empresarial pelo empresário ou pela sociedade empresária ao longo dos anos. O fundo de comércio ou fundo de empresa somente nascerá se o titular do estabelecimento empresarial conquistar sua clientela, fazendo com que o local, sede de sua empresa, se torne referência para os consumidores.

Não é por outra razão que a Lei de Locação (LL, Lei 8.245/91) exige como requisito indispensável para a propositura da ação renovatória de locação a comprovação do exercício da mesma atividade pelo locatário pelo prazo mínimo de três anos. Visa a lei, portanto, a proteger o fundo de comércio ou de empresa.

Fábio Ulhoa Coelho diz que, ao organizar o estabelecimento, o empresário atribui a esses bens um *plus* denominado "sobrevalor", ou seja, os bens não são mais avaliados individualmente, mas como um todo, diferenciando-se do valor unitário de mercado. O sobrevalor agregado pelo empresário no exercício da empresa ganha proteção jurídica, ensejando a ação renovatória de locação, a qual será estudada em momento oportuno. Desse modo, segundo o autor (*Curso de Direito Comercial*, p. 97), estabelecimento empresarial é:

> *o conjunto de bens reunidos pelo empresário para a exploração de sua atividade econômica. A proteção jurídica do estabelecimento empresarial visa à preservação do investimento realizado na organização da empresa.*

O sobrevalor agregado ao estabelecimento empresarial é conhecido como "fundo de comércio" ou "aviamento". Assim, para J. X. Carvalho de Mendonça, o aviamento, a insígnia, o material, as mercadorias, as marcas de indústria e de comércio, a patente e quaisquer direitos que completem a organização são elementos principais do estabelecimento empresarial.

Natureza do estabelecimento empresarial

São inúmeras as teorias que tentam explicar a natureza do estabelecimento empresarial. Dentre elas, destaca-se que o estabelecimento:

Não é sujeito de direito – Isso significa que não goza de personalidade jurídica; o sujeito de direito é a própria sociedade e não o estabelecimento.

É uma coisa – Portanto, o estabelecimento empresarial também se diferencia da empresa.

Integra o patrimônio da sociedade empresária para o desenvolvimento da atividade econômica – Não há separação do patrimônio social.

Elementos do estabelecimento empresarial

O estabelecimento empresarial é composto por:

Bens corpóreos – Mercadorias, móveis e utensílios, veículos, maquinários e todos os demais bens necessários para o exercício da empresa.

Bens incorpóreos – Patente de invenção e de modelo de utilidade, registro de marca e desenho industrial, nome empresarial, etc.

Ponto e locação empresarial

Antes de estabelecer-se, o empresário deve fazer um levantamento do mercado a ser enfrentado, do local apropriado para instalar-se, pois de nada adiantaria constituir uma empresa que não correspondesse ao comércio da região. Por exemplo, na cidade de São Paulo, a Av. Brigadeiro Faria Lima concentra grandes centros empresariais e a Av. Paulista é conhecida como centro financeiro, constituindo um mercado atrativo para instituições financeiras.

O local onde o empresário se estabelece é denominado "ponto". Em razão de sua importância, costuma a lei garantir ao empresário sua permanência no local, pois nova localização poderia acarretar redução ou prejuízo em seu faturamento. Claro que, se o empresário for proprietário do imóvel, sua permanência está assegurada pelo direito de propriedade, previsto na Constituição Federal; todavia, quando for locatário, a garantia decorrerá do contrato de locação não residencial, desde que observadas algumas condições, conforme o artigo 51 da Lei de Locação e alterações trazidas pela Lei 12.112/09.

Cumpre ressaltar que a expressão "ponto" muitas vezes é utilizada como sinônimo de "estabelecimento empresarial", embora sem nenhum rigor científico. "Ponto" é apenas o local onde o empresário ou a sociedade empresária se estabelecem, ao passo que "estabelecimento empresarial" consiste no conjunto de bens corpóreos ou incorpóreos organizados pelo empresário ou pela sociedade empresária para a exploração da empresa.

Ação renovatória de locação

A ação renovatória de locação é uma ação inicial que deve ser proposta com base nos artigos 51 e 71 da Lei de Locação. Por ser uma ação inicial, deve, ainda, atender aos requisitos dos artigos 282 e 283 do CPC. Diz o artigo 51 da Lei de Locação:

> *Nas locações de imóveis destinados ao comércio, o locatário terá direito a renovação do contrato, por igual prazo, desde que, cumulativamente:*
> *I – o contrato a renovar tenha sido celebrado por escrito e com prazo determinado;*
> *II – o prazo mínimo do contrato a renovar ou a soma dos prazos ininterruptos dos contratos escritos seja de cinco anos;*
> *III – o locatário esteja explorando seu comércio, no mesmo ramo, pelo prazo mínimo e ininterrupto de três anos.*

O locatário garante o direito de continuar explorando sua atividade no imóvel por meio da propositura de ação renovatória desde que:

a) tenha firmado um ou vários contratos por escrito com prazo determinado, pelo período mínimo de cinco anos;
b) esteja exercendo sua atividade por no mínimo três anos;
c) ofereça nova proposta de aluguel;
d) tenha cumprido fielmente o contrato anterior.

O exercício da mesma atividade por no mínimo três anos justifica-se pelo fato de o empresário ter conseguido formar e firmar sua clientela, ensejando a proteção ao ponto, pois sua retirada representaria perda ou redução em seu faturamento, desprezando todos os investimentos por ele realizados (sobrevalor), isto é, a perda ou redução do fundo de comércio.

O locatário empresário, sociedade empresária ou sociedade simples deverá propor ação renovatória nos seis primeiros meses do último período anual de vigência da locação, sob pena de decadência, possibilitando ao locador a retomada do imóvel mediante notificação ao locatário com 30 dias de antecedência. Cabe ressaltar que a petição inicial deverá atender aos requisitos dos artigos 282 e 283 do CPC, bem como ser instruída com o que estabelece o artigo 71 da Lei de Locação:

> *a) prova de preenchimento dos requisitos dos incisos I, II e III do artigo 51 da mesma lei;*
> *b) prova do exato cumprimento do contrato em curso;*
> *c) prova da quitação dos impostos e taxas que incidiram sobre o imóvel e cujo pagamento lhe incumbia;*
> *d) indicação clara e precisa das condições oferecidas para a renovação da locação;*
> *e) indicação do fiador, quando houver;*
> *f) aceitação do fiador dos encargos;*
> *g) prova, quando for o caso, de ser cessionário ou sucessor, em virtude de título oponível ao proprietário.*

No entanto, o locador não estará obrigado a renovar o contrato de locação se (art. 52, LL):

> *I – por determinação do Poder Público, tiver que realizar no imóvel obras que importarem na sua radical transformação; ou para fazer modificações de tal natureza que aumente o valor do negócio ou da propriedade;*
> *II – o imóvel vier a ser utilizado por ele próprio ou para transferência de fundo de comércio existente há mais de um ano, sendo detentor da maioria do capital o locador, seu cônjuge, ascendente ou descendente.*

Modelo

Ação renovatória

EXCELENTÍSSIMO SENHOR DOUTOR JUIZ DE DIREITO DA ___ VARA CÍVEL DA COMARCA DE ____, ESTADO DE ____.

↕ Espaço de 10 linhas

[Qualificar a pessoa física ou identificar a pessoa jurídica, conforme exemplo a seguir.] Alfa Indústria e Comércio de Roupas Ltda., devidamente inscrita no CNPJ/MF sob o n.º ____, com sede no Município de ____, na Rua ____, n.º ____, Bairro ____, Estado ____, CEP ____, por seu advogado infra-assinado (procuração anexa), com escritório profissional no Município de ____, na Rua ____, n.º ____, Bairro ____, Estado ____, CEP ____, local onde deseja receber as devidas intimações, conforme artigo 39, I, do CPC, vem, perante Vossa Excelência, propor a presente

AÇÃO RENOVATÓRIA DE LOCAÇÃO COMERCIAL

com base nos artigos 51 e 71 da Lei 8.245/91 e nos artigos 282 e 283 do CPC, em face de [Conforme exemplo a seguir.] João da Silva, brasileiro, casado, aposentado, portador da cédula de identidade RG n.º ____ e do CPF/MF n.º ____, residente e domiciliado no Município de ____, na Rua ____, n.º ____, Bairro ____, Estado ____, CEP ____, pelas razões de fato de direito a seguir aduzidas:

1 – Dos fatos

Em 1.º de dezembro de 2006, a autora firmou contrato de locação (documento anexo) com o sr. João da Silva, ora denominado réu, pelo prazo determinado de cinco anos, cujo valor do aluguel é R$ 2.500,00 (dois mil e quinhentos reais).

Na condição de locatária, a autora vem efetuando o pagamento dos aluguéis, taxas e impostos, nos termos do referido contrato, isto é, honrando com suas obrigações, sempre em dia, o que significa dizer que jamais deixou de cumpri-las.

A autora, sediada no Município de São Bernardo do Campo, vem explorando a mesma atividade, ou seja, indústria e comércio de roupas, há mais de quatro anos, tornando-se uma marca conhecida e respeitada por seus clientes e consumidores.

Assim, o local, sede da autora, passou a ser procurado pelos clientes e consumidores em razão de árduo trabalho e, em especial, do exercício da mesma atividade ao longo dos anos, conquistando, dessa maneira, seu fundo de comércio.

No entanto, em fevereiro de 2011, a autora procurou o sr. João da Silva para renovar seu contrato de locação, por igual período, oferecendo, naquela oportunidade, novo aluguel. Infelizmente, o sr. João da Silva recusou a proposta da autora e informou-a de que, vencido o atual contrato, retomaria o imóvel.

Cumpre ressaltar que o ponto, isto é, o local, sede da autora e objeto do contrato de locação, é de suma importância para sua sobrevivência. A mudança de endereço da autora certamente fará com que ela perca seu fundo de comércio, o que poderá acarretar-lhe sérios problemas financeiros, podendo até mesmo levá-la ao fechamento. Portanto, a permanência da autora no imóvel é vital para sua continuidade.

2 – Do direito

Conforme se depreende dos fatos ora narrados, a autora locou um imóvel pelo prazo de cinco anos para a exploração do ramo de indústria e comércio de roupas, sem jamais ter deixado de cumprir com suas obrigações, e se manteve na exploração da mesma atividade ao longo desses anos, conquistando, assim, seu fundo de comércio.

Sabe-se que a conquista do fundo de comércio não é uma tarefa muito fácil nos dias de hoje. Isto é, são inúmeros fatos que dificultam a vida dos empresários no Brasil, como a carga tributária, os juros, a concorrência sem controle, entre outros.

Dessa maneira, diante de tantas dificuldades, o artigo 51 da Lei 8.245/91 (Lei de Locação) vem no sentido de proteger os empresários que conquistaram seu fundo de comércio, garantindo a eles o direito a ação renovatória de locação.

Como é sabido por Vossa Excelência, ora nobre julgador, a ação renovatória tem por objeto obrigar o locador a renovar o contrato de locação por igual período, preservando, assim, o fundo de comércio do locatário, desde que este preencha todos os requisitos previstos na citada lei. São eles:

> *Art. 51 – Nas locações de imóveis destinados ao comércio, o locatário terá direito a renovação do contrato, por igual prazo, desde que, cumulativamente:*
> *I – o contrato a renovar tenha sido celebrado por escrito e com prazo determinado;*
> *II – o prazo mínimo do contrato a renovar ou a soma dos prazos ininterruptos dos contratos escritos seja de cinco anos;*
> *III – o locatário esteja explorando seu comércio, no mesmo ramo, pelo prazo mínimo e ininterrupto de três anos.*

Com relação ao primeiro requisito, a autora junta, nesta oportunidade, o contrato de locação, na forma escrita.

Da leitura do contrato de locação, ora juntado, restará comprovado que ele foi firmado pelo prazo de 5 (cinco) anos. Portanto, restam comprovados os requisitos I e II do artigo 51.

A autora, para fazer prova do atendimento ao terceiro requisito da lei, junta, nessa fase processual, a Certidão de Breve Relato, expedida pela Junta Comercial do Estado de São Paulo, bem como seu contrato social e todas as suas alterações contratuais. Após a análise da documentação, ora juntada, ficará comprovada que ela jamais alterou sua atividade empresarial, ou seja, sempre explorou o ramo de indústria e comércio de roupas.

Sendo assim, nobre julgador, fica patente o direito da autora, locatária, à renovação do contrato de locação por igual período, ainda que contra a vontade do locador, ora réu.

Não obstante o preenchimento dos requisitos do artigo 51 da Lei de Locação, a locatária somente terá direito à renovação do contrato se atender ao previsto no artigo 71 da mesma lei:

> *Art. 71 – Além dos demais requisitos exigidos no artigo 282 do Código de Processo Civil, a petição inicial da ação renovatória deverá ser instruída com:*
> *I – prova do preenchimento dos requisitos dos incisos I, II e III do artigo 51;*
> *II – prova do exato cumprimento do contrato em curso;*
> *III – prova da quitação dos impostos e taxas que incidiram sobre o imóvel e cujo pagamento lhe incumba;*
> *IV – indicação clara e precisa das condições oferecidas para a renovação da locação;*
> *V – indicação do fiador quando houver no contrato a renovar e, quando não for o mesmo, com indicação do nome ou denominação completa, número de sua inscrição no Ministério da Fazenda, endereço e, tratando-se de pessoa natural, a nacionalidade, o estado civil, a profissão e o número da carteira de identidade, comprovando, desde logo, mesmo que não haja alteração do fiador, a atual idoneidade financeira;*
> *VI – prova de que o fiador do contrato ou que o substituir na renovação aceita os encargos da fiança, autorizado por seu cônjuge, se casado for;*
> *VII – prova, quando for o caso, de ser cessionário ou sucessor, em virtude de título oponível ao proprietário.*

Nobre julgador, o primeiro item do citado artigo restou-se comprovado quando da juntada da documentação ao processo pela autora. Para a comprovação dos demais itens ou requisitos legais, a autora junta, nesta oportunidade, os comprovantes de pagamento dos aluguéis, os comprovantes de quitação de todos os tributos incidentes sobre o imóvel, bem como a proposta oferecida ao locador na época.

Com relação ao fiador, presta-se da presente para informar ao nobre julgador que não haverá nenhuma mudança. O atual fiador permanecerá como garantidor da nova relação locatícia, conforme declaração do mesmo e de sua cônjuge.

Por fim, preceitua o parágrafo 5.º do artigo 51 que do direito do locatário a renovação decai aquele que não propuser a ação no interregno de 1 (um) ano, no máximo, até 6 (seis) meses, no mínimo, anteriores à data da finalização do prazo do contrato em vigor.

Em atendimento a esse último requisito, o contrato de locação da autora vencerá em dezembro de 2011, o que a autoriza a propor a referida ação até junho do presente ano. Portanto, assiste-lhe o direito de ação.

Diante de todo o exposto, resta comprovado o direito da autora à procedência da ação renovatória, ainda que contra a vontade do locador, por força da citada Lei de Locação.

3 – Do requerimento e do pedido

Isso posto, pede e requer:

I) a citação pessoal do réu, para que querendo conteste no prazo legal, sob pena de revelia;

II) a procedência do pedido para que seja renovada a locação por igual período, garantindo, dessa maneira, a permanência da autora no imóvel, bem como a condenação do réu nas despesas processuais e nas verbas de sucumbências, a serem fixadas por este douto juízo.

4 – Das provas

Provará o alegado por todos os meios de provas admitidos em direito, especialmente por documentos, testemunhas e depoimento pessoal do réu.

Dá-se à causa o valor de R$ 30.000,00 (trinta mil reais).

Nesses termos,
pede deferimento.

Local, data.

Advogado(a)
OAB

Contestação do locador

Como visto, contestação consiste na peça processual pela qual o réu, uma vez citado, apresenta todos os seus argumentos contrários à pretensão do autor. É, ainda, o momento oportuno para que ele junte todos os documentos e requeira a produção de provas, com o intuito de comprovar suas alegações.

No tocante à contestação de ação renovatória, o réu – nesse caso, o locador – deve observar o que preceitua o artigo 72 da Lei de Locação:

A contestação do locador, além da defesa de direito que possa caber, ficará adstrita, quanto à matéria de fato, ao seguinte:
I – não preencher o autor os requisitos estabelecidos nesta lei;
II – não atender, a proposta do locatário, o valor real do imóvel na época da renovação, excluída a valorização trazida por aquele ao ponto ou lugar;
III – ter proposta de terceiro para a locação, em condições melhores;
IV – não estar obrigado a renovar a locação (incisos I e II do art. 52).

Ressalte-se o que determina o artigo 52, citado no inciso IV:

O locador não estará obrigado a renovar o contrato se:
I – por determinação do Poder Público, tiver que realizar no imóvel obras que importarem na sua radical transformação; ou para fazer modificações de tal natureza que aumente o valor do negócio ou da propriedade;
II – o imóvel vier a ser utilizado por ele próprio ou para transferência de fundo de comércio existente há mais de um ano, sendo detentor da maioria do capital o locador, seu cônjuge, ascendente ou descendente.

No tocante à contestação cujo objeto consiste em não atendimento do locatário ao inciso II do artigo 72 (valor do aluguel), o locador deverá apresentar, em contraproposta, as condições de locação que repute compatíveis com o valor locativo real e atual do imóvel. Caso seja contestação com base no inciso III do mesmo artigo (melhor proposta de terceiro), o locador deverá juntar prova documental da proposta do terceiro, subscrita por este e por duas testemunhas, com clara indicação do ramo a ser explorado, que não poderá ser o mesmo do locatário; nessa hipótese, o locatário poderá, em réplica, aceitar tais condições para obter a renovação pretendida. Por fim, em se tratando de contestação com base no inciso I do artigo 52 (exigência do Poder Público ou transferência de fundo de comércio), a contestação do locador deverá trazer prova da determinação do Poder Público ou relatório pormenorizado das obras a serem realizadas e da estimativa de valorização que sofrerá o imóvel, assinado por engenheiro devidamente habilitado.

Garante a Lei de Locação que, nessa fase processual, isto é, na contestação, o locador, ou o sublocador, poderá pedir, ainda, a fixação de aluguel provisório, para vigorar a partir do primeiro mês do prazo do contrato a ser renovado, não excedente a 80% do pedido, desde que apresentados elementos hábeis para a aferição do justo valor do aluguel. A sentença poderá estabelecer periodicidade de reajustamento do aluguel diversa daquela prevista no contrato renovado, bem como adotar outro indexador.

Se julgada procedente a ação renovatória, as diferenças dos aluguéis vencidos serão executadas nos próprios autos da ação e pagas de uma só vez (art. 73, LL). Se não renovada a locação, ou seja, julgada improcedente a ação renovatória por causa da contestação do locador, o juiz determinará a expedição de mandado de despejo, que conterá o prazo de 30 dias para a desocupação voluntária, se houver pedido na contestação (art. 74, LL).

Indenização do ponto

A ação renovatória proposta pelo empresário, mesmo atendidos todos os requisitos, poderá ser julgada improcedente em razão do acolhimento pelo juiz da exceção de retomada arguida pelo locador. Trata-se do direito de propriedade garantido pela Constituição Federal. Assim, para compensar o fundo de comércio criado pelo locatário no exercício da atividade empresarial, é devida indenização pela perda do ponto.

Realmente, imagine-se um empresário que tenha locado determinado imóvel para exercer sua atividade ganhando credibilidade de seus clientes. Em seguida, outro empresário constitui no mesmo local atividade afim, aproveitando-se das características do antigo locatário. Configura-se, assim, enriquecimento indevido, repugnado pelo Direito brasileiro. Dessa maneira, para que não se caracterize enriquecimento indevido, a Lei de Locação prevê a indenização pela perda do ponto.

Entretanto, a indenização em favor do locatário não será devida em qualquer situação. O locador deverá pagá-la ao locatário apenas em razão da exceção à retomada. A indenização, por sua vez, cobrirá os danos emergentes de mora e os lucros cessantes, conforme estabelece a Lei de Locação;

> *Art. 52 – O locador não estará obrigado a renovar o contrato se:*
> *[...]*
> *§ 3.º – O locatário terá direito a indenização para ressarcimento dos prejuízos e dos lucros cessantes que tiver que arcar com a mudança, perda do lugar e desvalorização do fundo de comércio, se a renovação não ocorrer em razão de proposta de terceiro, em melhores condições, ou se o locador, no prazo de três meses da entrega do imóvel, não der o destino alegado ou não indicar as obras determinadas pelo Poder Público ou que declarou pretender realizar.*

Locação de espaço em *shopping center*

A doutrina não é pacífica quanto à natureza do contrato de locação de espaço em *shopping center*. Alguns doutrinadores, como Orlando Gomes, consideram-no um contrato atípico misto. Maria Helena Diniz afirma que o locatário de espaço em *shopping center* não paga uma quantia fixa a título de aluguel, como ocorre nas locações comuns, e sim entrega ao empreendedor uma parcela mensal de seu faturamento, tendo deveres não contemplados pela Lei de Locação. Portanto, segundo a autora, esse tipo de contrato não seria de locação, uma vez que o locatário possui encargos que extrapolam a locação comercial. Rubens Requião, por sua vez, citando Gladston Mamede, sustenta que não se trata de um contrato atípico misto, mas da conjugação de vários contratos, entre os quais o de locação.

Na verdade, inúmeros e respeitados doutrinadores questionam a natureza do contrato de locação. Adoto, aqui, a posição de Fábio Ulhoa Coelho, que considera o contrato entre o empreendedor e o lojista um contrato de locação, embora revestido de certas particularidades.

Assim, nas relações entre lojista e empreendedor de *shopping center*, prevalecerão as condições livremente pactuadas no contrato de locação. Entretanto, o empreendedor não poderá cobrar do lojista locatário as seguintes despesas:

a) obras de reformas ou acréscimos que interessem à estrutura integral do imóvel;
b) pintura das fachadas, empenas, poços de aeração e iluminação, bem como das esquadrias;
c) indenizações trabalhistas e previdenciárias pela dispensa de empregados ocorridas em data anterior ao início da locação;
d) obras ou substituições de equipamentos que impliquem modificação do projeto original;
e) obras de paisagismo.

Segundo o que determina o artigo 52, § 2.º, da Lei de Locação, poderá ser intentada ação renovatória de locação de espaço em *shopping center*. O empreendedor terá o direito de valer-se da exceção à retomada quando a renovação do contrato causar prejuízo ao empreendimento, mas não quando o imóvel for requerido para uso próprio ou para transferência de fundo de comércio existente há mais de um ano, sendo detentor da maior parte do capital o locador, seu cônjuge, ascendente ou descendente.

Importante!

A contestação consiste na peça processual pela qual o réu, uma vez citado, poderá defender-se, isto é, contestar as alegações do autor da ação – nesse caso, a ação renovatória. É, ainda, o momento processual oportuno para a juntada de documentos e produção de provas.

Na contestação, compete ao réu alegar toda a matéria de defesa, expondo as razões de fato e de direito com que impugna o pedido do autor e especificando as provas que pretende produzir. Em se tratando de contestação de ação renovatória, além de todas as matérias possíveis de alegação, a Lei de Locação especifica, no artigo 72, as matérias a que ela fica adstrita.

O candidato ao Exame de Ordem ou o profissional do Direito deverá tomar muito cuidado com o prazo para apresentar contestação, que, segundo o artigo 297 do CPC, será de 15 dias. Esse dispositivo consagra a regra geral no que se refere ao prazo de contestação.

Com relação aos procuradores da Fazenda Pública e os representantes do Ministério Público, a regra está contida no artigo 188 do CPC, que determina que se computará em quádruplo o prazo para contestar e em dobro para recorrer.

Modelo

Contestação de ação renovatória

EXCELENTÍSSIMO SENHOR DOUTOR JUIZ DE DIREITO DA ____ VARA CÍVEL DA COMARCA DE ____, ESTADO DE ____.

↕ Espaço de 5 linhas

Processo n.º ____

↕ Espaço de 5 linhas

[QUALIFICAR A PESSOA FÍSICA OU IDENTIFICAR A PESSOA JURÍDICA, CONFORME EXEMPLO A SEGUIR.] João da Silva, brasileiro, casado, aposentado, portador da cédula de identidade RG n.º ____ e do CPF/MF n.º ____, residente e domiciliado no Município de ____, na Rua ____, n.º ____, Bairro ____, Estado ____, CEP ____, por seu advogado infra-assinado (procuração anexa), com escritório profissional no Município de ____, na Rua ____, n.º ____, Bairro ____, Estado ____, CEP ____, local onde deseja receber as devidas intimações, conforme artigo 39, I, do CPC, vem, perante Vossa Excelência, propor a presente

CONTESTAÇÃO À AÇÃO RENOVATÓRIA DE LOCAÇÃO

com base nos artigos 72 da Lei 8.245/91 e nos artigos 282, 283, 300 e seguintes do CPC, em face de [CONFORME EXEMPLO A SEGUIR.] Alfa Indústria e Comércio de Roupas Ltda., devidamente inscrita no CNPJ/MF sob o n.º ____, com sede no Município de ____, na Rua ____, n.º ____, Bairro ____, Estado ____, CEP ____, pelas razões de fato de direito a seguir aduzidas:

1 – Dos fatos

A autora ingressou perante esse r. juízo com a ação renovatória de locação, nos termos do processo n.º ____, acima em epígrafe, visando à renovação compulsória do contrato de locação firmado entre as partes em 1.º de dezembro de 2006, de forma escrita.

Segundo o contrato de locação, o aluguel devido pela autora era de R$ 2.500,00, cujo vencimento se dava todo dia 1.º de cada mês.

Em sua exordial, a autora relata que jamais atrasou qualquer obrigação contratual, isto é, sempre pagou em dia os aluguéis e os demais encargos incidentes sobre a locação, em especial os impostos e as taxas.

Alega, ainda, que sempre explorou o mesmo ramo de atividade, conquistando, dessa maneira, seu fundo de comércio, o que por si, segundo a autora, ensejaria proteção da Lei de Locação. Portanto, segundo a autora, inegável seu direito à renovação do contrato de locação por igual período.

2 – Do direito

Em que pesem os argumentos da autora, a ação renovatória de locação não deve prosperar, senão vejamos:

Com relação à forma do contrato, isto é, elaborado na forma escrita pelas partes, nada há de ser contestado, uma vez que a apresentação do referido documento em juízo, por si só, já faz prova do atendimento à Lei de Locação.

No entanto, o artigo 51 da referida lei, citado inúmeras vezes pela autora da ação, determina que o locatário somente terá direito à renovação compulsória da locação por intermédio da ação renovatória se preencher, desde que **cumulativamente**, os requisitos nele elencados.

O primeiro requisito do citado artigo diz respeito à forma do contrato, o qual deve ser celebrado, vale dizer, na forma escrita. Assim, conforme comentado acima, não resta nenhuma dúvida de que o referido requisito foi preenchido.

No que se refere ao prazo de duração do contrato de locação, as alegações da autora são, no mínimo, duvidosas ou inverídicas. A duração da locação firmada entre as partes realmente se deu pelo prazo de 5 (cinco) anos; entretanto, esse período decorre da somatória de vários contratos e não de um único, como alega a autora, ao juntar o último contrato de locação aos autos.

A relação locatícia entre a autora e o réu pelo prazo de 5 (cinco) anos decorre da somatória de 3 (três) contratos: o primeiro firmado pelo prazo de 2 (dois) anos; o segundo, pelo prazo de mais 2 (dois); e o terceiro e último, pelo prazo de 1 (um) ano, conforme documentos ora juntados.

A princípio, resta comprovado que todos os contratos somam 5 (cinco) anos, estando, com razão, a autora. No entanto, após uma análise mais minuciosa e profunda dos contratos juntados aos autos, Vossa Excelência poderá constatar que os contratos não são ininterruptos, isto é, há um intervalo entre um contrato e outro, o que contraria o inciso II do artigo 51 da Lei de Locação.

Segundo esse dispositivo, só é possível somar os prazos de vários contratos de locação se estes forem **ininterruptos**, isto é, a lei não permite a soma de contratos de aluguel em que haja um intervalo entre um instrumento e outro. Portanto, nobre julgador, a afirmação da autora de que ela atendeu a todos os requisitos do artigo 51 não condiz com as provas juntadas aos autos, não restando, ao réu, outro pedido senão pela improcedência da ação renovatória.

Como se não bastasse o desatendimento aos requisitos do artigo 51, a autora alega, da mesma forma, que sempre efetuou o pagamento dos aluguéis e dos demais encargos incidentes sobre a locação, tais como impostos e taxas, em dia, atendendo, assim, ao previsto no artigo 71, incisos II e III, da Lei de Locação.

Nobre julgador, mais uma vez, as alegações da autora carecem de credibilidade e de veracidade.

Os pagamentos efetuados pela autora em razão do contrato de locação deveriam ocorrer todo dia 1.º de cada mês, por meio de boleto bancário emitido pelo Banco Calca S/A.

Infelizmente, tais pagamentos nunca ocorreram na data de vencimento dos boletos, conforme extratos fornecidos pela referida instituição financeira ao réu, ora juntados aos autos.

Dessa maneira, Vossa Excelência, ao analisar os extratos anexados nos autos, poderá verificar que raramente a autora efetuou o pagamento de suas obrigações em dia, sem sequer justificar ao locador, ora réu, os motivos dos atrasos, contrariando, frontalmente, o previsto nos incisos I e II do mencionado artigo 71.

Felizmente, como é sabido por Vossa Excelência, a ação renovatória de locação deve beneficiar o bom inquilino, ou seja, o locatário que cumpre com suas obrigações em dia e que, em momento algum, vise a prejudicar o locador, o que não é o caso. Assim sendo, pede o réu, mais uma vez, pela improcedência do pedido da autora.

3 – Do requerimento e do pedido

Isso posto, pede e requer:

I) que sejam julgados improcedentes os pedidos formulados pela autora em sede de sua ação renovatória e que seja expedido o competente mandato de despejo da autora após os 30 (trinta) dias para a desocupação voluntária;

II) a condenação da autora nas despesas processuais e nas verbas de sucumbências, a serem fixadas por este douto juízo.

4 – Das provas

Provará o alegado por todos os meios de provas admitidos em direito, especialmente por documentos, testemunhas e depoimento pessoal do réu.

Nesses termos,
pede deferimento.

Local, data.

Advogado(a)
OAB

Direito Societário

Surgidas na Antiguidade entre os romanos, as sociedades tinham natureza civil, pois não havia, naquela época, direito especial para os comerciantes. A administração das sociedades era dividida entre os sócios, cada um deles com uma função.

No Brasil, a expansão do comércio fez com que novas atividades começassem a ser exploradas, envolvendo grande volume de capitais e capacitações. Os comerciantes individuais foram obrigados a organizar-se entre si, unindo esforços e riquezas, iniciando nova fase do Direito Comercial. Nasceram as primeiras sociedades comerciais, sob a égide do Código Comercial de 1850.

As sociedades são consideradas pessoas jurídicas com personalidade própria e distinta da de seus sócios, portanto com direitos e obrigações. As pessoas jurídicas, por sua vez, podem ser de direito público interno ou externo ou de direito privado (art. 40, CC). Dentre as de direito privado estão as associações, as sociedades e as fundações (art. 44, CC).

No Brasil, por influência do Direito francês (teoria de atos de comércio), as sociedades eram classificadas como comerciais ou civis, e seu diferencial era o objeto social, e não o fito lucrativo, como tem sido sustentado por parte da doutrina. No entanto, com o advento do Código Civil de 2002, que consolidou a transição para a teoria da empresa, elas passaram a ser classificadas como simples ou empresárias, conforme preceitua o artigo 982 do Código Civil:

> *Salvo as exceções expressas, considera-se empresária a sociedade que tem por objeto o exercício da atividade própria de empresário sujeito a registro (art. 967); e simples, as demais.*
> *Parágrafo único – Independentemente de seu objeto, considera-se empresária a sociedade por ações; e simples, a cooperativa.*

Para que a sociedade adquira personalidade jurídica, é necessária a inscrição, no registro próprio e na forma da lei, de seus atos constitutivos (art. 985, CC), ficando a cargo das Juntas Comerciais o registro da sociedade empresária e dos Cartórios de Pessoas Jurídicas o da sociedade simples (art. 1.150, CC).

De acordo com o artigo 981 do Código Civil, celebram contrato de sociedade as pessoas que reciprocamente se obrigam a contribuir, com bens ou serviços, para o exercício de uma atividade econômica e a partilhar, entre si, os resultados.

A constituição de uma sociedade se dá pela união de no mínimo duas pessoas, uma vez que, de modo geral, seria impossível a constituição de uma sociedade com um único sócio. A união de sócios, ou seja, essa vontade de constituir uma sociedade, denomina-se *affectio societatis*.

Os sócios, por sua vez, quando pessoas físicas, devem ser indivíduos capazes civilmente e não impedidos por lei especial para a constituição de uma sociedade.

O Código Civil de 2002 determina:

Art. 1.º – Toda pessoa é capaz de direitos e deveres na ordem civil.
Art. 2.º – A personalidade civil da pessoa começa do nascimento com vida, mas a lei põe a salvo, desde a concepção, os direitos do nascituro.
Art. 3.º – São absolutamente incapazes de exercer pessoalmente os atos da vida civil:
I – os menores de 16 anos;
II – os que, por enfermidade ou deficiência mental, não tiverem o necessário discernimento para a prática desses atos;
III – os que, mesmo por causa transitória, não puderem exprimir sua vontade.

Incapacidade, por si só, segundo a doutrina especializada, consiste na restrição imposta pela lei ao exercício dos atos da vida civil. Incapacidade absoluta é aquela que decorre de uma proibição total ao exercício de determinado direito pelo incapaz, sob pena de nulidade do ato por ele praticado.

Os menores de 16 anos são considerados absolutamente incapazes para a prática dos atos da vida civil porque, em razão da idade, não possuem discernimento para distinguir o que podem ou não fazer, nem o que lhes é favorável ou prejudicial. Nessa situação, para a validade dos atos praticados pelos menores de 16 anos, torna-se necessária sua representação pelo pai, pela mãe ou pelo tutor.

Os incapazes que, por enfermidade ou deficiência mental, não tiverem o discernimento para a prática de seus atos também não poderão praticar atos da vida civil. A incapacidade aqui decorre de uma enfermidade físico-psíquica ou de anomalia, seja ela congênita ou adquirida, de modo a retirar da pessoa seu discernimento. Assim, para a validade de seus atos, deve ser representada por um curador, sob pena de nulidade.

Enfim, são absolutamente incapazes os que, mesmo por causa transitória, não puderem exprimir sua vontade. Trata-se de pessoas portadoras de enfermidades que acarretam deficiência física, como o surdo-mudo, ou até mesmo perda de memória, de tal sorte que não possam manifestar sua vontade. Elas também devem ser representadas por um curador, sob pena de nulidade dos atos praticados.

O Código Civil elenca, ainda, as pessoas relativamente incapazes para a prática de certos atos:

Art. 4.º – São incapazes, relativamente a certos atos, ou à maneira de os exercer:
I – os maiores de 16 anos e menores de 18;
II – os ébrios habituais, os viciados em tóxicos, e os que, por deficiência mental, tenham o discernimento reduzido;
III – os excepcionais, sem desenvolvimento mental completo;
IV – os pródigos.

São relativamente incapazes as pessoas que podem praticar, por si, os atos da vida civil, mas devem ser assistidas por quem de direito, seja em razão de parentesco, seja por determinação judicial, etc. Se não assistidas, seus atos são passíveis de anulabilidade.

Por fim, vale lembrar o que dispõe o mesmo diploma legal sobre a aquisição da capacidade civil:

Art. 5.º – A menoridade cessa aos 18 anos completos, quando a pessoa física fica habilitada à prática de todos os atos da vida civil.
Parágrafo único – Cessará, para os menores, a incapacidade:
I – pela concessão dos pais, ou de um deles na falta do outro, mediante instrumento público, independentemente de homologação judicial, ou por sentença do juiz, ouvido o tutor, se o menor tiver 16 anos completos;
II – pelo casamento;
III – pelo exercício de emprego público efetivo;
IV – pela colação de grau em curso de ensino superior;
V – pelo estabelecimento civil ou comercial, ou pela existência de relação de emprego, desde que, em função deles, o menor com 16 anos completos tenha economia própria.

Uma sociedade, como visto, deve ser composta por no mínimo duas pessoas capazes civilmente, isto é, maiores de 18 anos. No entanto, a jurisprudência e a doutrina sempre discutiram a possibilidade de um menor ser sócio, até ficar decidido, segundo jurisprudência dos tribunais superiores brasileiros, que um menor pode ser sócio de uma sociedade desde que representado ou assistido por quem de direito e que o capital social da sociedade esteja inteiramente integralizado.

Assim, em 1.º de abril de 2011, o Congresso Nacional aprovou a Lei 12.399, que incluiu o seguinte parágrafo no artigo 974 do Código Civil:

§ 3.º – O Registro Público de Empresas Mercantis a cargo das Juntas Comerciais deverá registrar contratos ou alterações contratuais de sociedade que envolva sócio incapaz, desde que atendidos, de forma conjunta, os seguintes pressupostos:
I – o sócio incapaz não pode exercer a administração da sociedade;
II – o capital social deve ser totalmente integralizado;
III – o sócio relativamente incapaz deve ser assistido e o absolutamente incapaz deve ser representado por seus representantes legais.

Não vejo nenhuma novidade nessa alteração, uma vez que, como explicado, a jurisprudência já caminhava nesse sentido. Agora, a discussão encontra-se encerrada e regulamentada pelo Código Civil.

Seguindo a sistemática adotada pelo novo Código Civil, as sociedades são divididas em sociedades não personificadas e personificadas, discutidas a seguir.

Sociedades não personificadas

O Código Civil reconhece como sociedades não personificadas a sociedade em comum e a sociedade em conta de participação.

Sociedade em comum, irregular ou de fato

Para Fran Martins, sociedade de fato é a sociedade não registrada, e sociedade irregular, aquela que, embora tenha sido constituída com observância de todas as formalidades legais, deixou no decorrer de sua vida social de cumprir as obrigações a que se encontrava sujeita. Segundo ele, alguns doutrinadores fazem diferença entre a sociedade de fato e a irregular: a primeira funciona sem qualquer documento, e a segunda, embora possua contrato, deixou de arquivá-lo no Registro Público de Empresas Mercantis.

Oportuno citar as lições desse renomado autor (*Curso de Direito Comercial*, p. 175):

> *Também partilhamos dessa opinião [...], mas um estudo mais demorado nos levou a pensar de maneira diversa. Para nós, quer a sociedade tenha os atos constitutivos escritos e não arquivados, que resulte apenas de atividade comercial em comum, com ânimo societário, teremos uma sociedade de fato e não uma sociedade irregular. Esta será a sociedade que se organiza de modo legal, arquiva seus atos constitutivos no Registro Público das Empresas Mercantis e Atividades Afins, mas, posteriormente, pratica atos que desnaturam o tipo social (por exemplo: uma sociedade em comandita simples por prazo determinado ultrapassa esse prazo sem renovar o contrato social; continua nesse caso a sociedade a funcionar de forma irregular, perdendo os sócios que limitaram sua responsabilidade, ou seja, os sócios comanditários, esse benefício, tornando-se ilimitadamente responsáveis); ou que funciona sem cumprir as obrigações impostas por lei (não possui livros obrigatórios, não levanta balanço anual). Já a sociedade de fato não chegou a possuir personalidade jurídica, por não ter arquivado seus documentos constitutivos no Registro Público das Empresas Mercantis e Atividades Afins. A circunstância de terem algumas sociedades chegado a lavrar um contrato especificando objeto, capital, atribuições e responsabilidade dos sócios, etc. serve apenas de elemento de prova entre os sócios, nenhum reflexo tendo em relação aos terceiros, que são aqueles que contratam com a sociedade. O projeto de Código Civil parece apoiar esse ponto de vista (art. 1.023 e ss.).*

Já para Carvalho de Mendonça, sociedade irregular é aquela que não cumpre todas as formalidades legais de sua constituição. A sociedade de fato, por sua vez, é aquela considerada nula em razão de vícios que a atingem. Ensina esse ilustre e também renomado autor (*Tratado de Direito Comercial brasileiro*, p. 131):

> *Denomina-se irregular, como o vocábulo o indica, aquelas sociedades que funcionam durante certo tempo sem o cumprimento das solenidades legais da constituição e publicidade [...] Profunda é, entretanto, a diferença que se deve fazer, em nosso Direito, entre a sociedade irregular e a de fato. A primeira ficou acima definida. A segunda é aquela que, afetada por vícios que a inquinam de nulidade, são fulminadas com o decreto de morte. A sociedade, apesar disso, funcionou, viveu, contratou, tomou lugar no mundo dos negócios. Não se pode negar nem destruir fatos consumados. Há mister, portanto, atender à natureza das coisas e, de conformidade com esta, ajustar as contas do que se fez durante a comunhão. Eis por que se diz de fato esta sociedade, isto é, uma sociedade que, apesar de degenerada, viveu, enquanto admitida.*

Por fim, Waldemar Ferreira considera a sociedade de fato aquela contratada oralmente e irregular a que possui contrato escrito, mas não registrado no órgão competente.

Nota-se que alguns doutrinadores distinguem a sociedade irregular da de fato adotando critérios diferentes. Contudo, essa distinção não tem nenhuma relevância. As expressões devem ser utilizadas como sinônimas. Esse é o entendimento de Fábio Ulhoa Coelho.

A discussão perde ainda mais relevância diante do novo Código Civil, uma vez que este passou a denominá-las de "sociedade em comum". Assim, sociedade em comum é a sociedade que não tem seus atos constitutivos inscritos no registro competente, seja nas Juntas Comerciais, seja nos Cartórios de Pessoas Jurídicas (art. 986, CC).

A ausência de registro dos atos constitutivos não implica negar sua existência. No entanto, os sócios, nas relações entre si ou com terceiros, só podem provar sua existência por escrito, e os terceiros, por todos os meios de provas admitidos em Direito.

Na sociedade em comum, os bens e dívidas sociais constituem patrimônio especial, do qual os sócios são titulares em comum, ainda que irregular. Os bens sociais representam a garantia pelos atos de gestão praticados por qualquer um dos sócios, salvo cláusula limitativa de poderes, a qual somente terá eficácia se apresentada a terceiros. Quanto às obrigações sociais, dispõe o Código Civil:

Art. 990 – Todos os sócios respondem solidária e ilimitadamente pelas obrigações sociais, excluído do benefício de ordem, previsto no artigo 1.024, aquele que contratou pela sociedade.

Portanto, na sociedade em comum, os sócios responderão de maneira solidária entre si e subsidiariamente perante terceiros, exceto o sócio que contratar em nome da sociedade. Assim, o sócio que contratar em nome da sociedade será pessoalmente responsável pelas obrigações sociais.

Sociedade em conta de participação

Alguns doutrinadores consideram a conta de participação apenas um contrato de investimento. Já o Código Civil atribui-lhe a condição de sociedade, embora não personificada.

Nesse tipo societário, há duas categorias de sócio:

Ostensivo – Contrata em nome da sociedade, tendo responsabilidade solidária e ilimitada pelas obrigações sociais.

Participante – Não contrata em nome da sociedade, de modo que não possui responsabilidade pelas obrigações sociais, porém fica limitado aos investimentos empregados na sociedade pelo sócio ostensivo, nos termos do contrato social.

A esse respeito, dispõe o Código Civil:

Art. 991 – Na sociedade em conta de participação, a atividade constitutiva do objeto social é exercida unicamente pelo sócio ostensivo, em seu nome individual e sob sua própria e exclusiva responsabilidade, participando os demais dos resultados correspondentes.
Parágrafo único – Obriga-se perante terceiro tão somente o sócio ostensivo; e, exclusivamente perante este, o sócio participante, nos termos do contrato social.

Para efeitos legais, a sociedade em conta de participação não possui personalidade jurídica; sua constituição independe de qualquer formalidade e pode provar-se por todos os meios admitidos em Direito (art. 992, CC). O contrato social produz efeito somente entre os sócios, e a eventual inscrição de seu instrumento no registro competente não lhe confere personalidade jurídica (art. 993, CC).

A contribuição do sócio participante e a do ostensivo constituem patrimônio especial, objeto da conta de participação relativa aos negócios sociais. A especialização patrimonial somente produz efeito em relação aos sócios.

Caso o sócio ostensivo venha a falir, ocorrerá a dissolução da sociedade, bem como a liquidação da respectiva conta, cujo saldo constituirá crédito quirografário. Se a falência atingir o sócio participante, o contrato social ficará sujeito às normas que regulam os contratos bilaterais.

Sociedades personificadas

Com a superação da teoria de atos de comércio, o Direito brasileiro passou a adotar duas classificações societárias: as sociedades simples e as sociedades empresárias.

Apesar da ausência de definição específica a respeito das sociedades simples, alguns doutrinadores as conceituam como sociedades devidamente constituídas que exploram ou não uma atividade econômica, de maneira não organizada. Já as sociedades empresárias exploram a empresa, ou seja, uma atividade econômica organizada para a produção ou circulação de bens ou serviços. O diferencial entre ambas é o caráter da organização empresarial.

Ensina Fábio Ulhoa Coelho (*Manual de Direito Comercial*, p. 110-1):

> *A distinção entre sociedade simples e empresária não reside, como se poderia pensar, no intuito lucrativo. Embora seja da essência de qualquer sociedade empresária a persecução de lucros – inexiste pessoa jurídica dessa categoria com fins filantrópicos ou pios –, este é um critério insuficiente para destacá-la da sociedade simples. Isso porque também há sociedades não empresárias com escopo lucrativo, tais as sociedades de advogados, as rurais sem registro na Junta, etc. O que irá, na verdade, caracterizar a pessoa jurídica de direito privado não estatal como sociedade simples ou empresária será o modo de explorar seu objeto. O objeto social explorado sem empresarialidade (isto é, sem profissionalmente organizar os fatores de produção) confere à sociedade o caráter de simples, enquanto a exploração empresarial do objeto caracterizará a sociedade como empresária.*

Nesse mesmo sentido, afirma Gladston Mamede (*Direito Societário: sociedades simples e empresárias*, p. 37):

> *No plano da regra geral, qual seja, a consideração dos tipos societários em função da estrutura engendrada para a consecução da atividade econômica, percebe-se que a grande nota distintiva da sociedade simples é a inexistência de uma organização de bens materiais e imateriais (intelectuais), bem como de recursos humanos, voltada para a produção sistemática de riqueza.*

Segundo Ricardo Negrão, a sociedade simples possui objeto social diverso da sociedade empresária. O objeto da sociedade simples poderá incluir, por exemplo, a prestação de serviços intelectuais, artísticos, científicos ou literários. É o trabalho prestado pelo médico, dentista, pesquisador, cientista, escritor, etc., ainda que realizem suas atividades com a colaboração de auxiliares ou colaboradores. Contudo, se suas atividades constituírem elemento de empresa, ou seja, se a sociedade explorar essas atividades de maneira organizada, ela será empresária, e não simples.

Novamente, a doutrina parece uniforme ao considerar a sociedade simples uma sociedade que explora uma atividade não organizada.

Sociedade simples

A sociedade simples será constituída mediante contrato por escrito, particular ou público, devendo conter, além das cláusulas livremente pactuadas entre os sócios (art. 997, CC):

a) nome, nacionalidade, estado civil, profissão e residência dos sócios, se pessoas físicas, e firma ou denominação, nacionalidade e sede dos sócios, se pessoas jurídicas;
b) denominação, objeto social, sede e prazo de duração da sociedade;
c) capital social em moeda corrente;
d) a quota-parte de cada sócio no capital social e sua forma de integralização;
e) as prestações de cada sócio no capital social, cuja contribuição refira-se a serviços;
f) a administração da sociedade e os poderes e atribuições de cada sócio;
g) a participação de cada sócio nos lucros e perdas;
h) a forma de responsabilidade dos sócios, ou seja, subsidiária ou não.

Após sua constituição, nos 30 dias subsequentes, a sociedade simples deverá inscrever o contrato social no Cartório de Registro Civil das Pessoas Jurídicas do local de sua sede, devidamente instruído com os documentos obrigatórios (art. 998, CC). Eventuais modificações do contrato social que tenham por objeto as matérias arroladas no artigo 997 do Código Civil dependem do consentimento de todos os sócios, enquanto as demais podem ser decididas por maioria absoluta de votos, salvo se o contrato social determinar a exigência de *quorum* mais elevado, isto é, deliberação unânime dos sócios.

Sociedade em comandita simples

Nesse tipo societário, existem duas categorias de sócio:

Comanditado – Pessoa física que representa e administra a sociedade, com responsabilidade solidária e ilimitada pelas obrigações sociais.

Comanditário – Pessoa física ou jurídica que não administra a sociedade, com responsabilidade limitada.

A esse respeito, diz o artigo 1.045 do Código Civil:

Na sociedade em comandita simples tomam parte sócios de duas categorias: os comanditados, pessoas físicas, responsáveis solidária e ilimitadamente pelas obrigações sociais; e os comanditários, obrigados somente pelo valor de sua quota.

Parágrafo único – O contrato deve discriminar os comanditados e os comanditários.

Sociedade limitada

No Brasil, a sociedade limitada encontrava-se regulada pelo Decreto 3.708/19. Recentemente, com a unificação do direito privado, está prevista nos artigos 1.052 a 1.087 do Código Civil, aplicando-se subsidiariamente as normas da sociedade simples, podendo o contrato social autorizar de maneira supletiva a aplicação das normas da sociedade por ações.

A sociedade limitada é considerada uma das sociedades mais usuais no Direito brasileiro, uma vez que a responsabilidade dos sócios está restrita ao valor de suas quotas, estabelecendo nítida separação entre o patrimônio da sociedade e o patrimônio pessoal dos sócios, que não podem ser alcançados pelas obrigações sociais.

Dissolução da sociedade limitada – Dissolução é o ato pelo qual se opera o início da extinção da sociedade, podendo ser extrajudicial ou judicial.

Dissolução extrajudicial – Os sócios reúnem-se em assembleia ou reunião e dissolvem a sociedade, compartilhando entre si os frutos plantados no decorrer da atividade empresarial. De acordo com o artigo 1.087 do Código Civil, a sociedade limitada dissolve-se de pleno direito quando ocorrer qualquer uma das causas do artigo 1.033, quais sejam:

I – o vencimento do prazo de duração, salvo se, vencido este e sem oposição de sócio, não entrar a sociedade em liquidação, caso em que se prorrogará por tempo indeterminado;
II – o consenso unânime dos sócios;
III – a deliberação dos sócios, por maioria absoluta, na sociedade de prazo indeterminado;
IV – a falta de pluralidade de sócios, não reconstituída no prazo de cento e oitenta dias;
V – a extinção, na forma da lei, de autorização para funcionar.

Com relação à dissolução da sociedade pela falta de pluralidade de sócios por mais de 180 dias, a Lei 12.441/11, que introduziu no ordenamento jurídico brasileiro a figura da empresa individual de responsabilidade limitada, alterou o parágrafo único do artigo 1.033, que passou a ter a seguinte redação:

Parágrafo único – Não se aplica o disposto no inciso IV caso o sócio remanescente, inclusive na hipótese de concentração de todas as cotas da sociedade sob sua titularidade, requeira, no Registro Público de Empresas Mercantis, a transformação do registro da sociedade para empresário individual ou para empresa individual de responsabilidade limitada, observado, no que couber, o disposto nos artigos 1.113 a 1.115 deste código.

Portanto, somente se falará em dissolução da sociedade se o sócio remanescente não requerer sua transformação para empresário individual tradicional ou para empresa individual de responsabilidade limitada.

Dissolução judicial – A dissolução judicial ocorrerá a requerimento de qualquer dos sócios quando, por decisão judicial, for anulada a constituição da sociedade, exaurido o fim social ou verificada sua inexequibilidade.

Empresa individual de responsabilidade limitada

Como se sabe, empresário individual, também conhecido como empresário pessoa física, é aquele que exerce a empresa em nome próprio, vale dizer, não existe a figura do sócio.

O titular de uma empresa individual não pode perder de vista:

a) que sua empresa, embora possua Cadastro Nacional de Pessoa Jurídica (CNPJ), não gozará de personalidade jurídica, pois trata-se de pessoa física; terá CNPJ apenas para fins fiscais, isto é, segundo a legislação do Imposto de Renda, o empresário individual equipara-se a pessoa jurídica para fins de tributação;
b) que a responsabilidade desse tipo de empresa é ilimitada e, por não ser considerada uma sociedade, não haverá separação patrimonial da pessoa jurídica, com o patrimônio dos sócios; assim, se a empresa individual vir a falir, todo o patrimônio de seu titular responderá pelas obrigações.

A responsabilidade ilimitada da empresa individual sempre foi um problema para seu titular, tanto que advogados experientes na área do Direito Comercial jamais sugeriam esse tipo de empresa para quem quer fosse, não lhes restando alternativa senão indicar a sociedade limitada ou, em casos mais específicos, a sociedade anônima, desde que houvesse a figura de mais de uma pessoa (sócio). Não havendo tal pessoa, a única opção era, de fato, a empresa individual.

Infelizmente, se se buscar os arquivos da Junta Comercial, percebe-se a constituição de inúmeras empresas individuais, mesmo diante da responsabilidade ilimitada.

Em 2011, o Congresso Nacional aprovou o Projeto de Lei 4.605/09, que alterou o Código Civil criando a figura da empresa individual de responsabilidade limitada. Tal projeto foi sancionado pela presidente da República, convertido na Lei 12.441, de 11 de julho de 2011.

De acordo com o novo artigo 980-A, a empresa individual de responsabilidade limitada é constituída por uma única pessoa titular da totalidade do capital social, ou seja, não existe a figura do sócio. Como no caso da empresa individual tradicional, deve ser constituída por pessoa capaz e não legalmente impedida, além de atender aos seguintes requisitos:

a) o capital social mínimo é de cem vezes o maior salário mínimo vigente no país;
b) referido capital deve ser integralizado à vista, ou seja, no ato da constituição da empresa;
c) o titular não pode figurar em outra empresa dessa modalidade.

Responsabilidade – Uma das inclusões propostas pelo mencionado projeto de lei foi a do § 4.º do artigo 980-A, segundo o qual somente o patrimônio social da empresa responderia pelas dívidas da empresa individual de responsabilidade limitada, não se confundindo em qualquer situação com o patrimônio da pessoa natural que a constituísse, conforme descrito em sua declaração anual de bens entregues ao órgão competente. Infelizmente, esse dispositivo foi vetado pela presidente da República com base em um parecer do Ministério do Trabalho, que entendeu que ele poderia prejudicar a aplicação da teoria da desconsideração da personalidade jurídica.

Com relação ao capital social, estabelece o artigo 1.055, § 1.º, do Código Civil:

Pela exata estimação de bens conferidos ao capital social respondem solidariamente todos os sócios, até o prazo de cinco anos da data do registro da sociedade.

É fato que, no Brasil, diferentemente de outros países, o capital social de uma empresa nem sempre corresponde a sua realidade e que, em se tratando de sociedade limitada, o Código Civil não exige nenhum comprovante de sua integralização.

A ausência de regulamentação mais específica sobre o capital social de uma sociedade limitada não é bem-vista pela doutrina especializada em Direito Comercial, mesmo porque esse tipo de sociedade pode ser usado para prejudicar credores e terceiros, que, muitas vezes, diante da imprecisão do capital social, ficam no prejuízo.

Claro, em alguns casos é possível aplicar o artigo 50 do Código Civil, que prevê a teoria da desconsideração da personalidade jurídica, a qual visa a buscar o patrimônio pessoal do sócio que se esconde atrás da sociedade. Diz o referido artigo:

Em caso de abuso da personalidade jurídica, caracterizado pelo desvio de finalidade, ou pela confusão patrimonial, pode o juiz decidir, a requerimento da parte ou do Ministério Público quando lhe couber intervir no processo, que os efeitos de certas e determinadas relações de obrigações sejam estendidos aos bens particulares dos administradores ou sócios da pessoa jurídica.

Estou convencido, ademais, que, mesmo diante da teoria da desconsideração da personalidade jurídica, a falta de regulamentação sobre o capital social tem gerado sérios problemas para a atividade empresarial, especialmente a tomada de crédito nas instituições financeiras, as quais, em razão do risco, cobram juros elevados. Sabe-se também que o fator "risco" não é o único influenciador da taxa de juros no Brasil.

Seja como for, cito o artigo 1.055 do Código Civil para demonstrar que o legislador ordinário, embora superficialmente, tentou preservar o interesse de credores e terceiros naquilo que diz respeito ao capital social de uma sociedade limitada, havendo responsabilidade solidária entre os sócios, pelo prazo de cinco anos, pelo valor estimado dos bens conferidos ao capital social.

Utilizo a sociedade limitada para comentar a empresa individual de responsabilidade limitada em razão do § 6.º do artigo 980-A:

Aplicam-se à empresa individual de responsabilidade limitada, no que couber, as regras previstas para as sociedades limitadas.

No entanto, por conta do veto da presidente da República, fica difícil visualizar a responsabilidade da empresa individual. Podemos então concluir que o que foi exposto até aqui há de ser aplicado à empresa individual?

Em que pese o notório saber jurídico dos membros do Ministério do Trabalho, não noto razão que justifique seu parecer, mesmo porque a teoria da desconsideração da personalidade jurídica, sobretudo naquilo que se refere à Justiça do Trabalho, vem sendo aplicada, no Brasil, para liquidação das sociedades de responsabilidade limitada, responsabilizando os sócios, administradores ou não, dissidentes ou não, por dívidas trabalhistas das sociedades das quais fazem ou faziam parte.

Uso a expressão "liquidação das sociedades de responsabilidade limitada" porque estou convencido de que, nesse sub-ramo do Direito, a referida teoria extrapola sua finalidade legal e é aplicada de maneira desarrazoada, acarretando sérias consequências na atividade empresarial. Melhor seria sua aplicação segundo o entendimento do Superior Tribunal de Justiça, embora não seja a Justiça do Trabalho a ele subordinada.

Nome empresarial – Determina o § 1.º do artigo 980-A:

O nome empresarial deverá ser formado pela inclusão da expressão "EIRELI" após a firma ou a denominação social da empresa individual de responsabilidade limitada.

Nomenclatura "empresa" – Infelizmente, o legislador ordinário não foi muito feliz ao usar a palavra "empresa" para designar o "empresário individual".

Em minha opinião, embora o termo "empresa" apresente vários significados, o que melhor corresponde ao Direito Comercial é sua utilização como "atividade empresarial". Portanto, o legislador ordinário poderia ter usado a expressão "empresário individual de responsabilidade limitada" em vez de "empresa individual de responsabilidade limitada".

Sociedade anônima

Diferentemente do que ocorre com os demais tipos societários, a sociedade anônima rege-se pela Lei 6.404/76 (Lei das Sociedades Anônimas – LSA), ficando a cargo do Código Civil, sem prejuízo da lei especial, sua definição:

> *Art. 1.088 – Na sociedade anônima ou companhia, o capital divide-se em ações, obrigando-se cada sócio ou acionista somente pelo preço de emissão das ações que subscrever ou adquirir.*

A sociedade anônima é uma sociedade de capital de grande envergadura. Geralmente é constituída para o financiamento de determinada atividade empresarial. (Esse tipo societário é estudado de maneira mais aprofundada no livro *Direito Comercial*, de minha autoria.)

Dissolução – É o ato pelo qual os acionistas dão início ao fim da sociedade. Segundo o artigo 206 da LSA, a companhia dissolve-se:

1. **De pleno direito:**
   a) pelo término do prazo de duração;
   b) nos casos previstos no estatuto;
   c) por deliberação em assembleia geral;
   d) pela existência de um único acionista, verificada em assembleia geral ordinária, se o mínimo de dois não for reconstituído até a assembleia do ano seguinte;
   e) pela extinção, na forma da lei, da autorização para funcionar.
2. **Por decisão judicial:**
   a) quando anulada sua constituição, em ação proposta por qualquer acionista;
   b) quando provado que não pode preencher seu fim, em ação proposta por acionistas que representem 5% ou mais do capital social;
   c) em caso de falência, na forma prevista na respectiva lei;
   d) por decisão de autoridade administrativa competente, nos casos e na forma previstos em lei especial.

Liquidação – Consiste na realização do ativo para pagamento do passivo por intermédio do liquidante (art. 208, LSA). Assim como a dissolução, a liquidação poderá ser extrajudicial ou judicial.

Extinção – Representa o fim da pessoa jurídica. Poderá ocorrer (art. 219, LSA):
a) pelo encerramento da liquidação;
b) pela incorporação ou fusão, e pela cisão com versão de todo o patrimônio para outras sociedades.

Sociedade em comandita por ações

A sociedade em comandita por ações rege-se pelas normas aplicáveis à sociedade anônima (Lei 6.404/76, LSA) e, sem prejuízo à legislação específica, aplicam-se os artigos 1.090 a 1.092 do Código Civil.

Considera-se sociedade em comandita por ações aquela cujo capital se encontra dividido em ações. Embora seja semelhante à sociedade por ações, diferencia-se desta pelo fato de os acionistas diretores responderem de maneira subsidiária e ilimitada pelas obrigações sociais. Note-se, também, que a responsabilidade solidária ocorre apenas entre os diretores, e estes perante terceiros, sempre subsidiários.

Ação de dissolução de sociedade

Ao estudar o Direito Comercial brasileiro, para alguns Direito Empresarial, posição que, como disse, não compartilho, uma vez que, segundo meu entendimento, esse ramo do Direito, mesmo após a publicação do Código Civil de 2002, há de ser entendido como Direito Comercial, percebo que nosso Direito contempla dois regimes dissolutórios: um regulamentado pelo Código Civil (arts. 1.033 a 1.038) para as sociedades contratuais, e o outro, pela Lei das Sociedades Anônimas (arts. 206 e ss.).

Como bem ressalta o professor Fábio Ulhoa Coelho, não há diferenças substanciais entre os regimes dissolutórios. Em ambos, a dissolução decorre de um ato formal, dos sócios ou do juiz.

Alguns estudiosos do Direito Comercial, especialmente da doutrina clássica, como Carvalho de Mendonça e Fran Martins, distinguem três espécies de dissolução: dissolução de pleno direito, que é aquela imposta pela lei, mesmo contra a vontade dos sócios; dissolução amigável, que decorre geralmente da vontade dos sócios, exteriorizada pelo distrato social; e dissolução judicial, que resulta de causas como falência ou impossibilidade de execução do objeto social, entre outras.

No entanto, e sem querer prolongar demais a discussão, Fábio Ulhoa Coelho não compartilha essa opinião. Segundo ele, "a dissolução será judicial ou extrajudicial *não em função da causa que a animar"*.

A princípio, concordo com o professor quando diz que o que distingue as espécies de dissolução é o ato formal, isto é, ora a dissolução decorre de um instrumento extrajudicial (ata ou distrato social), ora de uma decisão judicial.

Em relação aos efeitos da dissolução, a doutrina clássica a considera total ou parcial: quando total, a sociedade será liquidada e, portanto, extinta; quando parcial, opera-se a retirada de um dos sócios, com a respectiva apuração de seus haveres. Em se tratando de dissolução parcial, o Código Civil de 2002 utilizou-se da expressão "Da resolução da sociedade em relação a um sócio".

Rito processual da ação de dissolução judicial

O rito encontra-se previsto nos artigos 655 e seguintes do Código de Processo Civil de 1939, mantidos em vigência pelo artigo 1.218, inciso VII, do atual Código de Processo Civil brasileiro.

Legitimidade

De acordo com o artigo 655 do antigo CPC, a dissolução de sociedade civil ou mercantil poderá ser promovida mediante requerimento de qualquer interessado, nos casos previstos em lei ou no contrato social, para fins de sua liquidação. Diz o artigo:

> *A dissolução de sociedade civil, ou mercantil, nos casos previstos em lei ou no contrato social, poderá ser declarada, a requerimento de qualquer interessado, para o fim de ser promovida a liquidação judicial.*

Importante ressaltar que, em razão da teoria da empresa adotada pelo Código Civil de 2002, as expressões "sociedade civil" e "sociedade mercantil" encontram-se superadas; ora são chamadas de "sociedades simples", ora de "sociedades empresárias".

Ao analisar o artigo supracitado, nota-se que ele se utiliza das palavras "qualquer interessado". Para mim, tal linguagem é muito ampla, já que se entende por "interessados" as pessoas que, em razão do liame societário, possuem legítimo interesse, ou seja, o sócio, o credor, o herdeiro, o legatário e o cônjuge.

O artigo 670 da lei de 1939 prevê, ainda, que a sociedade simples personificada que promover atividade ilícita ou imoral será dissolvida por ação direta, mediante denúncia de qualquer do povo ou do órgão do Ministério Público.

Rito e suas notas explicativas

Socorro-me dos ensinamentos de Ricardo Negrão para desvendar o rito processual utilizado pela lei.

O ilustre professor afirma, ao comentar o rito processual da ação de dissolução de sociedade, que a lei contempla dois procedimentos:

> *a) um sumário, para a dissolução de pleno direito, de cognição declaratória, de rito mais rápido, porque supõe a lei processual que a prova exigida é pré-constituída, bastando demonstrar a ocorrência de um dos fatos previstos na lei (arts. 335, 1 e 4, do Código Comercial, 1.033 do Código Civil e 206, I, da Lei 6.404/76);*
> *b) outro, mais longo, para a instrução, para os casos em que a decisão judicial é de constitutividade negativa, previstos nos artigos 336 do Código Comercial, 1.034 e 1.035 do Código Civil e 206, II, da Lei 6.404/76.*

Liquidante

Liquidante é a pessoa encarregada de apurar o ativo e o passivo da sociedade para depois dar início ao pagamento e à partilha dos bens e direitos apurados. De maneira geral, uma vez decretada a dissolução da sociedade de pleno direito ou em razão de uma discussão contenciosa entre os sócios, da sentença que a decretar constará o nome do liquidante.

Comumente, o liquidante será uma pessoa indicada no contrato social ou no estatuto da sociedade. Em sua falta, será a pessoa que a lei assim determinar ou, se esta nada dispuser a respeito, uma pessoa indicada pelos sócios ou acionistas, respeitando, nesse caso, o *quorum* de aprovação para a nomeação do liquidante.

A esse respeito, dispõe o artigo 1.038 do Código Civil:

> *Se não estiver designado no contrato social, o liquidante será eleito por deliberação dos sócios, podendo a escolha recair em pessoa estranha à sociedade.*

Esse artigo refere-se às regras aplicáveis às sociedades simples e aos demais tipos societários regidos pelo Código Civil. No caso da sociedade limitada, os artigos 1.071, VII, e 1.076, III, também do Código Civil, preveem *quorum* específico para a aprovação da pessoa do liquidante, isto é, o voto da maioria dos presentes à assembleia.

Segundo o artigo 658 do antigo CPC, uma vez nomeado, o liquidante assinará, no prazo de 48 horas, o respectivo termo. Não comparecendo ou recusando a nomeação, o juiz nomeará de imediato a segunda pessoa mais votada. Persistindo a recusa, será nomeada uma terceira.

O liquidante poderá ser destituído, nos termos do artigo 661 do antigo CPC, vale dizer, pelo juiz *ex officio* ou a requerimento de qualquer interessado se não cumprir com suas obrigações, ou retardar injustificadamente o andamento do processo, ou agir com dolo ou má-fé, ou, ainda, possuir interesse contrário ao da liquidação. (O artigo 1.197 do CPC prevê a remoção do tutor ou do curador.)

Atribuições ao liquidante – As atribuições do liquidante encontram-se previstas no artigo 660 do CPC de 1939. São elas:

I – levantar o inventário dos bens e fazer o balanço da sociedade, nos quinze (15) dias seguintes à nomeação, prazo que o juiz poderá prorrogar por motivo justo;
II – promover a cobrança das dívidas ativas e pagar as passivas, certas e exigíveis, reclamando dos sócios, na proporção de suas quotas na sociedade, os fundos necessários, quando insuficientes os da caixa;
III – vender, com autorização do juiz, os bens de fácil deterioração, ou de guarda dispendiosa, e os indispensáveis para os encargos da liquidação, quando as recusarem os sócios a suprir os fundos necessários;
IV – praticar os atos necessários para assegurar os direitos da sociedade, e representá-la ativa e passivamente nas ações que interessarem à liquidação, podendo contratar advogado e empregados com autorização do juiz e ouvidos os sócios;
V – apresentar, mensalmente, ou sempre que o juiz o determinar, balancete da liquidação;
VI – propor a forma da divisão, ou partilha, ou do pagamento dos sócios, quando ultimada a liquidação, apresentando relatório dos atos e operações que houver praticado;
VII – prestar contas de sua gestão, quando terminados os trabalhos, ou destituído das funções.

O Código Civil de 2002 determina ao liquidante praticamente as mesmas atribuições previstas no antigo Código de Processo Civil, sem prejuízo destas.

Art. 1.103 – Constituem deveres do liquidante:
I – averbar e publicar a ata, sentença ou instrumento de dissolução da sociedade;
II – arrecadar os bens, livros e documentos da sociedade, onde quer que estejam;
III – proceder, nos 15 dias seguintes ao da sua investidura e com a assistência, sempre que possível, dos administradores, à elaboração do inventário e do balanço geral do ativo e do passivo;
IV – ultimar os negócios da sociedade, realizar o ativo, pagar o passivo e partilhar o remanescente entre os sócios ou acionistas;
V – exigir dos quotistas, quando insuficiente o ativo à solução do passivo, a integralização de suas quotas e, se for o caso, as quantias necessárias, nos limites da responsabilidade de cada um e proporcionalmente à respectiva participação nas perdas, repartindo-se, entre os sócios solventes e na mesma proporção, o devido pelo insolvente;
VI – convocar assembleia dos quotistas, cada seis meses, para apresentar relatório e balanço do estado da liquidação, prestando conta dos atos praticados durante o semestre, ou sempre que necessário;
VII – confessar a falência da sociedade e pedir concordata, de acordo com as formalidades prescritas para o tipo de sociedade liquidanda;
VIII – finda a liquidação, apresentar aos sócios o relatório da liquidação e as suas contas finais;

IX – averbar a ata da reunião ou da assembleia, ou o instrumento firmado pelos sócios, que considerar encerrada a liquidação.
Parágrafo único – Em todos os atos, documentos ou publicações, o liquidante empregará a firma ou denominação social sempre seguida da cláusula "em liquidação" e de sua assinatura individual, com a declaração de sua qualidade.

Inventário e partilha de bens

A dissolução de uma sociedade decorre da prática de inúmeros atos, os quais, segundo a lei, podem ser divididos em três fases:

1. apuração do ativo;
2. liquidação do passivo;
3. partilha.

As regras aplicáveis a essas fases encontram-se previstas nos artigos 663 a 667 do CPC de 1939. (O leitor não pode perder de vista: o artigo 71 da Lei 5.764/71, que define a Política Nacional de Cooperativismo; os artigos 210, VII, e 214 da Lei 6.404/76 – Lei das Sociedades Anônimas; os artigos 77, 102 e 105 da Lei 11.101/05 – Lei de Falências; os artigos 1.103, VII, e 1.106 da Lei 10.406/02 – Código Civil.)

Com relação à partilha, determinou o legislador da época a aplicação das regras que regem a partilha de bens da herança, atualmente previstas nos artigos 2.013 a 2.022 do Código Civil.

Importante!

Como visto, a dissolução da sociedade pode ser extrajudicial, ou seja, por vontade dos sócios, ou judicial. Ocorre judicialmente quando um dos sócios resolve despedir-se da sociedade de maneira amigável e esta lhe é negada ou quando é determinada por lei.

A ação de dissolução da sociedade é uma ação inicial e, como tal, deve atender aos requisitos dos artigos 282 e 283 do CPC. No mais, é uma ação normal, com fatos, direito, requerimentos e pedidos. Seu fundamento variará de acordo com a causa ensejadora da ação, conforme Código Civil e Lei das Sociedades Anônimas.

Trata-se, portanto, de uma ação bastante simples, como a maioria das ações iniciais. O candidato ao Exame de Ordem, no ato da elaboração de sua peça prático-profissional, deve ater-se apenas ao fundamento da ação e no mais seguir os ritos das ações iniciais, como já comentado. Ora os fundamentos encontram-se previstos no Código Civil (arts. 1.033 a 1.038), ora na Lei das Sociedades Anônimas (arts. 206 e ss.).

Modelo

Ação de dissolução de sociedade

EXCELENTÍSSIMO SENHOR DOUTOR JUIZ DE DIREITO DA ____ VARA CÍVEL DA COMARCA DE ____, ESTADO DE ____.

↕ Espaço de 10 linhas

[Identificar a pessoa física do sócio, conforme exemplo a seguir.] João da Silva, nacionalidade, estado civil, profissão, portador da cédula de identidade RG n.º ____ e do CPF/MF n.º ____, residente e domiciliado no Município de ____, na Rua ____, n.º ____, Bairro ____, Estado ____, CEP ____, por seu advogado infra-assinado (procuração anexa), com escritório profissional no Município de ____, na Rua ____, n.º ____, Bairro ____, Estado ____, CEP ____, local onde deseja receber as devidas intimações, conforme artigo 39, I, do CPC, vem, perante Vossa Excelência, propor a presente

AÇÃO DE DISSOLUÇÃO DE SOCIEDADE

com base nos artigos 1.034, inciso II, do Código Civil, nos artigos 282 e 283 do Código de Processo Civil e nos artigos 655 e seguintes da Lei 1.608/39, em face de Ricardo da Silva, nacionalidade, estado civil, profissão, portador da cédula de identidade RG n.º ____ e do CPF/MF n.º ____, residente e domiciliado no Município de ____, na Rua ____, n.º ____, Bairro ____, Estado ____, CEP ____, pelas razões de fato de direito a seguir aduzidas:

1 – Dos fatos

O autor e o réu constituíram a sociedade "Alfa Indústria e Comércio de Calçados Ltda." em 1990, conforme contrato social anexo.

Na época, seu capital social era de R$ 200.000,00, dividido e representado por 200.000 quotas no valor de R$ 1,00 cada uma, o qual foi integralizado, em sua totalidade, à vista, conforme documentos contábeis anexos.

O autor é detentor de 50% (cinquenta por cento) do referido capital, ou seja, de R$ 100.000,00; o restante, por sua vez, pertence ao réu, na mesma proporção.

Para o início das atividades da sociedade, os sócios valeram-se do capital social para a compra de maquinários e demais equipamentos de produção, uma vez que seu objeto social corresponde à indústria e ao comércio de calçados. Naquela ocasião, comprometeram todo o capital social da empresa.

Com o passar dos anos, a vida empresarial tornou-se mais difícil em razão dos grandes grupos empresariais e da forte concorrência do mercado brasileiro com o mercado internacional. O mercado da época da constituição da sociedade já não mais corresponde a sua realidade. Esse novo mercado requer investimentos pesados em alta tecnologia e preços competitivos com os produtos importados.

O autor, preocupado com a situação da sociedade, procedeu a um levantamento contábil e financeiro da mesma, a qual já vinha atravessando forte crise financeira, e constatou que a continuidade da sociedade era impossível, uma vez que fora exaurido seu capital social. Diante dessa situação, o autor convocou uma reunião com seu sócio, ora denominado réu, e expôs os fatos, defendendo a ideia de que a única saída seria a dissolução da sociedade.

O réu, inconformado com as palavras do autor, negou seu pedido, isto é, pretende continuar com a sociedade, mesmo contra sua vontade, e ao mesmo tempo não autoriza sua retirada do quadro societário da empresa.

Inúmeras discussões foram travadas, sem, contudo, nenhum sucesso por parte do autor, não restando, dessa maneira, alternativa senão se valer da presente ação de dissolução de sociedade, objetivando a liquidação da mesma e a apuração dos haveres.

2 – Do direito

Conforme se depreende dos fatos ora narrados pelo autor, a sociedade "Alfa Indústria e Comércio de Calçados Ltda." tornou-se totalmente inviável, uma vez que não consegue competir com os grandes grupos empresariais.

Para que ela possa tornar-se novamente competitiva no mercado, são necessários investimentos pesados na linha de produção com a devida troca de todos os seus maquinários e equipamentos, pois se apresentam obsoletos e ultrapassados.

No entanto, conforme fazem prova os documentos contábeis e financeiros ora juntados pelo autor, a captação de tais investimentos é impossível, ora por falta de crédito no mercado, ora por falta de garantia creditícia.

Como se não bastasse, o tipo societário adotado pela sociedade não facilita a operação de captação de investimentos, pois não foi constituída sobre o tipo de sociedade anônima.

O antigo Código Comercial trazia em seu artigo 336 três situações em que seria possível a dissolução social da sociedade, entre elas "I – mostrando-se que é impossível a continuação da sociedade por não poder preencher o intuito e fim social, como nos casos de perda inteira do capital social, ou deste não ser suficiente".

Segundo a doutrina especializada, a perda total ou insuficiência do capital social são exemplos de inexequibilidade do fim social. Realmente, se não há mais capital social, tampouco possibilidade de ser aumentado, o fim social que se propôs a sociedade no ato de sua constituição se tornou inviável e, portanto, passível de dissolução.

Nobre julgador, a possibilidade de dissolução judicial da sociedade com base nas alegações do autor, em razão de exaurido o fim social, ou verificada sua inexequibilidade, encontra-se prevista no artigo 1.034 do Código Civil. Sendo assim, pede o autor que a presente ação seja julgada procedente e que produza os efeitos previstos nos artigos 655 e seguintes da Lei 1.608/39.

3 – Do requerimento e do pedido

Isso posto, pede e requer:

I) a citação pessoal do réu, para que querendo conteste no prazo legal, sob pena de revelia;

II) a procedência do pedido para que seja dissolvida a sociedade Alfa Indústria e Comércio de Calçados Ltda., determinando, ademais, a nomeação do liquidante da referida sociedade e a partilha e apuração dos haveres do sócio requerente, bem como a condenação do réu nas despesas processuais e nas verbas de sucumbências, a serem fixadas por este douto juízo.

4 – Das provas

Provará o alegado por todos os meios de provas admitidos em direito, especialmente por documentos, testemunhas e depoimento pessoal do réu.

Dá-se à causa o valor de R$ ____.

Nesses termos,
pede deferimento.

Local, data.

Advogado(a)
OAB

Títulos de crédito

Os títulos de crédito surgiram na Idade Média com o intuito de agilizar e facilitar a circulação da moeda. Aparentemente, o mercado daquela época operava por meio do escambo. Com o passar do tempo, o escambo já não mais correspondia às necessidades da sociedade, ou seja, a troca de uma mercadoria por outra não interessava mais aos grandes produtores. Surgiu, então, a moeda, meio utilizado para a troca de mercadorias, passando a ocorrer maior centralização no volume de riquezas. Assim, para facilitar a circulação da moeda e a confiança que o credor depositava em seu devedor, surgiram os títulos de crédito – daí os termos *creditum*, *credere*.

O título de crédito, segundo Cesare Vivante, "é o documento necessário ao exercício de um direito literal e autônomo nele mencionado".

Dentre os inúmeros títulos de crédito previstos na legislação brasileira, estudaremos aqui as quatro principais modalidades: letra de câmbio, nota promissória, cheque e duplicata.

Letra de câmbio

Atualmente, a letra de câmbio encontra-se regulada pela Lei 57.663/66 e parcialmente pelo Decreto 2.044/08 (Lei Uniforme Relativa às Letras de Câmbio e Notas Promissórias – LU).

Conceito

Ensina Rubens Requião (*Curso de Direito Comercial*, p. 387):

> *A letra de câmbio é uma ordem de pagamento, à vista ou a prazo. Sendo uma ordem de pagamento que alguém dirige a outrem para pagar a terceiro, importa numa relação entre pessoas que ocupam três posições no título: a de sacador, a de sacado e a de beneficiário da ordem.*

Do conceito trazido pelo iminente jurista, pode-se extrair:
Sacador – Dá a ordem para pagamento.
Sacado – A quem a ordem é dirigida.
Tomador – O beneficiário da ordem.

Requisitos

Para que a letra de câmbio possa produzir efeitos, a lei determina os seguintes requisitos (art. 1.º, LU):

a) a denominação "letra de câmbio" inserida no próprio texto ou expressa na língua empregada em sua redação;
b) a ordem de pagar determinada quantia;
c) o nome da pessoa que deve pagar (sacado);
d) a época do pagamento;
e) o nome da pessoa a quem ou à ordem de quem deve ser paga (tomador);
f) a indicação da data e do lugar em que a letra é passada;
g) a assinatura de quem passa a letra (sacador).

Portanto, para que a letra produza efeitos, torna-se necessário o preenchimento desses requisitos. Contudo, alguns não essenciais poderão ser presumidos, sem comprometer sua validade. São eles:

a) na falta de indicação da época do pagamento, considerar-se-á como à vista;
b) na falta de indicação especial do lugar designado ao lado do nome do sacado, entender-se-á como o lugar do pagamento e, ao mesmo tempo, o lugar do domicílio do sacado;
c) na falta de indicação do lugar onde foi passada, considerar-se-á o lugar designado ao lado do nome do sacador.

Letra incompleta ou em branco

De acordo com a Súmula 387 do STF, "a cambial emitida ou aceita com omissões ou em branco pode ser completada pelo credor de boa-fé antes da cobrança ou do protesto". Assim, para o credor de boa-fé protestar a letra, deverá preenchê-la. Enquanto não for preenchida a letra, esta não se torna exigível.

Vencimento

É o ato cambial pelo qual se opera a exigibilidade da letra, podendo ser:

À vista – Ocorre quando o sacado recebe o título, devendo honrar imediatamente a obrigação.

A certo termo da data – O vencimento começa a contar da emissão da letra.

A certo termo da vista – O prazo para contagem do vencimento ocorre somente com o visto ou o aceite do sacado.

A dia certo – Ocorre quando as partes estipulam um dia certo e determinado para seu vencimento.

Pagamento

É causa de extinção das obrigações. Assim, uma vez vencida a letra, deve ser apresentada para pagamento. De acordo com a lei uniforme, o portador da letra de câmbio tem de apresentá-la para pagamento no dia de seu vencimento. Se, contudo, o dia do vencimento coincidir com feriado, o devedor deve pagá-la no primeiro dia útil seguinte.

Protesto

É o ato solene e formal pelo qual se comprova o descumprimento de uma obrigação.

A esse respeito, ensina J. X. Carvalho de Mendonça (*Tratado de Direito Comercial brasileiro*, p. 387-8):

> *O protesto, para os efeitos cambiais (protesto cambial), é a formalidade extrajudicial, mas solene, destinada a servir de prova da apresentação da letra de câmbio, no tempo devido, para o aceite ou para o pagamento, não tendo o portador, apesar da sua diligência, obtido este ou aquele. Com o mesmo objeto, serve ainda de prova da falência do aceitante.*

Hoje, o protesto encontra-se regulado pela Lei 9.492/97, que assim o define:

> *Art. 1.º – Protesto é o ato formal e solene pelo qual se prova a inadimplência e o descumprimento de obrigações originadas em títulos e outros documentos de dívida.*

Por sua vez, a doutrina considera o protesto:

Obrigatório – Consiste no ato formal e solene para resguardar o direito de regresso contra os coobrigados.

Facultativo – Tem por finalidade constituir o devedor em mora, bem como interromper a prescrição.

Como visto, o protesto é utilizado para manter os efeitos da coobrigação. Assim, para o credor exigir o cumprimento da obrigação dos coobrigados, isto é, sacador, endossante e seu avalista, o protesto será obrigatório; essa regra não se aplica ao aceitante da letra e seu avalista.

Dispensa do protesto – De acordo com a lei uniforme, o protesto torna-se dispensável quando inserido na letra a cláusula "sem despesas". A cláusula "sem despesas", "sem protesto" ou equivalente produz efeitos perante todos os que figurarem na letra, tais como sacador, endossante e seu avalista. Desse modo, o portador poderá exercer todos os seus direitos de ação, independentemente de protesto.

Segundo Rubens Requião (*op. cit.*, p. 443):

> *Com a inserção dessa cláusula, o portador, para poder exercer seus direitos de ação, estará isento, por vontade do sacador, expressa na própria letra, de promover o protesto. [...] essa cláusula – adverte a lei uniforme – não dispensa o portador da apresentação da letra dentro do prazo prescrito, nem tampouco dos avisos a dar. É óbvio que, não provando a apresentação da letra pelo protesto, o portador terá de fazer a prova por qualquer outra forma extracambiária que o direito permite. Essa prova constituirá ônus daquele que da inobservância da apresentação queira se prevalecer contra o portador. [...] Se a cláusula "sem despesas", "sem protesto" ou outra equivalente for inserida pelo sacador, produz seus efeitos em relação a todos os que se obrigarem na letra. Se inserida por endossante ou por avalista, somente em relação a ele terá efeito.*

Prazos para protesto – Os prazos para protesto da letra de câmbio variam conforme a obrigação assumida pelo devedor.

Protesto por falta de aceite – A letra deve ser entregue a protesto findo o prazo de apresentação para aceite ou no dia seguinte, se o sacado a recebeu para aceite.

Protesto por falta de pagamento – A letra deve ser apresentada a protesto no prazo de dois dias úteis após seu vencimento.

Sustação e cancelamento do protesto – A sustação do protesto é uma medida cautelar. O devedor deverá depositar a importância reclamada e em 30 dias ingressar com a ação anulatória do título levado a protesto. Nesses casos, o juiz poderá ainda admitir apenas a prestação de caução nos termos do Código de Processo Civil. Seja como for, uma vez revogada a ordem de sustação, proceder-se-á ao protesto do título sem nova intimação do devedor, sendo a lavratura e o registro do protesto efetivados até o primeiro dia útil subsequente ao do recebimento da revogação, salvo se a materialização do ato depender de consulta a ser formulada ao apresentante, caso em que o mesmo prazo será contado da data da resposta dada (art. 17, § 2.º, Lei 9.492/97).

O cancelamento do protesto, por sua vez, será solicitado diretamente ao Tabelionato de Protesto de Títulos, por qualquer interessado, mediante a apresentação do título original ou declaração de anuência do credor (art. 26, Lei 9.492/97). Note-se que o cancelamento do protesto poderá ser realizado por qualquer pessoa, que, para tanto, deverá apresentar o título original ou, em caso de extravio, uma declaração de anuência do credor.

Prescrição

Prescrição é a perda do prazo pelo credor para seu exercício de ação, isto é, é a perda do prazo para a propositura da ação cambial. Assim, o credor deverá propor a referida ação considerando os seguintes prazos prescricionais:

a) contra o aceitante e seu avalista, em três anos, a contar do vencimento;
b) contra os endossantes e seus avalistas e contra o sacador, em um ano, a contar do protesto;
c) dos endossantes uns contra os outros e contra o sacador, em seis meses, a contar do dia em que o endossante pagou a letra ou que ele próprio foi acionado.

No entanto, o portador da letra deverá ingressar com a ação cambial em tempo hábil, sob pena de supressão do direito pelo decurso do tempo. Assim, decorrido o prazo, isto é, incorrendo em prescrição, não mais poderá o credor exigir do devedor a importância devida.

Ação cambial

Ação cambial é o meio processual pelo qual o credor visa a satisfazer os direitos decorrentes do título. Desse modo, o portador do título de crédito ou do título executivo extrajudicial poderá, nos termos dos artigos 585, I, e 614, I e II, do CPC, buscar a tutela jurisdicional para ter seu direito garantido.

Segundo a sistemática adotada pela legislação cambiária e por seus institutos (aceite, endosso e aval), duas são as ações cambiais: a ação direta, intentada contra o aceitante e seus avalistas; e a ação de regresso, intentada contra todos os coobrigados (sacador, endossantes e seus avalistas).

A ação direta poderá ser intentada judicialmente pela via executiva com a apresentação do título de crédito e de seu demonstrativo de cálculo de débito atualizado. Já a ação de regresso requer, além dos mesmos requisitos da ação direta (título e demonstrativo), a juntada da Certidão de Protesto do Cartório de Títulos e Documentos tirado dentro do prazo legal. Isso quer dizer que, para o exercício do direito de regresso, é imprescindível o protesto do título de crédito – no caso, o da letra de câmbio. Se o credor não tirar o protesto dentro do prazo legal, ou seja, dentro de dois dias úteis seguintes à apresentação da letra para pagamento, perderá o direito de regresso contra todos os coobrigados.

Essa regra comporta uma única exceção: de acordo com o artigo 46 da lei uniforme, o sacador, um endossante ou um avalista pode, pela cláusula “sem despesas”, “sem protesto” ou outra equivalente, dispensar o portador de fazer o protesto da letra de câmbio por falta de aceite ou de pagamento, para poder exercer seus direitos de ação. Contudo, a referida cláusula inserida na letra de câmbio não dispensa o portador de sua apresentação dentro do prazo, tampouco dos avisos a dar a todos os signatários da letra da recusa de seu pagamento. Por fim, os efeitos da cláusula “sem despesas”, “sem protesto” ou outra equivalente variam de acordo com a autoria: se escrita pelo sacador, produz efeitos em relação a todos os signatários da letra de câmbio; se inserida por um endossante ou por um avalista, apenas em relação a esse endossante ou avalista.

Não se pode perder de vista que o endosso produz dois efeitos: transfere o título de crédito e gera a coobrigação entre o endossante e o principal devedor. O aval, por sua vez, já se sabe, representa uma garantia de pagamento, na qual o avalista garante o pagamento do título de crédito em favor do avalizado. Assim, as obrigações garantidas pelos institutos do Direito Cambiário (endosso e aval) geram a responsabilidade solidária entre aquelas pessoas de tal maneira que na ação cambial o credor da letra de câmbio poderá exigir o crédito de qualquer um dos coobrigados, e aquele que satisfizer a letra terá direito de regresso contra os outros.

Nesse sentido, dispõe o artigo 50 do Decreto 2.044/08:

A ação cambial pode ser proposta contra um, alguns ou todos os coobrigados, sem estar o credor adstrito à observância da ordem dos endossos.

Como já comentado, a ação cambial é uma ação executiva, cuja finalidade é satisfazer uma obrigação originada de um título de crédito. Diz o artigo 49 do decreto regulamentador:

A ação cambial é executiva. Por ela, tem também o credor direito de reclamar a importância que receberia pelo ressaque.

Matérias de defesa – O Decreto 2.044/08, especialmente o artigo 51, limita as matérias de defesa que podem ser alegadas no bojo da ação cambial. São elas:
a) direito pessoal do executado contra o exequente;
b) defeito de forma do título;
c) falta de requisito necessário ao exercício da ação.

Nota promissória

Conceito

Nota promissória é uma promessa direta de pagamento dada pelo devedor em favor do credor. A nota, quando emitida, enseja duas relações jurídicas:

Emitente ou sacador – Aquele que se compromete a pagar.

Beneficiário ou tomador – Aquele a quem assiste o direito de receber.

Requisitos

Para que a nota promissória possa produzir efeitos, a lei determina os seguintes requisitos (art. 75, LU):
a) a denominação "nota promissória" inserida no próprio texto ou expressa na língua empregada em sua redação;
b) a promessa pura e simples de pagar determinada quantia;
c) o dia do vencimento;
d) a indicação do lugar em que se deve efetuar o pagamento;
e) o nome do beneficiário;
f) a indicação da data e do lugar em que a nota é passada;
g) a assinatura do emitente.

Portanto, para que a nota produza efeitos, torna-se necessário o preenchimento desses requisitos, podendo parte deles ser presumida, sem, contudo, comprometer sua validade:
a) na falta de indicação da época do pagamento, vencerá à vista;
b) na falta de indicação especial do lugar onde o título foi passado, considerar-se-á o lugar do pagamento e, ao mesmo tempo, o lugar do domicílio do emitente da nota;
c) na falta de indicação do lugar onde a nota foi passada, entender-se-á como o lugar designado ao lado do nome do emitente.

Legislação aplicável à nota promissória

A legislação aplicável à nota promissória é a mesma que rege a letra de câmbio, porém com algumas particularidades. A nota promissória diferencia-se da letra quanto à estrutura: a primeira consiste em uma promessa de pagamento, de maneira que sua emissão enseja apenas duas novas relações jurídicas; a segunda é uma ordem de pagamento, da qual, no momento do saque, podem-se extrair três relações jurídicas distintas.

Assim, como visto, na letra de câmbio o aceite representa o ato cambial pelo qual o sacado reconhece a ordem, tornando-o aceitante e principal devedor, ou seja, para que o título seja passível de aceite, é imprescindível a presença do sacado, o que não ocorre na nota promissória. Portanto, esta não admite aceite.

Contudo, o artigo 78 da lei uniforme estabelece que o emitente de uma nota promissória é responsável da mesma forma que o aceitante de uma letra de câmbio. Diante desse artigo, parte da doutrina comercialista entende que, mesmo sendo a nota promissória uma promessa de pagamento, poderá admitir o aceite, desde que o emitente prometa pagar determinado valor no vencimento por ele definido, a contar de seu visto.

Oportuno mencionar a lição de Rubens Requião (*op. cit.*, p. 467-8):

> *Confessamos estranheza em face do disposto nas alíneas do artigo 78 da lei uniforme. Após registrar, na alínea 1, que o subscritor de uma nota promissória é responsável da mesma forma que o aceitante de uma letra de câmbio, posições cambiárias perfeitamente assimiláveis entre os dois títulos, a alínea 2 cogita de visto na nota promissória. E dispõe: "As notas promissórias pagáveis a certo termo de vista devem ser presentes ao visto dos subscritores nos prazos fixados no artigo 23". O termo de vista conta-se da data provada pelo protesto (art. 25), cuja data serve de início ao termo de vista – acresce aquele dispositivo. Cogita a lei uniforme, portanto, de vista, vale dizer, de aceite, da nota promissória [...] Os autores Hamel, Lagarde e Jauffred, comentando o correspondente dispositivo no Code de Commerce, da letra de câmbio, pelos dispositivos referentes à nota promissória, concluem: "...assim, e, com efeito, porque a aceitação de uma nota promissória não pode ser concebida, porque esse aceite é dado pelo próprio subscritor, e o artigo 188 dispõe que o subscritor de uma nota promissória é obrigado da mesma maneira que a aceitação de uma letra de câmbio". Ora, no momento em que expede a promessa, assinando a nota promissória, o emitente evidentemente aceitou a obrigação a que se sujeitou. No direito cambiário brasileiro, por outro lado, não existe nota promissória a "tempo certo de vista", como ocorre com a letra de câmbio. O vencimento a tempo certo de vista, no caso da letra de câmbio [...], ocorre a contar da data do aceite. Não podemos compreender, pois, como possa existir, mesmo na lei uniforme, alusão à nota promissória "a certo termo de vista", uma vez que o principal obrigado e devedor do título é o próprio subscritor. Aqui fica o registro de nossa perplexidade.*

Já com relação ao endosso e aval na nota promissória, estes são compatíveis com a letra de câmbio. Desse modo, a nota será passível de transferência por endosso, podendo, ainda, ser garantida por aval.

Prazos para apresentação da nota promissória

A nota deve ser apresentada a protesto no prazo de dois dias úteis após seu vencimento em cartório. A inobservância do prazo acarretará a perda do direito contra os coobrigados, endossantes e seus avalistas, conservando o credor apenas o direito contra o principal devedor e seus avalistas.

Ação cambial e prescrição

O prazo prescricional para a propositura da ação cambial da nota promissória será:

a) contra o emitente e seu avalista, em três anos, a contar do vencimento;
b) contra os endossantes e seus avalistas, em um ano, a contar do protesto;
c) dos endossantes uns contra os outros e contra o emitente, em seis meses, a contar do dia em que o endossante pagou a nota.

Ressalte-se que, conforme já explicado, as disposições legais aplicáveis à letra de câmbio também se aplicam às notas promissórias naquilo em que forem compatíveis. No que diz respeito à ação cambial da nota promissória, aplicar-se-á a da letra de câmbio.

Ação cambial e vinculação a contrato

Conforme ensinamentos de Ricardo Negrão:

> *A jurisprudência tem entendido que as discussões acerca das causas contratuais que deram origem ao título irradiam sobre ele seus efeitos e, assim, a deficiência ou inadimplemento contratual repercute sobre a nota promissória que a ele se vincula. É possível, portanto, nesses casos, discutir o negócio subjacente em qualquer procedimento judicial, isto é, no curso de ação de execução, de ação de cobrança ou monitória. Há de se atentar que o título acompanhará a mesma sorte do contrato ao qual se encontra vinculado desde o nascedouro. Tornando-se ilíquido o contrato, o título também o será. Por essa razão, os tribunais têm entendido que a perda da exigibilidade do contrato implica necessariamente perda da exigibilidade pela via executiva.*

Cheque

No Brasil, o cheque está regulado pela Lei 7.357/85 (Lei do Cheque – LC). Como título de crédito, tem-se apresentado imprescindível na vida do cidadão brasileiro em virtude de sua fácil aceitação no mercado. Hoje, o cheque representa importante instrumento de circulação de riquezas entre empresários e consumidores.

Conceito

O cheque é ordem de pagamento à vista, emitido contra um banco, mediante fundos disponíveis do emitente, em poder do sacado, provenientes de depósito ou de contrato de abertura de crédito. De tal conceito, é possível visualizar as seguintes relações jurídicas:

Sacador ou emitente – Aquele que dá a ordem.
Sacado ou banco – A quem a ordem é dirigida.
Tomador ou portador – O beneficiário da ordem.

Requisitos

Para produzir efeitos, o cheque, assim como a letra de câmbio e a nota promissória, deve atender a certos requisitos, entre eles (art. 1.º, LC):

a) a denominação "cheque" expressa no contexto do título;
b) a ordem incondicional de pagar determinada quantia;
c) o nome do sacado a quem a ordem é dirigida;
d) o lugar de pagamento;
e) a data e o lugar de emissão;
f) a assinatura do sacador, ou de seu mandatário com poderes especiais.

Ação cambial e prescrição

A ação de execução do cheque prescreve em seis meses, contados da expiração do prazo de apresentação (art. 59, LC), e a ação de regresso de um obrigado ao pagamento do cheque contra o outro, em seis meses, contados do dia em que o obrigado efetuou o pagamento ou do dia em que foi acionado.

Segundo as legislações vigentes, é fácil concluir que o portador de um título de crédito – no caso, um cheque –, possa fazer uso de várias ações com o objetivo de ver seu direito satisfeito pelo devedor.

A execução e a ação de enriquecimento indevido são exemplos de ações cambiais, conforme artigos 47, 51 a 54 e 62 da Lei do Cheque. Sem prejuízo dessas ações, o portador do cheque poderá valer-se ainda da ação monitória, caso o título deixe de possuir força executiva, em razão da prescrição, ou da ação ordinária, consubstanciada na causa que deu origem ao título.

Duplicata

A duplicata surgiu em 1908, por meio do Código Comercial. Este obrigava os comerciantes atacadistas, nas vendas a retalho, a emitir fatura para comprovar a entrega das mercadorias. A fatura era emitida em duas vias (por duplicado), daí o nome "duplicata".

A legislação de 1908 foi revogada, e em 1915 a duplicata ganhou nova característica, a de controlar a incidência de impostos nas operações entre comerciantes. A tentativa do governo de obrigar os comerciantes à emissão de duplicatas para controle da tributação também não deu certo. Somente nos anos 60, com a edição da Lei 5.474/68 (Lei da Duplicata – LD), o título passou a ter caráter exclusivamente comercial para a circulação de mercadorias e cobrança de créditos.

Conceito

Duplicata é um título de crédito de origem brasileira, cuja finalidade consiste em documentar as operações mercantis. Quanto à estrutura, representa uma ordem de pagamento, figurando as seguintes relações jurídicas:

Sacador – Aquele que emite a ordem.

Sacado – Aquele que recebe a ordem.

Tomador – Beneficiário da ordem.

A duplicata é um título causal, pois somente pode ser emitida para documentar uma compra e venda mercantil ou uma prestação de serviço.

Requisitos

No ato da emissão da fatura, poderá ser extraída uma duplicata para fins de circulação com efeito comercial, não sendo admitida qualquer outra espécie de título de crédito para documentar o saque do vendedor pela importância faturada ao comprador. A duplicata deverá conter:

a) a denominação "duplicata";
b) a data de emissão e o número de ordem;
c) o número da fatura;
d) a data certa do vencimento ou a declaração de ser à vista;
e) o nome e o domicílio do vendedor e do comprador;
f) a importância a pagar;
g) o local para pagamento;
h) a cláusula à ordem;
i) a declaração do reconhecimento de sua exatidão e da obrigação de pagá-la, dada pelo aceite;
j) a assinatura do emitente.

A duplicata deverá corresponder a uma única fatura. No entanto, nos casos de venda para pagamento em parcelas, poderá ser emitida duplicata única, discriminando todas as prestações e seus vencimentos, ou série de duplicatas, uma para cada prestação, distinguindo-se a numeração pelo acréscimo de letra do alfabeto, em sequência.

Prazo para protesto

A duplicata será entregue a cartório para protesto dentro de 30 dias, contados de seu vencimento. Assim, da mesma forma que a letra de câmbio, a duplicata é protestável por falta de aceite, de devolução ou de pagamento. O protesto será tirado conforme o caso, mediante apresentação da duplicata, da triplicata ou, ainda, por simples indicação do portador, na falta de devolução. O fato de não ter sido exercida a faculdade de protestar o título, por falta de aceite ou de devolução, não elide a possibilidade de protesto por falta de pagamento.

Ressalte-se que, caso o portador não tire o protesto da duplicata em forma regular e dentro de 30 dias, contados da data de seu vencimento, perderá o direito de regresso contra os endossantes e seus avalistas (art. 13, § 4.º, LD). Portanto, de nada adiantaria o protesto se não observado o prazo para manter seus efeitos de coobrigação.

Ação executiva e prescrição

A ação para cobrança judicial da duplicata ou triplicata deve ser proposta no domicílio do devedor ou da praça para pagamento. O prazo prescricional será:

a) contra o sacado e seus avalistas, em três anos, a contar do vencimento;
b) contra os endossantes e seus avalistas e contra o sacador, em um ano, a contar do protesto;
c) dos endossantes uns contra os outros e contra o sacador, em um ano, a contar do dia em que o endossante pagou a letra ou que ele próprio foi acionado.

Duplicata de prestação de serviços

Os prestadores de serviços poderão emitir fatura e duplicata para documentar as obrigações assumidas entre o sacador e o sacado. A fatura deverá discriminar a natureza dos serviços prestados e a soma a pagar por eles. Dispõe a Lei da Duplicata:

> *Art. 20 – As empresas, individuais ou coletivas, fundações ou sociedades civis, que se dediquem à prestação de serviços, poderão, também, na forma desta lei, emitir fatura e duplicata.*
> *§ 1.º – A fatura deverá discriminar a natureza dos serviços prestados.*
> *§ 2.º – A soma a pagar em dinheiro corresponderá ao preço dos serviços prestados.*
> *§ 3.º – Aplicam-se à fatura e à duplicata ou triplicata de prestação de serviços, com as adaptações cabíveis, as disposições referentes à fatura e à duplicata ou triplicata de venda mercantil, constituindo documento hábil, para transcrição do instrumento de protesto, qualquer documento que comprove a efetiva prestação dos serviços e o vínculo contratual que a autorizou.*

Da mesma forma que na duplicata mercantil, o devedor da duplicata de prestação de serviços está obrigado ao ato cambial do aceite. No entanto, o devedor poderá deixar de aceitar o título por motivo de:

a) não correspondência com os serviços efetivamente contratados;
b) vícios ou defeitos na qualidade dos serviços prestados, devidamente comprovados;
c) divergência nos prazos ou nos preços ajustados.

Execução dos títulos executivos extrajudiciais

O Código de Processo Civil tipifica duas vias para aquilo que a doutrina chama de execução forçada:

a) cumprimento da sentença;
b) processo de execução.

Princípios do processo de execução

Infelizmente, não há espaço neste livro para o estudo dos princípios aplicáveis ao processo de execução, mas gostaria de destacá-los e convidar o leitor para um estudo mais aprofundado sobre o assunto.

Segundo entendimento doutrinário, especialmente pela citação de Humberto Theodoro Jr., o processo de execução encontra-se consubstanciado nos seguintes princípios:

a) Toda execução é real.
b) Toda execução tende apenas à satisfação do direito do credor.
c) Toda execução deve ser útil ao credor.
d) Toda execução deve ser econômica.
e) A execução deve ser específica.
f) A execução deve ocorrer a expensas do devedor.
g) A execução deve respeitar a dignidade humana do devedor.
h) O credor tem a livre disponibilidade da execução.

Espécies de execução

O Código de Processo Civil apresenta várias formas ou procedimentos executivos:

a) entrega de coisa certa (arts. 621 a 628);
b) entrega de coisa incerta (arts. 629 a 631);
c) obrigação de fazer (art. 632 a 638);
d) por quantia certa (arts. 646 e ss.);
e) contra a Fazenda Pública (art. 730 e 731);
f) prestação alimentícia (arts. 732 a 735).

Cumpre ressaltar que, seja qual for a modalidade de execução, o processo visa à satisfação do direito do credor, isto é, nesse tipo de processo não se discute mais o litígio (origem), mas apenas sua concreta realização.

Citação do devedor

É notório que toda relação processual se inicia com a distribuição da ação, exercida por intermédio de uma petição inicial, e se completa com a citação do réu. Portanto, é correto falar em citação tanto no processo de conhecimento como no processo de execução ou cautelar.

Contudo, no processo de conhecimento, o réu é citado para defender-se; no processo de execução, é chamado para pagar e não para discutir a pretensão do autor, e assim por diante. Com relação à forma pela qual se dá a citação, não há diferenças, exceto no que se refere à citação pelo correio, a qual é proibida no processo de execução, por força do artigo 222 do CPC.

De acordo com o artigo 652 do CPC, o executado será citado para, no prazo de três dias, efetuar o pagamento da dívida. Não efetuando o pagamento, munido da segunda via do mandado, o oficial de justiça procederá de imediato à penhora de bens e sua avaliação, lavrando o respectivo auto e de tais atos intimando, na mesma oportunidade, o executado. Este poderá, ademais, indicar bens passíveis de penhora.

Título executivo

Como já afirmado, o processo de execução se diferencia do processo de conhecimento, uma vez que o primeiro não possui conteúdo cognitivo. Assim, não pode haver execução sem o título executivo.

O artigo 586 do CPC diz:

A execução para a cobrança de crédito fundar-se-á sempre em título de obrigação certa, líquida e exigível.

Portanto, são requisitos do título executivo: obrigação certa, líquida e exigível.

Formas dos títulos executivos – Segundo o aspecto formal, o Código de Processo Civil assim classifica os títulos executivos:

a) título originário da sentença;
b) certidão ou cópia da sentença;
c) documentos extrajudiciais.

Oportuno destacar os dizeres do artigo 580 do CPC:

A execução pode ser instaurada caso o devedor não satisfaça a obrigação certa, líquida e exigível, consubstanciada em título executivo.

Partes envolvidas no processo de execução

Na prática, é comum chamar as partes envolvidas no processo de execução de:

Exequente – Aquele que se vale do Estado para ver seu direito satisfeito.

Executado – Aquele que por uma sanção do Estado é obrigado a satisfazer o direito do exequente.

O Código de Processo Civil, no entanto, não se utiliza de tais expressões, e sim de "credor" e "devedor".

Legitimidade ativa

A doutrina costuma dividir a legitimidade ativa em:

Legitimidade ativa originária – Compreende as pessoas elencadas no artigo 566 do CPC:

a) o credor a quem a lei confere título executivo;
b) o Ministério Público, nos casos prescritos em lei.

Legitimidade ativa derivada – Segundo o artigo 567 do CPC, podem também promover a execução ou nela prosseguir:

a) o espólio, os herdeiros ou os sucessores do credor, sempre que, por morte deste, lhes for transmitido o direito resultante do título executivo;
b) o cessionário, quando o direito resultante do título executivo lhe foi transferido por ato entre vivos;
c) o sub-rogado, no caso de sub-rogação legal ou convencional.

Legitimidade passiva

A legitimidade passiva encontra-se prevista no artigo 568 do CPC:

a) o devedor, reconhecido como tal no título executivo;
b) o espólio, os herdeiros ou os sucessores do devedor;

c) o novo devedor, que assumiu, com o consentimento do credor, a obrigação resultante do título executivo;
d) o fiador judicial;
e) o responsável tributário, assim definido na legislação própria.

Juízo competente para o processamento da execução

Segundo o Código de Processo Civil, as regras sobre competência em matéria de execução diferenciam-se em razão do título, ou seja, se judicial ou extrajudicial.

Há, contudo, regras básicas para ambos os casos. Assim, tomo a liberdade, mais uma vez, para transcrever as lições de Humberto Theodoro Jr. (*op. cit.*, p. 174):

Em princípio, no entanto, as normas básicas são estas: a competência é formal e improrrogável em se tratando de execução de sentença civil condenatória, e é territorial e relativa, nos demais casos, podendo, pois, sofrer prorrogações ou alterações convencionais, de acordo com as regras gerais do processo de conhecimento.

Para nós, interessa, neste momento, a competência para a execução de títulos extrajudiciais. Essa modalidade de competência será determinada de acordo com as regras comuns do processo de conhecimento. Portanto, o foro será o do domicílio do devedor. Existem, porém, outras regras de competência, como as previstas nos artigos 100, IV, "d", e 111 do CPC – lugar do pagamento e foro de eleição.

A determinação das regras de competência segue uma ordem de preferência: em primeiro lugar, o foro de eleição; em segundo, o lugar do pagamento; em terceiro, o domicílio do devedor.

Bens exequíveis

Quando o credor propõe a execução, ele almeja a satisfação de seu direito, a qual se dá por intermédio dos bens do devedor.

A doutrina costuma classificar os bens exequíveis do devedor em razão de seu objeto:

Objeto específico – Bens que correspondem à própria obrigação, como no caso de execução para a entrega de coisa certa.

Objeto instrumental – Bens do devedor que serão alienados judicialmente para a entrega do numerário ao credor.

Títulos executivos extrajudiciais

Os títulos executivos extrajudiciais podem ser:

Particulares – Quando se originam de um negócio regido pelas regras do direito privado.

Públicos – Quando se originam de um documento oficial, isto é, pela participação da Administração Pública.

O artigo 585 do CPC reconhece os seguintes títulos executivos extrajudiciais:

I – a letra de câmbio, a nota promissória, a duplicata, a debênture e o cheque;
II – a escritura pública ou outro documento público assinado pelo devedor; o documento particular assinado pelo devedor e por duas testemunhas; o instrumento de transação referendado pelo Ministério Público, pela Defensoria Pública ou pelos advogados dos transatores;

III – os contratos garantidos por hipoteca, penhor, anticrese e caução, bem como os de seguro de vida;
IV – o crédito decorrente de foro e laudêmio;
V – o crédito, documentalmente comprovado, decorrente de aluguel de imóvel, bem como de encargos acessórios, tais como taxas e despesas de condomínio;
VI – o crédito de serventuário de justiça, de perito, de intérprete, ou de tradutor, quando as custas, emolumentos ou honorários forem aprovados por decisão judicial;
VII – a certidão de dívida ativa da Fazenda Pública da União, dos Estados, do Distrito Federal, dos Territórios e dos Municípios, correspondente aos créditos inscritos na forma da lei;
VIII – todos os demais títulos a que, por disposição expressa, a lei atribuir força executiva.

Importante!

A petição de execução é uma petição inicial, devendo atender aos requisitos dos artigos 282 e 283 do CPC.

No entanto, por tratar-se de execução, ela somente será possível se a petição inicial estiver acompanhada do título executivo extrajudicial (art. 614, I, CPC). Não obstante a obrigatoriedade do título executivo, a petição inicial, deve, ainda, ser instruída com o demonstrativo do débito atualizado até a data da propositura da ação (art. 614, III, CPC).

Modelo

Ação de execução de título extrajudicial

EXCELENTÍSSIMO SENHOR DOUTOR JUIZ DE DIREITO DA ____ VARA CÍVEL DA COMARCA DE ____, ESTADO DE ____.

↕ Espaço de 10 linhas

[IDENTIFICAR A PESSOA JURÍDICA, CONFORME EXEMPLO A SEGUIR.] São Marcos Indústria e Comércio Ltda., devidamente inscrita no CNPJ/MF sob o n.º ____, com sede no Município de ____, na Rua ____, n.º ____, Bairro ____, Estado ____, CEP ____, por seu advogado infra-assinado (procuração anexa), com escritório profissional no Município de ____, na Rua ____, n.º ____, Bairro ____, Estado ____, CEP ____, local onde deseja receber as devidas intimações, conforme artigo 39, I, do CPC, vem, perante Vossa Excelência, propor a presente

AÇÃO DE EXECUÇÃO DE TÍTULO EXTRAJUDICIAL

nos termos do artigo 566, combinado com o artigo 585, I, do CPC, e dos artigos 282 e 283 do mesmo diploma legal, em face de [CONFORME EXEMPLO A SEGUIR.] Casual Indústria e Comércio Ltda., devidamente inscrita no CNPJ/MF sob o n.º ____, com sede no Município de ____, na Rua ____, n.º ____, Bairro ____, Estado ____, CEP ____, pelas razões de fato de direito a seguir aduzidas:

1 – Dos fatos

A exequente é credora da executada da importância de R$ 50.000,00 (cinquenta mil reais), representada, neste ato, pelo cheque de n.º 000.005, sacado contra o Banco Mercantil Comercial S/A, agência 3883 e conta-corrente 14.280-0, conforme documento anexo.

O crédito diz respeito a uma venda de produtos efetuada pela exequente em favor da executada, conforme nota fiscal n.º 100, anexa.

No dia de apresentação do cheque, a exequente o levou a depósito no banco no qual mantém sua conta-corrente. Após o prazo de compensação, seu banco informou que o referido cheque, objeto da presente ação, fora devolvido pela linha 11, isto é, por insuficiência de fundos.

A exequente, ao tomar conhecimento do ocorrido, entrou em contato com a executada na tentativa de uma composição amigável, sem, contudo, lograr êxito.

Assim sendo, não resta alternativa à exequente senão valer-se da presente ação para ter seu direito ao crédito satisfeito pela executada.

2 – Do direito

Conforme se depreende dos fatos narrados, a executada emitiu um cheque no valor R$ 50.000,00 (cinquenta mil reais) em favor da exequente, cujo valor atualizado é R$ 65.000,00 (sessenta e cinco mil reais). Entretanto, quando de sua apresentação, foi o mesmo devolvido por insuficiência de fundos, conforme declaração do sacado no verso do título.

Segundo o artigo 580 do Código de Processo Civil, é requisito para a propositura da ação de execução que a obrigação seja certa, líquida e exigível, originada de título executivo.

Preceitua o citado artigo:

A execução pode ser instaurada caso o devedor não satisfaça a obrigação certa, líquida e exigível, consubstanciada em título executivo.

No caso em tela, em se tratando de cheque, todos os requisitos se encontram atendidos. A obrigação certa decorre de terem sido preenchidos todos os aspectos formais da lei quando de sua emissão e de seu preenchimento. A obrigação líquida, por sua vez, consiste na importância descrita na cártula, isto é, R$ 50.000,00 (cinquenta mil reais), e, por fim, a exigibilidade deu-se quando do vencimento do mesmo. Frisa-se, oportunamente, que o cheque é uma ordem de pagamento à vista e, portanto, exigível no ato de sua emissão.

Como se não bastasse, nobre julgador, mesmo diante do direito que lhe assiste o Código de Processo Civil, a exequente, em uma tentativa de acordo, notificou a executada inúmeras vezes para uma conciliação, porém jamais obteve sucesso (notificações anexas).

A importância devida pela executada é relevante e importante para a exequente, razão pela qual busca a tutela do Estado, em uma tentativa de fazer valer seus direitos.

Para o fiel cumprimento das disposições legais, em especial em atendimento ao artigo 614 do Código de Processo Civil, a exequente instrui devidamente a petição inicial com o título executivo extrajudicial, no caso, o cheque, e com o demonstrativo do débito atualizado até a presente data.

3 – Do requerimento e do pedido

Isso posto, pede e requer a citação pessoal da executada para que pague o débito, acrescido de juros de mora, multa e correção monetária, conforme demonstrativo de cálculo atualizado, nos termos do artigo 652 do CPC, sob pena das demais sanções previstas no referido artigo e seguintes do mesmo diploma legal, bem como a condenação da executada nas despesas processuais e nas verbas de sucumbências, a serem fixadas por este douto juízo.

4 – Das provas

Provará o alegado por todos os meios de provas admitidos em direito, especialmente por documentos, testemunhas e depoimento pessoal do réu.

Dá-se à causa o valor de R$ 65.000,00 (sessenta e cinco mil reais).

Nesses termos,
pede deferimento.

Local, data.

Advogado(a)
OAB

Oposição à execução de embargos do devedor

Como se sabe, no processo de execução, a citação do devedor não é para se defender, e sim para pagar a importância descrita no título executivo. Isso não significa que os interesses dos devedores ou até mesmo de terceiros envolvidos não possam ser prejudicados pelo processo de execução. Por essa razão, o Código de Processo Civil prevê meios de defesa de tais interesses, mesmo em se tratando de processo de execução. Essa defesa, geralmente, se dá pela oposição de **embargos**.

Podem ser opostos à execução:

a) embargos do devedor (arts. 736 a 747);
b) embargos de terceiro (arts. 1.046 a 1.054).

Os embargos do devedor, em razão da especialidade da matéria, são subdivididos em procedimentos diferentes. São eles:

a) embargos à execução – Fazenda Pública (arts. 741 a 743);
b) embargos à execução – título extrajudicial (arts. 745 e 745-A);
c) embargos à adjudicação, alienação ou arrematação (art. 746).

Embargos e impugnação

Há duas formas de resistir à execução: os **embargos** e a **impugnação**. Os embargos consistem em uma defesa oponível à execução fundada em título executivo extrajudicial, e a impugnação, à execução consubstanciada em uma sentença.

Sem entrar no mérito da disciplina aplicável a cada uma das ações mencionadas, chamo a atenção para o fato de que os embargos podem ser opostos independentemente de penhora, depósito ou caução, conforme dispõe o artigo 736 do CPC:

> *O executado, independentemente de penhora, depósito ou caução, poderá opor-se à execução por meio de embargos.*

Já o artigo 475-J fala de impugnação no caso de penhora:

> *Caso o devedor, condenado ao pagamento de quantia certa ou já fixada em liquidação, não o efetue no prazo de 15 dias, o montante da condenação será acrescido de multa no percentual de 10% e, a requerimento do credor e observado o disposto no artigo 614, inciso II, desta lei, expedir-se-á mandado de penhora e avaliação.*
>
> *§ 1.º – Do auto de penhora e de avaliação será de imediato intimado o executado, na pessoa de seu advogado (arts. 236 e 237), ou, na falta deste, seu representante legal, ou pessoalmente, por mandado ou pelo correio, podendo oferecer impugnação, querendo, no prazo de 15 dias. [grifo nosso]*

Natureza jurídica dos embargos à execução

Segundo Humberto Theodoro Jr., ao citar Sérgio Costa, a natureza jurídica dos embargos à execução é a de uma *ação de cognição incidental de caráter constitutivo, conexa por estabelecer, como ensina Chiovenda, uma relação de causalidade entre a solução do incidente e o êxito da execução.*

Assim, ainda segundo o renomado autor, os embargos não representam simples resistência à pretensão do credor, como seria o caso de uma contestação no processo de conhecimento. Vale dizer, o embargante ataca o credor, exercitando, desse modo, seu direito de ação, visando à extinção do processo de execução ou até mesmo à desconstituição do título executivo. Portanto, os embargos consistem em uma ação.

Matérias de defesa dos embargos

As matérias de defesa que podem ser alegadas em sede de embargos encontram-se previstas no artigo 745 do CPC:

I – nulidade da execução, por não ser executivo o título apresentado;
II – penhora incorreta ou avaliação errônea;
III – excesso de execução ou cumulação indevida de execuções;
IV – retenção por benfeitorias necessárias ou úteis, nos casos de título para entrega de coisa certa (art. 621);
V – qualquer matéria que lhe seria lícito deduzir como defesa em processo de conhecimento.

Legitimidade

Terá legitimidade para a oposição dos embargos o sujeito passivo na ação de execução, isto é, o réu (devedor). No entanto, ao opor os embargos, ele passa a ser considerado o autor, e o autor do processo de execução, o réu.

Competência

Os embargos devem ser opostos no mesmo juízo da ação principal, ou seja, o da execução, conforme artigos 108 e 109 do CPC:

Art. 108 – A ação acessória será proposta perante o juiz competente para a ação principal.
Art. 109 – O juiz da causa principal é também competente para a reconvenção, a ação declaratória incidente, as ações de garantia e outras que respeitam ao terceiro interveniente.

No entanto, dispõem os artigos 658 e 747 do CPC:

Art. 658 – Se o devedor não tiver bens no foro da causa, far-se-á a execução por carta, penhorando-se, avaliando-se e alienando-se os bens no foro da situação (art. 747).
Art. 747 – Na execução por carta, os embargos serão oferecidos no juízo deprecante ou no juízo deprecado, mas a competência para julgá-los é do juízo deprecante, salvo se versarem unicamente vícios ou defeitos da penhora, avaliação ou alienação dos bens.

Como visto, tem competência para conhecer dos embargos o juízo da execução. No entanto, se a penhora for realizada fora da comarca do foro da causa, a competência para apreciar os embargos será transferida ao juízo deprecado ou ao juízo deprecante, conforme a matéria.

Requisitos da ação de embargos

Os embargos à execução consistem em uma ação nova e, assim, estão sujeitos a registro, distribuição e autuação (arts. 166 e 251, CPC), devendo, ainda, conter o valor da causa (art. 258). Por tratar-se de ação conexa à ação de execução, os embargos são distribuídos por dependência (art. 253).

A interposição dos embargos deve estar acompanhada do comprovante do preparo, ou seja, se o embargante não comprovar o pagamento das custas iniciais, será cancelada a distribuição do feito e extinto o processo (art. 257).

Ademais, por consistirem em ação cognitiva, devem ser opostos por meio de petição inicial, nos termos dos artigos 282 e 283 do CPC. Diz o parágrafo único do artigo 736 do CPC:

> *Os embargos à execução serão distribuídos por dependência, autuados em apartado e instruídos com cópias das peças processuais relevantes, que poderão ser declaradas autênticas pelo advogado, sob sua responsabilidade pessoal.*

Segurança do juízo

Antes da promulgação da Lei 11.382, de 6 de dezembro de 2006, os embargos nas execuções por quantia certa ou para entrega de coisa somente eram admitidos após a garantia do juízo. A referida lei alterou a antiga sistemática do Código de Processo Civil, modificando o artigo 736 e revogando o 737, e a oposição dos embargos passou a independer da garantia do juízo. No entanto, o efeito suspensivo da execução dos embargos deixou de ser a regra (art. 739-A), mas o juiz poderá atribuí-lo, como estabelece o § 1.º do artigo 739-A do CPC:

> *O juiz poderá, a requerimento do embargante, atribuir efeito suspensivo aos embargos quando, sendo relevantes seus fundamentos, o prosseguimento da execução manifestamente possa causar ao executado grave dano de difícil ou incerta reparação, e desde que a execução já esteja garantida por penhora, depósito ou caução suficientes.*

Prazo para oposição dos embargos

Dispõe o artigo 738 do CPC:

> *Os embargos serão oferecidos no prazo de 15 (quinze) dias, contados da data da juntada aos autos do mandado de citação.*
> *§ 1.º – Quando houver mais de um executado, o prazo para cada um deles embargar conta-se a partir da juntada do respectivo mandado citatório, salvo tratando-se de cônjuges.*
> *§ 2.º – Nas execuções por carta precatória, a citação do executado será imediatamente comunicada pelo juiz deprecado ao juiz deprecante, inclusive por meios eletrônicos, contando-se o prazo para embargos a partir da juntada aos autos de tal comunicação.*
> *§ 3.º – Aos embargos do executado não se aplica o disposto no artigo 191 desta lei.*

Rejeição liminar dos embargos

De acordo com o artigo 739 do CPC, o juiz rejeitará liminarmente os embargos:

a) quando intempestivos;
b) quando inepta a petição;
c) quando manifestamente protelatórios.

Procedimento dos embargos

O procedimento dos embargos encontra-se previsto no artigo 740 do CPC: recebidos os embargos, será o exequente ouvido no prazo de 15 dias; a seguir, o juiz julgará imediatamente o pedido (art. 330) ou designará audiência de conciliação, instrução e julgamento, proferindo sentença em dez dias. No caso de embargos manifestamente protelatórios, imporá, em favor do exequente, multa ao embargante em valor não superior a 20% do valor da execução.

Importante!

Por tratar-se de uma ação inicial, a petição de oposição de embargos deve atender aos requisitos dos artigos 282 e 283 do CPC. Tem de ser acompanhada do comprovante do preparo e distribuída no prazo de 15 dias, contados da juntada aos autos do mandado de citação. No mais, veja os comentários do tópico "Requisitos da ação de embargos".

Modelo

Embargos do devedor

EXCELENTÍSSIMO SENHOR DOUTOR JUIZ DE DIREITO DA ____ VARA CÍVEL DA COMARCA DE ____, ESTADO DE ____.

Espaço de 5 linhas

Processo n.º ____
Execução de Título Extrajudicial

Espaço de 5 linhas

Ricardo de Almeida, já qualificado nos autos do processo em epígrafe, por seu advogado infra-assinado (mandado anexo), com escritório profissional no Município de ____, na Rua ____, n.º ____, Bairro ____, Estado ____, CEP ____, local onde deseja receber as devidas intimações e notificações, nos termos do artigo 39, I, do Código de Processo Civil, vem, respeitosamente, perante Vossa Excelência, opor os presentes

EMBARGOS DO DEVEDOR

com fulcro nos artigos 736 e seguintes do Código de Processo Civil, pelas razões de fato e de direito a seguir aduzidas:

1 – Dos fatos

Alega o exequente ser credor do executado, ora embargante, da quantia de R$ 8.000,00 (oito mil reais), devidamente acrescida dos juros de mora, multa, correção monetária e honorários advocatícios.

A execução objeto de oposição dos presentes embargos foi consubstanciada em um título executivo extrajudicial, cuja modalidade cambiária é conhecida por cheque, nos termos da Lei 7.357/85 (Lei do Cheque).

2 – Do direito

A pretensa execução proposta pelo exequente não merece prosperar, senão vejamos:

O exequente pretende pela via executiva satisfazer seu suposto direito a um crédito no valor de R$ 8.000,00 (oito mil reais), representado por um cheque sacado em 2 de fevereiro de 2010 contra o Banco Alfa S.A.

Em que pese a tentativa do exequente, o pedido de procedência da execução deve ser julgado improcedente por Vossa Excelência, isso porque o título embasador da referida ação se encontra prescrito, nos termos do artigo 59 da Lei 7.357/85, que preceitua:

Prescreve em 6 (seis) meses, contados da expiração do prazo de apresentação, a ação que o artigo 47 desta lei assegura ao portador.

Ora, nobre julgador, o cheque que supostamente comprovaria o direito do exequente ao crédito foi sacado em 2 de fevereiro.

Dessa maneira, considerando o prazo de apresentação, que é de 30 (trinta) dias na mesma praça, considerando, ademais, que, a partir dessa data, iniciaria o prazo prescricional para a execução do referido título, temos que o exequente carece da presente via executiva, uma vez que, realmente, se encontra prescrito seu direito, não restando, portanto, alternativa senão o acolhimento dos presentes embargos, julgando, desse modo, improcedente o pedido do exequente.

Assim é que, nos termos do artigo 745, I, do Código de Processo Civil, resta autorizado ao executado, ora embargante, o direito à oposição dos presentes embargos.

3 – Do requerimento e do pedido

Diante de todo o exposto, pede que seja julgado improcedente o pedido do exequente em sede da ação de execução movida em face do executado, ora embargante, bem como a declaração de inexistência de débito entre a embargante e a embargada, condenando, no fim, o exequente, ora embargado, o pagamento das custas processuais e as verbas honorárias, a serem fixadas por este douto juízo.

Requer, ademais a intimação do exequente, ora embargada, para que, querendo, apresente defesa no prazo de 15 dias, sob pena de revelia.

4 – Das provas

Provará o alegado por todos os meios de provas admitidos em direito, sem exclusão de nenhuma, nos termos do Código de Processo Civil.

Dá-se à causa o valor de R$ 8.000,00 (oito mil reais).

Termos em que
pede deferimento.

Local, data.

Advogado(a)
OAB

Ação cautelar

Acho interessante fazer alguns comentários sobre o processo cautelar em razão de sua aplicação na ação de sustação de protesto de título de crédito e no processo falimentar, quando o devedor falido pretende ou já deu início à dilapidação patrimonial, com o objetivo de fraudar seus credores.

Ao estudar o Código de Processo Civil, é correto dizer que o Estado efetiva sua tutela jurisdicional de duas maneiras: a primeira, pela fase de conhecimento; a segunda, pela fase de execução. Assim, o direito do autor costuma ser conhecido e reconhecido por meio do processo de conhecimento; reconhecido o direito, o autor se valerá, em geral, do processo de execução para a satisfação daquele direito. Infelizmente, o autor de uma ação tem longo caminho a percorrer para ver seu direito satisfeito pelo réu. É isso que a população costuma chamar de "demora" ou de "lentidão da Justiça".

Tal "demora" ou "lentidão da Justiça", no entanto, em razão da tramitação processual, pode acarretar ou ensejar às partes envolvidas na lide sérios danos, tanto na órbita patrimonial como na pessoal, como a deterioração de um bem, o desvio, a morte de alguém, etc. Caso esses eventos venham a ocorrer, restará sem sentido a solução processual final.

É nesse sentido que a doutrina costuma dizer que o Estado deve, além de garantir a todos o acesso ao Poder Judiciário, garantir o fim precípuo do processo, isto é, assegurar a aplicação da justiça. Dessa maneira, não basta o Estado garantir sua tutela jurisdicional se ela não for justa e eficaz. Por exemplo, de nada adianta o Estado reconhecer que determinada pessoa tem direito a uma coisa se esta não existir ao tempo da sentença. **Aqui repousa a justificativa do processo cautelar.** Ele, portanto, surgiu para garantir essa efetividade da tutela jurisdicional.

Medidas cautelares

A medida cautelar tem por objetivo a prevenção de um dano de ocorrência imediata, o qual, se efetivado, afetará o interesse de uma das partes envolvidas no litígio, comprometendo a eficácia da tutela definitiva, que se busca no processo principal. Considerando a ação cautelar como medida preventiva ou de garantia, ela se diferencia, portanto, do processo principal, que apresenta natureza satisfativa. A esse respeito, colhemos as lições de Humberto Theodoro Jr. (*op. cit.*, p. 492):

> *Daí considerar Ugo Rocco as medidas cautelares como meios pelos quais, diante de uma situação perigosa, o direito processual elimina a possibilidade ou probabilidade de um dano. Assim, visto o problema, podemos definir a medida cautelar como a providência concreta tomada pelo órgão judicial para eliminar uma situação de perigo para direito ou interesse de um litigante, mediante conservação do estado de fato ou de direito que envolve as partes, durante todo o tempo necessário para o desenvolvimento do processo principal.*

Previsão legal

O processo cautelar encontra-se previsto nos artigos 796 e seguintes do CPC. Segundo o artigo 796, ele pode ser instaurado antes ou no curso do processo principal e deste é sempre dependente.

Provisoriedade

A medida cautelar possui prazo de duração, desaparecendo ou sendo substituída com a sentença definitiva de mérito. Para ilustrar essa situação, pode-se dizer que a cautelar de arresto é substituída pela penhora, e o sequestro, pela imissão na posse.

Mutabilidade e revogabilidade

De acordo com o artigo 805 do CPC, a medida cautelar poderá ser substituída, de ofício ou a requerimento de qualquer das partes, pela prestação de caução ou outra garantia menos gravosa para o requerido, sempre que adequada e suficiente para evitar a lesão ou repará-la integralmente.

O artigo 807, por sua vez, diz que as medidas cautelares conservam sua eficácia pelo prazo de 30 dias na pendência do processo principal, mas podem a qualquer tempo ser revogadas ou modificadas. Isso significa que o processo cautelar não faz coisa julgada material. Não se cogita, outrossim, no processo cautelar, decisão de mérito, uma vez que não diz respeito à lide. Portanto, são características das cautelares a mutabilidade e a revogabilidade.

Requisitos para a concessão da tutela cautelar

O deferimento da medida cautelar está atrelado ao preenchimento de dois requisitos:

a) *periculum in mora;*
b) *fumus boni iuris.*

Tais requisitos encontram-se previstos no artigo 798 do CPC:

> *Além dos procedimentos cautelares específicos, que este código regula no capítulo II deste livro, poderá o juiz determinar as medidas provisórias que julgar adequadas, quando houver fundado receio de que uma parte, antes do julgamento da lide, cause ao direito da outra lesão grave e de difícil reparação. [grifo nosso]*

Cautelar preparatória ou incidental

A medida cautelar será preparatória quando proposta antes do processo principal e incidental quando proposta no bojo do processo principal já instaurado.

Medidas cautelares nominadas e inominadas

As medidas cautelares nominadas encontram-se previstas nos artigos 813 a 889 do CPC, como o arresto, o sequestro, a busca e apreensão, a produção antecipada de provas, etc.; as inominadas, no artigo 798.

Legitimidade

Possuem legitimidade para a propositura da ação cautelar as mesmas pessoas legitimadas para a propositura do processo principal de mérito. As partes são denominadas autor e réu. O Código de Processo Civil utiliza-se das expressões “requerente” e “requerido”.

Competência

De acordo com o artigo 800 do CPC, as medidas cautelares serão requeridas ao juiz da causa e, quando preparatórias, ao juiz competente para conhecer da ação principal. Não se pode perder de vista o parágrafo único do mesmo artigo:

Interposto o recurso, a medida cautelar será requerida diretamente ao tribunal.

Portanto, durante o período de tramitação do recurso, a competência para conhecer da cautelar é do tribunal e não do juiz de primeiro grau.

Petição inicial

Não importa a modalidade da ação cautelar, isto é, se preparatória ou incidental, ela sempre decorrerá de uma petição inicial. Assim, além dos requisitos atinentes a toda petição inicial, a cautelar deve atender ao que dispõe o artigo 801 do CPC:

O requerente pleiteará a medida cautelar em petição escrita, que indicará:
I – a autoridade judiciária a que for dirigida;
II – o nome, o estado civil, a profissão e a residência do requerente e do requerido;
III – a lide e seu fundamento;
IV – a exposição sumária do direito ameaçado e o receio da lesão;
V – as provas que serão produzidas.

O artigo 801, no entanto, deixou de elencar mais dois requisitos básicos no tocante à ação cautelar: o pedido de citação do requerido e o valor da causa.

Despacho da inicial

Determina o artigo 802 do CPC:

O requerido será citado, qualquer que seja o procedimento cautelar, para, no prazo de 5 (cinco) dias, contestar o pedido, indicando as provas que pretende produzir.
Parágrafo único – Conta-se o prazo, da juntada aos autos do mandado:
I – de citação devidamente cumprido;
II – da execução da medida cautelar, quando concedida liminarmente ou após justificação prévia.

Defesa do requerido

Tanto a cautelar nominada como a inominada abrem a possibilidade de defesa do requerido. Geralmente, conforme os artigos 802 e 803 do CPC, o meio de defesa é a contestação, a qual deve preencher os requisitos previstos nos artigos 300 a 303 do mesmo diploma legal. Humberto Theodoro Jr. entende que, no prazo de defesa, o requerido pode oferecer, ainda, as exceções de incompetência, impedimento e suspeição, previstas nos artigos 304 a 314 do CPC.

Revelia

Não sendo contestado o pedido do requerente, presumir-se-ão aceitos pelo requerido como verdadeiros os fatos alegados. Nesse caso, o juiz decidirá dentro de cinco dias (art. 803, CPC).

Audiência de instrução e julgamento

O parágrafo único do artigo 803 diz que, se o requerido contestar no prazo legal, o juiz designará audiência de instrução e julgamento, havendo prova a ser nela produzida.

Assim, se ocorrer revelia do requerido ou se a contestação versar exclusivamente sobre matéria de direito e não houver provas orais a produzir, não existirá razão para realizar audiência de instrução e julgamento, cabendo ao juiz prolatar sua sentença.

Prazo para propositura da ação principal

Tratando-se de cautelar preparatória, o requerente deverá propor a ação principal no prazo improrrogável de 30 dias, contados da data da efetivação da medida cautelar. Se a ação principal não for proposta em tal prazo, a medida cautelar perderá a eficácia, independentemente de pronunciamento do juiz.

Julgamento da medida cautelar

O julgamento da medida cautelar pode dar-se em caráter de liminar, por intermédio de uma decisão interlocutória, ou até mesmo por sentença (art. 803, CPC) e não faz coisa julgada material, salvo quando estiver em termos com o artigo 810 do CPC.

Modelo

Ação cautelar de sustação de protesto

EXCELENTÍSSIMO SENHOR DOUTOR JUIZ DE DIREITO DA ____ VARA CÍVEL DA COMARCA DE ____, ESTADO DE ____.

↕ Espaço de 10 linhas

[IDENTIFICAR A PESSOA JURÍDICA, CONFORME EXEMPLO A SEGUIR.] Casual Indústria e Comércio Ltda., devidamente inscrita no CNPJ/MF sob o n.º ____, com sede no Município de ____, na Rua ____, n.º ____, Bairro ____, Estado ____, CEP ____, por seu advogado infra-assinado (procuração anexa), com escritório profissional no Município de ____, na Rua ____, n.º ____, Bairro ____, Estado ____, CEP ____, local onde deseja receber as devidas intimações, conforme artigo 39, I, do CPC, vem, perante Vossa Excelência, propor a presente

AÇÃO CAUTELAR DE SUSTAÇÃO DE PROTESTO

com base nos artigos 796 e seguintes do Código de Processo Civil e nos artigos 282 e 283 do mesmo diploma legal, em face de [IDENTIFICAR A PARTE CONTRÁRIA, CONFORME EXEMPLO A SEGUIR.] Calca Indústria e Comércio Ltda., devidamente inscrita no CNPJ/MF sob o n.º ____, com sede no Município de ____, na Rua ____, n.º ____, Bairro ____, Estado ____, CEP ____, pelas razões de fato de direito a seguir aduzidas:

1 – Dos fatos

Em 20 de maio de 2010, a autora teve um de seus talões de cheque roubado, dentre eles o de n.º 000.005, emitido pelo Banco Alfa Comercial S/A, da conta-corrente 14.670-0, agência 0038, no valor de R$ 5.000,00 (cinco mil reais).

Em razão do roubo, a autora fez um boletim de ocorrência (documento anexo) e imediatamente emitiu uma ordem ao banco para que este fizesse a sustação do mesmo.

Porém, em 30 de julho de 2010, a autora fora surpreendida com um aviso de protesto do 1.º Cartório de Protesto de Títulos da Comarca de São Bernardo do Campo, sede da autora, intimando-a para que efetuasse o pagamento do cheque, sob pena de protesto.

Como é sabido por todos, o protesto de um título de crédito traz sérias consequências às empresas, em especial a inclusão de seus nomes nos órgãos de proteção de crédito Serasa e SPC.

Sabe-se, ainda, que, uma vez inscritos seus nomes nesses órgãos, o acesso ao crédito ficará muito mais difícil, vale dizer, uma instituição financeira dificilmente concederá crédito a uma empresa que possui restrição na Serasa e no SPC.

Oportuno citar que o apresentante do cheque perante o cartório é a empresa Calca Indústria e Comércio Ltda., neste ato, denominada réu.

Assim sendo, não resta alternativa à autora senão se valer da presente para sustar os efeitos devastadores do protesto.

2 – Do direito

Conforme se depreende dos fatos narrados, a autora foi vítima de um roubo (boletim de ocorrência anexo).

Naquela ocasião, o agente levou um cheque no valor de R$ 5.000,00 (cinco mil reais) e, mesmo após sua sustação, passou o título para uma terceira pessoa, ora denominada, neste processo, réu.

O réu, por sua vez, apresentou o referido título ao banco no qual possui conta para fins de crédito, mediante a compensação bancária. Durante o período de compensação, o cheque foi devolvido pelo banco da autora, pelos motivos já narrados, isto é, por tratar-se de produto de roubo.

Cumpre ressaltar que a autora desconhece o réu, motivo pelo qual jamais houve qualquer relação empresarial entre eles.

O réu, ignorando o motivo de devolução posto na cártula do cheque da autora, enviou-o a protesto perante o 1.º Cartório de Protesto de Títulos da Comarca de São Bernardo do Campo, conforme notificação de protesto por ele expedida.

Diante dos fatos, nobre julgador, embora seja da essência dos títulos de crédito sua natureza não causal, o mesmo jamais poderá buscar validade em um ato ilícito. A ilicitude, por si só, já reveste o título de nulidade e, por consequência, de inexigibilidade.

Como se não bastasse o constrangimento de receber em sua sede uma notificação de protesto, sua efetivação trará sérios prejuízos à autora, isso porque seu nome será inscrito nos órgãos de proteção ao crédito Serasa e SPC. A inclusão nesses órgãos, ainda que indevida, impede a autora de obter nas instituições financeiras acesso ao crédito, isto é, a empréstimos.

A autora, mesmo antes do acontecido, vem negociando com o Banco Banricol um empréstimo no valor de R$ 1.000.000,00 (um milhão de reais) para a aquisição de maquinários com o intuito de atender o pedido de novo cliente. Se o protesto for efetivado, seu empréstimo certamente será negado pelo banco, o que poderá levar a autora à falência.

O artigo 796 do Código de Processo Civil preceitua que "o procedimento cautelar pode ser instaurado antes ou no curso do processo principal e deste é sempre dependente".

Devido ao citado artigo, assiste à autora o direito de promover a presente ação com o objetivo de sustar os efeitos do protesto, salvaguardando, portanto, sua situação econômico-financeira perante os órgãos de proteção ao crédito.

3 – Da medida liminar

Nobre aplicador da lei, a concessão de medida liminar requer a presença de dois pressupostos: *periculum in mora* e *fumus boni iuris*.

O *periculum in mora* resta comprovado pela apresentação do contrato de financiamento no Banco Banricol e pela juntada aos autos do pedido de maquinários realizado pelo novo cliente. O *fumus boni iuris*, por sua vez, consiste na própria violação do direito da autora.

Sendo assim, diz o Código de Processo Civil que, em razão de tais pressupostos, é lícito ao juiz conceder a medida liminar:

Art. 798 – Além dos procedimentos cautelares específicos, que este código regula no capítulo II deste livro, poderá o juiz determinar as medidas provisórias que julgar adequadas, quando houver fundado receio de que uma parte, antes do julgamento da lide, cause ao direito da outra lesão grave e de difícil reparação.

O artigo 804, por sua vez, reforça o direito à medida liminar:

É lícito ao juiz conceder liminarmente ou após justificação prévia a medida cautelar, sem ouvir o réu, quando verificar que este, sendo citado, poderá torná-la ineficaz, caso em que poderá determinar que o requerente preste caução real ou fidejussória de ressarcir os danos que o requerido possa vir a sofrer.

4 – Do requerimento e do pedido

Isso posto, pede e requer:

I) a citação pessoal do réu, para que querendo conteste no prazo legal, sob pena de revelia;

II) a notificação do 1.º Cartório de Protesto de Títulos da Comarca de São Bernardo do Campo, mediante a expedição de ofício da decisão de Vossa Excelência, evitando, dessa maneira, os prejuízos ora narrados nesta exordial;

III) que seja concedida liminarmente a cautelar para o fim de sustar o protesto *inaudita altera pars*, em razão da urgência e de ver sua medida tornada ineficaz;

IV) a procedência do pedido para que seja confirmada a medida cautelar, isto é, a sustação definitiva do protesto, bem como a condenação do réu nas despesas processuais e nas verbas de sucumbências, a serem fixadas por este douto juízo.

5 – Das provas

Provará o alegado por todos os meios de provas admitidos em direito, especialmente por documentos, testemunhas e depoimento pessoal do réu.

Dá-se à causa o valor de R$ 5.000,00 (cinco mil reais).

Nesses termos,
pede deferimento.

Local, data.

Advogado(a)
OAB

Modelo

Ação de cancelamento de protesto

EXCELENTÍSSIMO SENHOR DOUTOR JUIZ DE DIREITO DA ___ VARA CÍVEL DA COMARCA DE ___, ESTADO DE ___.

↕ Espaço de 10 linhas

[IDENTIFICAR A PESSOA JURÍDICA, CONFORME EXEMPLO A SEGUIR.] Gama Comercial Ltda., devidamente inscrita no CNPJ/MF sob o n.º ____, com sede no Município de ____, na Rua ____, n.º ____, Bairro ____, Estado ____, CEP ____, por seu advogado infra-assinado (procuração anexa), com escritório profissional no Município de ____, na Rua ____, n.º ____, Bairro ____, Estado ____, CEP ____, local onde deseja receber as devidas intimações, conforme artigo 39, I, do CPC, vem, perante Vossa Excelência, propor a presente

AÇÃO DE CANCELAMENTO DE PROTESTO

com base nos artigos 282 e 283 do CPC, em face de [IDENTIFICAR A PARTE CONTRÁRIA, CONFORME EXEMPLO A SEGUIR.] Calca Indústria e Comércio Ltda., devidamente inscrita no CNPJ/MF sob o n.º ____, com sede no Município de ____, na Rua ____, n.º ____, Bairro ____, Estado ____, CEP ____, pelas razões de fato de direito a seguir aduzidas:

1 – Dos fatos

Em 10 de fevereiro de 2010, o autor sacou um cheque em favor do réu no valor de R$ 10.000,00 (dez mil reais), cujo vencimento se deu à vista, por tratar-se dessa modalidade cambiária, isto é, de um cheque.

O réu, até a presente data, não apresentara o referido cheque ao sacado, no qual possui conta para contratar o serviço de compensação bancária.

No entanto, para surpresa do autor, o mesmo foi enviado a protesto perante o 1.º Cartório de Protesto de Títulos e Documentos da Comarca de ____, o qual foi efetivado em 10 de maio de 2011.

2 – Do direito

A presente ação de cancelamento de protesto justifica-se, nobre julgador, uma vez que o réu, conforme já comentado nesta exordial, nem sequer apresentou o cheque sacado pelo autor a seu banco, vale dizer, em momento algum houve recusa do autor no que se refere ao pagamento da dívida, representada, naquela época, pelo cheque.

Portanto, o protesto, ora efetivado pelo 1.º Cartório de Protesto de Títulos e Documentos (certidão de protesto anexa), deve ser cancelado, por não encontrar respaldo na legislação brasileira pertinente.

Não obstante, douto julgador, o referido protesto e sua efetivação trouxeram ao autor inúmeros prejuízos perante seus fornecedores e as instituições financeiras nas quais opera, uma vez que o protesto do cheque, ainda que indevido, incluiu-o na Serasa e no SPC, órgãos de proteção ao crédito.

A inclusão do autor em tais órgãos gerou-lhe enorme constrangimento, comprometendo sua idoneidade moral, a qual, como é do conhecimento de todos, não tem preço.

Assim, o autor vem requerer a este d. magistrado, além do cancelamento do protesto indevido, a condenação do réu ao pagamento da importância de 100 (cem) vezes o valor do título, o que equivale a R$ 1.000.000,00 (um milhão de reais), para fins de reparação dos danos materiais e morais sofridos pelo autor em razão da inclusão indevida de seu nome nos órgãos de proteção ao crédito, mesmo sabendo que nenhuma importância, seja de que valor for, realmente reparará o constrangimento sofrido pela mácula de sua honra.

3 – Do requerimento e do pedido

Mediante o exposto, pede e requer:

I) a citação pessoal do réu, para que querendo conteste no prazo legal, sob pena de revelia;

II) a procedência do pedido para que seja cancelado o protesto indevido, bem como a condenação do réu ao pagamento da importância de R$ 1.000.000,00 (um milhão de reais) a título de reparação dos danos materiais e morais sofridos;

III) a expedição de ofício ao 1.º Cartório de Protesto de Títulos e Documentos da Comarca de ____ para fins de cancelamento do protesto indevido;

IV) a condenação do réu nas despesas processuais e nas verbas de sucumbências, a serem fixadas por este douto juízo.

4 – Das provas

Provará o alegado por todos os meios de provas admitidos em direito, especialmente por documentos, testemunhas e depoimento pessoal do réu.

Dá-se à causa o valor de R$ 1.000.000,00 (um milhão de reais).

Nesses termos,
pede deferimento.

Local, data.

Advogado(a)
OAB

Modelo

Ação declaratória de nulidade de título

EXCELENTÍSSIMO SENHOR DOUTOR JUIZ DE DIREITO DA ___ VARA CÍVEL DA COMARCA DE ___, ESTADO DE ___.

↕ Espaço de 10 linhas

[QUALIFICAR A PESSOA FÍSICA, CONFORME EXEMPLO A SEGUIR.] Simprósio da Silva, nacionalidade, estado civil, profissão, portador da cédula de identidade RG n.º ____ e do CPF/MF n.º ____, residente e domiciliado no Município de ____, na Rua ____, n.º ____, Bairro ____, Estado ____, CEP ____, por seu advogado infra-assinado (procuração anexa), com escritório profissional no Município de ____, na Rua ____, n.º ____, Bairro ____, Estado ____, CEP ____, local onde deseja receber as devidas intimações, conforme artigo 39, I, do CPC, vem, perante Vossa Excelência, propor a presente

AÇÃO DECLARATÓRIA DE NULIDADE DE TÍTULO

com base no artigo 4.º, I, do CPC e nos artigos 282 e 283 do mesmo diploma legal, em face de [CONFORME EXEMPLO A SEGUIR.] Calca Indústria e Comércio Ltda., devidamente inscrita no CNPJ/MF sob o n.º ____, com sede no Município de ____, na Rua ____, n.º ____, Bairro ____, Estado ____, CEP ____, pelas razões de fato de direito a seguir aduzidas:

1 – Dos fatos

O réu efetuou o protesto de uma duplicata no valor de R$ 2.500,00 (dois mil e quinhentos reais), sacada contra o autor.

O autor, por sua vez, requereu a sustação do protesto nos termos do processo n.º ____, o qual fora julgado procedente em seu pedido liminar.

A referida duplicata, objeto do protesto indevido e do processo de sustação de protesto mencionado, não foi emitida pelo autor, conforme se demonstrará nesta exordial.

2 – Do direito

De acordo com a Lei 5.474/68 (Lei da Duplicata – LD), em especial por seu artigo 1.º, a duplicata é considerada um título causal, isto é, nasce exclusivamente de uma operação mercantil ou de uma prestação de serviço, devidamente comprovada por intermédio das respectivas notas fiscais.

Desta sorte, o autor jamais operou com o réu, seja no ramo do comércio, seja no ramo da prestação de serviço. Na verdade, o autor desconhece a pessoa do réu, isto é, jamais teve com ele qualquer relação empresarial.

Assim, nobre julgador, se a duplicata, conforme determina a LD, apenas pode ser emitida mediante relação mercantil ou de serviço, hoje consideradas empresariais, e ante a ausência de tais relações entre o autor e o réu, resta comprovado que a referida duplicata é fria, infelizmente uma prática comum no cenário brasileiro.

Desse modo, devido à prática ilícita praticada pelo réu, vale-se o autor da presente ação, nos termos do artigo 4.º, I, do Código de Processo Civil, para o reconhecimento da nulidade da referida duplicata por Vossa Excelência, sem prejuízo da expedição de ofícios para as autoridades competentes, a fim de apurarem o ilícito ora praticado pelo réu.

3 – Do requerimento e do pedido

Mediante o exposto, pede e requer:

I) a citação pessoal do réu, para que querendo conteste no prazo legal, sob pena de revelia;

II) a procedência do pedido para que seja declarado nulo de pleno direito o título de crédito – a duplicata – e, assim, inexigível, confirmando, no fim e em caráter definitivo, a sustação do protesto deferido, bem como a condenação do réu nas despesas processuais e nas verbas de sucumbências, a serem fixadas por este douto juízo;

III) a expedição de ofícios para as autoridades policiais competentes a fim de apurarem o ilícito praticado pelo réu, quando da emissão da duplicata fria.

4 – Das provas

Provará o alegado por todos os meios de provas admitidos em direito, especialmente por documentos, testemunhas e depoimento pessoal do réu.

Dá-se à causa o valor de R$ 2.500,00 (dois mil e quinhentos reais).

Nesses termos,
pede deferimento.

Local, data.

Advogado(a)
OAB

Ação monitória

O procedimento monitório encontra-se previsto no Código de Processo Civil, em seus artigos 1.102-A, B e C, que foram criados como alternativa para que o detentor de prova escrita sem eficácia executiva de seu direito, isto é, de seu crédito, tenha direito a sua satisfação, obtendo, desse modo, certa soma em dinheiro ou a entrega de coisa fungível ou de determinado bem móvel.

Utilizo a palavra "alternativa" por ser a mesma usada pela doutrina. No entanto, acho melhor substituí-la pela expressão "última oportunidade", ou seja, trata-se da última oportunidade de o credor ver seu direito satisfeito pela via judicial. Isso porque, para mim, o procedimento monitório somente terá cabimento quando expirados todos os prazos prescricionais estabelecidos pelo Código Civil de 2002 para a propositura das ações ordinárias previstas no Código de Processo Civil.

Luiz Guilherme Marinoni e Sérgio Cruz Arenhart não compartilham esse entendimento. Para eles, a ação monitória é uma alternativa do credor, que pode valer-se das ações de rito ordinário, previstas no Código de Processo Civil, quando entender necessária maior dilação probatória. Dizem os autores (*Procedimentos especiais*, p. 160):

> *Não há dúvida de que, se o autor entender que precisa de maior dilação probatória para demonstrar seu direito, poderá optar pelo procedimento comum, ainda que possua a prova exigida pela lei. Por outras palavras, pode-se dizer que a ação monitória é uma opção para o autor, que pode preferir sujeitar-se ao rito comum, se entender que ele é mais vantajoso para seus interesses.*

Em que pese o notório saber jurídico dos nobres colegas, razão não lhes assiste, conforme restará comprovado no decorrer dos estudos.

Cabimento

De acordo com o artigo 1.102-A do CPC, a ação monitória terá cabimento para aquele que pretender, com base em prova escrita sem eficácia de título executivo, pagamento de soma em dinheiro ou entrega de coisa fungível ou de determinado bem móvel.

Portanto, o autor da ação monitória deve comprovar seu direito por meio de uma prova escrita – no caso, um título – sem, contudo, eficácia executiva. Geralmente, a perda da eficácia executiva de um título ocorre pelo instituto da prescrição, a qual consiste na perda do direito do autor a sua pretensão pelo não exercício do direito de ação em tempo hábil.

Para o Direito Comercial, especialmente para o Direito Cambiário, a ação monitória é de grande valia, pois atribui ao título executivo nova força, diante da prescrição sofrida pela inércia do titular de um título de crédito.

Como comentado no capítulo "Títulos de crédito", a letra de câmbio, a nota promissória, o cheque e a duplicata são as quatro principais modalidades cambiárias. Todas elas encontram-se reguladas por leis especiais: a letra de câmbio e a nota promissória são regidas pela lei uniforme – Decreto 57.663/66; o cheque, pela Lei 7.357/85; e a duplicata, pela Lei 5.474/68.

A menção a essas leis justifica-se pelo fato de que elas estabelecem os prazos prescricionais de cada título. Assim, segundo o artigo 70 da lei uniforme, as ações contra o aceitante da letra de câmbio e contra o sacador da nota promissória prescrevem em três anos, a contar dos respectivos vencimentos. Quando fundadas em cheque, as ações cambiárias prescrevem em seis meses, contados da expiração do prazo de apresentação, conforme preceitua o artigo 59 da Lei do Cheque. Por fim, as ações consubstanciadas em duplicata prescrevem em três anos, contados da data de seu vencimento, nos termos do artigo 18 da Lei da Duplicata.

Portanto, se determinado título de crédito encontrar-se prescrito, ausente, dessa maneira, sua exigibilidade, poderá o credor valer-se do procedimento monitório para satisfazer seu direito. Infelizmente, a questão não é tão simples assim.

Retomo a discussão acerca da palavra "alternativa", porque entendo ser melhor a expressão "última oportunidade".

O Código Civil, em seus artigos 205 e 206, estabelece os seguintes prazos prescricionais:

> *Art. 205 – A prescrição ocorre em dez anos, quando a lei não lhe haja fixado prazo menor.*
> *Art. 206 – Prescreve:*
> *§ 1.º – Em um ano:*
> *I – a pretensão dos hospedeiros ou fornecedores de víveres destinados a consumo no próprio estabelecimento, para o pagamento da hospedagem ou dos alimentos;*
> *II – a pretensão do segurado contra o segurador, ou a deste contra aquele, contado o prazo:*
> *a) para o segurado, no caso de seguro de responsabilidade civil, da data em que é citado para responder à ação de indenização proposta pelo terceiro prejudicado, ou da data que a este indeniza, com a anuência do segurador;*
> *b) quanto aos demais seguros, da ciência do fato gerador da pretensão;*
> *III – a pretensão dos tabeliães, auxiliares da justiça, serventuários judiciais, árbitros e peritos, pela percepção de emolumentos, custas e honorários;*
> *IV – a pretensão contra os peritos, pela avaliação dos bens que entraram para a formação do capital de sociedade anônima, contado da publicação da ata da assembleia que aprovar o laudo;*
> *V – a pretensão dos credores não pagos contra os sócios ou acionistas e os liquidantes, contado o prazo da publicação da ata de encerramento da liquidação da sociedade.*
> *§ 2.º – Em dois anos, a pretensão para haver prestações alimentares, a partir da data em que se vencerem.*
> *§ 3.º – Em três anos:*
> *I – a pretensão relativa a aluguéis de prédios urbanos ou rústicos;*
> *II – a pretensão para receber prestações vencidas de rendas temporárias ou vitalícias;*
> *III – a pretensão para haver juros, dividendos ou quaisquer prestações acessórias, pagáveis, em períodos não maiores de um ano, com capitalização ou sem ela;*
> *IV – a pretensão de ressarcimento de enriquecimento sem causa;*
> *V – a pretensão de reparação civil;*
> *VI – a pretensão de restituição dos lucros ou dividendos recebidos de má-fé, correndo o prazo da data em que foi deliberada a distribuição;*

VII – a pretensão contra as pessoas em seguida indicadas por violação da lei ou do estatuto, contado o prazo:
a) para os fundadores, da publicação dos atos constitutivos da sociedade anônima;
b) para os administradores, ou fiscais, da apresentação, aos sócios, do balanço referente ao exercício em que a violação tenha sido praticada, ou da reunião ou assembleia geral que dela deva tomar conhecimento;
c) para os liquidantes, da primeira assembleia semestral posterior à violação;
VIII – a pretensão para haver o pagamento de título de crédito, a contar do vencimento, ressalvadas as disposições de lei especial;
IX – a pretensão do beneficiário contra o segurador, e a do terceiro prejudicado, no caso de seguro de responsabilidade civil obrigatório.
§ 4.º – Em quatro anos, a pretensão relativa à tutela, a contar da data da aprovação das contas.
§ 5.º – Em cinco anos:
I – a pretensão de cobrança de dívidas líquidas constantes de instrumento público ou particular;
II – a pretensão dos profissionais liberais em geral, procuradores judiciais, curadores e professores pelos seus honorários, contado o prazo da conclusão dos serviços, da cessação dos respectivos contratos ou mandato;
III – a pretensão do vencedor para haver do vencido o que despendeu em juízo.

Ao estudar o artigo 206 do Código Civil, percebe-se que o legislador ordinário elencou inúmeros prazos prescricionais, os quais variam de acordo com a pretensão do autor e com o documento comprobatório de seu direito. Vale dizer, ora determinada pretensão prescreve em um ano, ora em dois, três, quatro ou cinco.

Prescrito, portanto, o direito do credor, nos termos dos artigos citados, ele poderá utilizar-se do procedimento monitório, uma vez que é possuidor de prova escrita, porém sem força executiva, pois seu título foi contaminado pelo instituto da prescrição. Em outras palavras, os prazos prescricionais elencados no artigo 206 do Código Civil dizem respeito às ações ordinárias tipificadas no Código de Processo Civil. Se prescrito o direito do credor pelas vias ordinárias, ele poderá valer-se do procedimento monitório, agora como última oportunidade de exigir do devedor seu direito. Se não o fizer, deve-se entender que ele abriu mão de seu crédito.

Para ilustrar esse entendimento, usarei o cheque. O referido título de crédito é regulado pela Lei 7.357/85, não se aplicando, portanto, os prazos prescricionais previstos no Código Civil para a propositura da ação cambial, mas sim o estabelecido no artigo 59 da referida lei, ou seja, a pretensão do credor prescreve em seis meses.

Se nesse prazo o credor não exerce seu direito de ação, incorre em prescrição, fato que o impedirá de valer-se da ação cambial. No entanto, a Lei do Cheque prevê outra ação com o intuito de garantir ao credor do título seu direito. Assim, diz o artigo 61 que a ação de enriquecimento contra o emitente ou outros coobrigados do cheque que se locupletaram injustamente com o não pagamento do título prescreve em dois anos, contados do dia em que se consumar a prescrição de seis meses, prevista no artigo 59 da mesma lei. Portanto, segundo a Lei do Cheque, o credor dessa modalidade cambiária poderá utilizar-se de duas ações para tentar satisfazer seus interesses: a primeira e mais usual, a ação cambial; a segunda e raramente utilizada, a ação de enriquecimento indevido.

Fato é que, se o credor de um cheque não se utilizar dessas ações específicas em tempo hábil, incorrerá em prescrição, o que o impedirá de exercê-las. Isso significa que ele não mais poderá exigir de seu devedor seu crédito? A resposta é negativa.

Prescrita sua pretensão nos termos da Lei do Cheque, o credor poderá, agora, valer-se do Código Civil, em uma nova tentativa de obrigar o devedor a honrar o compromisso assumido no título de crédito. A ação a ser por ele intentada não será mais a executiva, por causa da prescrição de sua pretensão, mas sim a de cobrança de dívidas líquidas constantes de instrumento particular, cujo prazo prescricional é de cinco anos, nos termos do artigo 206, § 5.º, I, do Código Civil. Trata-se de ação de cobrança, e não de ação cambial.

No caso, o cheque prescrito servirá de prova escrita, comprovando a relação creditícia entre o credor e o devedor, constituindo-se, como diz o Código Civil, em instrumento particular. Nesse tipo de ação, a natureza cambiária deixa de existir em razão da prescrição do cheque.

Se o credor titular desse título não propuser a referida ação de cobrança no prazo de cinco anos, ele perderá definitivamente seu direito ao crédito? Novamente a resposta é negativa. Isso porque o artigo 205 do Código Civil preceitua que a prescrição ocorre em dez anos, quando a lei não lhe haja fixado prazo menor. Segundo meu entendimento, paira o prazo prescricional para a propositura da ação monitória.

Dessa maneira, prescritas as pretensões do credor nos termos do artigo 206 do Código Civil para a propositura das ações ordinárias, terá o credor o prazo de dez anos para propor a ação monitória, como última oportunidade de satisfação de seu crédito.

Ou seja, em se tratando de cheque, o credor terá prazo prescricional para a propositura da ação cambial e da ação de enriquecimento indevido, ambas reguladas pela Lei do Cheque. Não o fazendo, poderá valer-se da ação de cobrança pelas vias ordinárias, nos termos do artigo 206 do Código Civil, cujo prazo prescricional é de cinco anos. Se mesmo assim o credor for atingido pela prescrição, terá como última oportunidade a ação monitória, cuja prescrição é de dez anos, de acordo com o artigo 205 do Código Civil.

Legitimidade para a propositura da monitória

Tem legitimidade para propor a ação monitória qualquer pessoa, isto é, quem pretender, com base em prova escrita sem eficácia de título executivo, o pagamento de soma em dinheiro ou a entrega de coisa fungível ou de determinado bem móvel.

Requisito da prova escrita

Ao estudar o Código de Processo Civil, constata-se que em nenhum momento o legislador ordinário definiu o conceito de prova escrita. Tal conceito, portanto, é apenas doutrinário. Segundo esse entendimento, prova escrita é todo e qualquer documento que mereça fé pública naquilo que diz respeito a sua autenticidade e, por consequência, a sua eficácia como meio de prova.

Competência para a ação monitória

Prevista no Código de Processo Civil, a competência para o julgamento da ação monitória segue as regras de competência comuns, ou seja, a competência poderá ser da Justiça Federal ou da Justiça comum, do foro do lugar do pagamento ou da entrega da coisa ou do domicílio do réu.

Procedimento da ação monitória

A ação monitória será proposta por intermédio de uma petição inicial, a qual se sujeita aos requisitos gerais dos artigos 282 e 283 do CPC. Em ação de tal natureza, o autor jamais poderá deixar de juntar a sua petição a prova escrita que comprova a obrigação assumida pelo devedor sem eficácia executiva.

Mandado monitório e citação do réu

Diz o artigo 1.102-B do Código de Processo Civil que, estando a petição inicial devidamente instruída, o juiz deferirá de plano a expedição do mandado de pagamento ou de entrega da coisa no prazo de 15 dias.

O juiz, ao determinar a citação do réu, deverá adverti-lo sobre o fato de que, caso cumpra o referido mandado, ficará isento do pagamento das custas e dos honorários advocatícios. Se não cumprir o mandado, este será convertido em título executivo.

Luiz Guilherme Marinoni e Sérgio Cruz Arenhart explicam com clareza os procedimentos a serem adotados pelo réu (*op. cit.*, p. 165):

> *Uma vez deferida a expedição do mandado de pagamento ou de entrega de coisa e citado o devedor, esse poderá: (a) atender à ordem, hipótese em que ficará isento do pagamento de custas e honorários advocatícios; (b) permanecer inerte, quando será constituído, de pleno direito, o título executivo judicial; ou (c) apresentar embargos, caso em que será instaurado um procedimento de cognição plena e exaurente para se discutir o direito afirmado pelo credor.*

Importante!

Trata-se de uma ação inicial e, portanto, deve atender aos requisitos dos artigos 282 e 283 do CPC. O autor da ação deverá juntar ao processo a prova escrita sem eficácia de título executivo, visando à satisfação de seu direito, isto é, o pagamento de certa quantia ou a entrega de coisa fungível ou de determinado bem móvel.

O autor, no fim, deve observar o prazo prescricional previsto no artigo 205 do Código Civil: dez anos.

Modelo

Ação monitória

EXCELENTÍSSIMO SENHOR DOUTOR JUIZ DE DIREITO DA ____ VARA CÍVEL DA COMARCA DE ____, ESTADO DE ____.

↕ Espaço de 10 linhas

[IDENTIFICAR A PESSOA JURÍDICA, CONFORME EXEMPLO A SEGUIR.] Beta Indústria e Comércio Ltda., devidamente inscrita no CNPJ/MF sob o n.º ____, com sede no Município de ____, na Rua ____, n.º ____, Bairro ____, Estado ____, CEP ____, por seu advogado infra-assinado (procuração anexa), com escritório profissional no Município de ____, na Rua ____, n.º ____, Bairro ____, Estado ____, CEP ____, local onde deseja receber as devidas intimações, conforme artigo 39, I, do CPC, vem, perante Vossa Excelência, propor a presente

AÇÃO MONITÓRIA

nos termos dos artigos 1.102-A do CPC e dos artigos 282 e 283 do mesmo diploma legal, em face de [CONFORME EXEMPLO A SEGUIR.] Casual Indústria e Comércio Ltda., devidamente inscrita no CNPJ/MF sob o n.º ____, com sede no Município de ____, na Rua ____, n.º ____, Bairro ____, Estado ____, CEP ____, pelas razões de fato de direito a seguir aduzidas:

1 – Dos fatos

A autora recebeu da ré o cheque de n.º 000.150, do Banco Sudeste, agência 0060, conta-corrente 28.766-2, sacado em 3 de janeiro de 2005, no valor de R$ 15.000,00 (quinze mil reais), o qual foi devolvido por insuficiência de fundos em 5 de janeiro daquele ano.

A autora, naquela ocasião, não propôs a ação cambial, tampouco a ação de enriquecimento indevido, ambas reguladas pela Lei Especial do Cheque, restando, portanto, prescrita sua pretensão.

Não obstante a inércia da autora para a propositura de tais ações, também não exerceu seu direito pelas vias ordinárias do Código de Processo Civil, o que ensejou nova prescrição, nos termos do artigo 206 do Código Civil.

2 – Do direito

O referido título de crédito encontra-se prescrito, uma vez que já decorreu o prazo para sua execução, conforme o artigo 59 da Lei 7.357/85.

A referida lei reconhece ao credor de um cheque o direito à execução via ação cambial. No entanto, determina o exercício da presente ação no prazo máximo de 6 (seis) meses, a contar da expiração de seu prazo de apresentação, sob pena de prescrição.

Como se pode constatar, da data de emissão do cheque já se passaram mais de 6 (seis) meses, restando, portanto, prescrito o direito da autora.

A citada Lei do Cheque autoriza ao credor, ainda, a propositura da ação de enriquecimento indevido, desde que promovida no prazo de 2 (dois) anos, contados do dia em que se consumar a prescrição da ordinária, sob pena de prescrição.

Novamente, fica fácil a constatação de que o direito da autora prescrevera, pois o cheque fora emitido havia mais de 2 (dois) anos.

A autora, por fim, também não exerceu seu direito pelas vias ordinárias de cobrança previsto no Código de Processo Civil, incorrendo, mais uma vez, na prescrição de seu direito.

O Código de Processo Civil, por seu turno, no capítulo dos procedimentos especiais, prevê a ação monitória, cujo objetivo é satisfazer o direito do credor que, diante do instituto da prescrição, está impossibilitado de exercer sua pretensão. A esse respeito, transcrevemos o artigo 1.102-A:

A ação monitória compete a quem pretender, com base em prova escrita sem eficácia de título executivo, pagamento de soma em dinheiro, entrega de coisa fungível ou de determinado bem móvel.

Nota-se, nobre julgador, que constitui requisito indispensável para a propositura da ação monitória a prova escrita sem eficácia executiva do direito ao crédito do autor da ação.

Assim é que o título de crédito denominado cheque, mesmo que prescrito, é um documento hábil para demonstrar a existência de um direito creditório entre a autora e a ré, servindo este de prova escrita, nos termos do artigo 1.102-A do CPC, o que autoriza a propositura da presente ação monitória.

Portanto, a autora se vale do presente procedimento monitório como última tentativa de ter seu direito ao crédito satisfeito, ainda que de maneira forçada, pela ré, ora devedora.

3 – Do requerimento e do pedido

Mediante o exposto, pede e requer:

I) a citação pessoal da ré, bem como a expedição do mandado de pagamento, para que pague no prazo legal ou querendo ofereça embargos, sob pena de ver o direito constituído, tornando-se executivo o mandado inicial;

II) a procedência do pedido para que seja a ré condenada ao pagamento da importância de R$ 15.000,00 (quinze mil reais), devidamente atualizada e acrescida dos juros de mora, bem como o pagamento das despesas processuais e das verbas de sucumbências, a serem fixadas por este douto juízo;

III) que, uma vez não paga a dívida, seja convertido o mandado inicial em executivo.

4 – Das provas

Provará o alegado por todos os meios de provas admitidos em direito, especialmente por documentos, testemunhas e depoimento pessoal da ré.

Dá-se à causa o valor de R$ 15.000,00 (quinze mil reais).

Nesses termos,
pede deferimento.

Local, data.

Advogado(a)
OAB

Embargos monitórios

Os embargos monitórios consistem no direito de defesa ou de resposta do réu em sede de ação monitória.

De acordo com o artigo 1.102-C do CPC, o réu poderá oferecê-los no prazo de 15 dias, o que suspenderá a eficácia do mandado inicial, impedindo, dessa maneira, a instauração da fase executiva.

A oposição de tais embargos pelo réu independe de prévia segurança do juízo e eles serão processados nos próprios autos, pelo procedimento ordinário.

Os embargos monitórios permitem que o réu, também chamado de embargante, suscite toda e qualquer matéria e proteste pelas provas admitidas em Direito, garantindo-lhe o contraditório e a ampla defesa.

Não incorrem em erro aqueles que consideram os embargos monitórios uma espécie de contestação, e, para muitos, outras matérias poderão ser alegadas em sede dos embargos, como é o caso das exceções ou da reconvenção, entendimento que compartilho.

Rejeitados os embargos monitórios, constituir-se-á de pleno direito o título executivo judicial, intimando-se o devedor para que, no prazo de 15 dias, pague a importância, sob pena de multa de 10%, acrescidos os honorários advocatícios (art. 475-J, CPC).

Se os embargos monitórios não forem opostos pelo réu, também se constituirá de pleno direito o título executivo judicial, convertendo-se o mandado inicial em mandado executivo e prosseguindo-se a ação. Decorrido o prazo de 15 dias para que o réu pague a importância, esta será acrescida de multa de 10%, sem prejuízo dos honorários advocatícios e das demais despesas processuais.

Fase de execução do título

Em se tratando de improcedência dos embargos ao mandado, será constituído um título executivo, hipótese em que o devedor somente poderá cogitar as matérias de defesa elencadas no artigo 475-L do CPC. Caso os embargos não sejam apresentados, o devedor também se limitará a essas matérias. Sua defesa se dará por meio da impugnação. Diz o referido artigo:

> *A impugnação somente poderá versar sobre:*
> *I – falta ou nulidade da citação, se o processo correu à revelia;*
> *II – inexigibilidade do título;*
> *III – penhora incorreta ou avaliação errônea;*
> *IV – ilegitimidade das partes;*
> *V – excesso de execução;*
> *VI – qualquer causa impeditiva, modificativa ou extintiva da obrigação, como pagamento, novação, compensação, transação ou prescrição, desde que superveniente à sentença.*
> *§ 1.º – Para efeito do disposto no inciso II do* caput *deste artigo, considera-se também inexigível o título judicial fundado em lei ou ato normativo declarados inconstitucionais pelo Supremo Tribunal Federal, ou fundado em aplicação ou interpretação da lei ou ato normativo tidas pelo Supremo Tribunal Federal como incompatíveis com a Constituição Federal.*
> *§ 2.º – Quando o executado alegar que o exequente, em excesso de execução, pleiteia quantia superior à resultante da sentença, cumprir-lhe-á declarar de imediato o valor que entende correto, sob pena de rejeição liminar dessa impugnação.*

Modelo

Embargos monitórios

EXCELENTÍSSIMO SENHOR DOUTOR JUIZ DE DIREITO DA ___ VARA CÍVEL DA COMARCA DE ___, ESTADO DE ___.

⇕ Espaço de 5 linhas

Processo n.º ___

⇕ Espaço de 5 linhas

[IDENTIFICAR A PESSOA JURÍDICA OU A PESSOA FÍSICA, CONFORME EXEMPLO A SEGUIR.] Beta Indústria e Comércio Ltda., devidamente inscrita no CNPJ/MF sob o n.º ____, com sede no Município de ____, na Rua ____, n.º ____, Bairro ____, Estado ____, CEP ____, por seu advogado infra-assinado (procuração anexa), com escritório profissional no Município de ____, na Rua ____, n.º ____, Bairro ____, Estado ____, CEP ____, local onde deseja receber as devidas intimações, conforme artigo 39, I, do CPC, vem, perante Vossa Excelência, opor os presentes

EMBARGOS MONITÓRIOS

nos termos do artigo 1.102-C do CPC e dos artigos 282 e 283 do mesmo diploma legal, em face de [CONFORME EXEMPLO A SEGUIR.] Casual Indústria e Comércio Ltda., devidamente inscrita no CNPJ/MF sob o n.º ____, com sede no Município de ____, na Rua ____, n.º ____, Bairro ____, Estado ____, CEP ____, pelas razões de fato de direito a seguir aduzidas:

1 – Dos fatos

A embargante foi intimada por meio de mandado para pagamento da importância de R$ 10.000,00 (dez mil reais), referente a uma nota promissória emitida em favor da embargada, em 2/5/2000, segundo suas alegações, conforme título juntado aos autos da ação monitória movida pela embargada.

A embargada apresentou cálculos com o intuito de atualizar o valor desde 2000. Assim, segundo suas alegações, a embargante é devedora da importância de R$ 65.000,00 (sessenta e cinco mil reais).

2 – Do direito

A presente ação monitória movida pela embargada não pode prosperar, senão vejamos:

Como é do conhecimento de Vossa Excelência, os embargos monitórios são uma ação e, portanto, toda e qualquer matéria poderá neles ser alegada em favor da embargante.

A embargada, conforme descrição dos fatos nesta exordial, alega ser credora da embargante, cuja dívida se encontra consubstanciada em uma nota promissória emitida em 2000 e que até o presente não foi paga.

Nobre julgador, as alegações da embargada carecem de veracidade, isso porque, realmente, naquele ano a embargante fez com a embargada uma operação mercantil e para documentar o crédito foi emitida a referida nota promissória, cujo vencimento se daria em 30 (trinta) dias após sua emissão.

Assim é que, quando da época do pagamento, a embargante procurou a embargada para pagar a dívida e resgatar a nota promissória. No entanto, a embargada, por motivos administrativos, não localizou o referido título de crédito em seus arquivos. Porém, mesmo diante da ausência do título, a embargante efetuou o pagamento da importância devida, ou seja, de R$ 10.000,00 (dez mil reais), o qual foi documentado em um recibo de quitação assinado pela embargada, conforme documento anexo (doc. ____).

Portanto, douto julgador, a dívida de que a embargada alega ser credora da embargante em razão da nota promissória foi quitada na data do vencimento, razão pela qual não assiste à embargada qualquer direito sobre o crédito, devendo, dessa maneira, serem julgados improcedentes seus pedidos, com sua devida condenação em dobro, sem prejuízo das custas e honorários advocatícios.

3 – Do requerimento e do pedido

Mediante o exposto, pede e requer a improcedência do pedido alegada na ação monitória, condenando a embargada ao pagamento em dobro da importância atualizada, bem como o pagamento das despesas processuais e das verbas de sucumbências, a serem fixadas por este douto juízo.

4 – Das provas

Provará o alegado por todos os meios de provas admitidos em direito, especialmente por documentos, testemunhas e depoimento pessoal do réu.

Dá-se à causa o valor de R$ 65.000,00 (sessenta e cinco mil reais).

Nesses termos,
pede deferimento.

Local, data.

Advogado(a)
OAB

Recuperação judicial, extrajudicial e falência

Com a promulgação, em 9 de fevereiro de 2005, da Lei 11.101, chamada Lei de Recuperação e Falências (LRF), o ordenamento pátrio passou a contar com novas regras relativas à falência e com duas formas de o devedor em crise evitá-la: recuperação judicial e recuperação extrajudicial. Essa lei disciplina, portanto, instrumentos de recuperação do empresário e da sociedade empresária ou, caso não seja possível a recuperação, a falência de tais sujeitos.

Infelizmente, ela não contempla em seu campo de incidência a sociedade simples, isto é, aquela que exerce atividade econômica ou não, porém não organizada. Em razão de sua exclusão, pode-se concluir que a sociedade simples não tem direito à recuperação judicial ou extrajudicial, tampouco à falência.

Alguns estudiosos do Direito chegaram a comentar que com a promulgação do Código Civil de 2002 e a nova Lei de Falências a dicotomia do Direito Comercial deixaria de existir, ou melhor, não haveria mais diferença entre os comerciantes e os prestadores de serviços.

Novamente, defendo posição em sentido contrário: a dicotomia continua a existir, porque a sociedade simples foi excluída dos direitos e benefícios que assistem aos empresários, como é o caso da recuperação e da falência.

Entendo, também, que a diferença entre os antigos comerciantes e os antigos prestadores de serviços diminuiu realmente, porém ainda existe.

Empresário

Empresário é a pessoa física ou jurídica que exerce a empresa, isto é, que exerce profissionalmente atividade econômica organizada para a produção ou circulação de bens ou serviços. Assim, estão sujeitos à recuperação judicial, à recuperação extrajudicial e à falência:

a) o empresário;
b) a sociedade empresária.

Sujeitos excluídos da incidência da lei

Como se não bastasse a exclusão da sociedade simples, algumas sociedades, mesmo que empresárias, não estão sujeitas à LRF, conforme estabelece seu artigo 2.º:

a) empresa pública e sociedade de economia mista;
b) instituição financeira pública ou privada;
c) cooperativa de crédito;
d) consórcio;
e) entidade de previdência complementar;
f) sociedade operadora de plano de assistência à saúde;
g) sociedade seguradora;
h) sociedade de capitalização;
i) outras entidades legalmente equiparadas às anteriores.

O referido artigo, contudo, deve ser interpretado com os demais dispositivos legais. Portanto, existem sociedades empresárias que são excluídas total ou parcialmente da falência ou excluídas totalmente da recuperação.

Normas gerais aplicáveis à recuperação judicial e à falência

Juízo competente

O juízo competente para homologar o plano de recuperação extrajudicial, deferir a recuperação judicial ou decretar a falência será o do principal estabelecimento do devedor ou da filial de empresa sediada fora do Brasil. O principal estabelecimento é o local onde se concentra o maior volume de negócios, independentemente de previsão contratual ou estatutária. Portanto, o juízo competente será:

a) em razão da matéria: cível;
b) em razão do lugar: principal estabelecimento.

Não são exigíveis na recuperação judicial ou na falência:

a) as obrigações a título gratuito;
b) as despesas que os credores fizerem para tomar parte na recuperação judicial ou na falência, salvo as custas judiciais decorrentes de litígio com o devedor.

Efeitos da decretação da falência ou do deferimento do processamento da recuperação judicial

De acordo com o artigo 6.º da LRF, uma vez decretada a falência ou deferido o processamento da recuperação judicial, ocorrerá a suspensão:

a) da prescrição;
b) de ações e execuções, inclusive daquelas dos credores particulares do sócio solidário.

Uma vez suspensa a prescrição, esta voltará a fluir com base no trânsito em julgado da sentença de encerramento da falência ou da recuperação judicial. Na recuperação judicial, a suspensão da prescrição e das ações e execuções será de 180 dias, restabelecendo-se, após o decurso do prazo, o direito dos credores de iniciar ou continuar suas ações e execuções, independentemente de pronunciamento judicial. De outro lado, as ações de conhecimento contra o devedor não se suspendem com a falência ou com o processamento da recuperação, uma vez que não são execuções. Assim, as demais ações não sujeitas à suspensão, bem como as reclamações trabalhistas, poderão requerer reserva do valor em discussão.

Juízo de prevenção

A distribuição do pedido de falência ou de recuperação judicial previne a jurisdição para qualquer outro pedido relativo ao mesmo devedor (art. 6.º, § 8.º).

Verificação e habilitação dos créditos

A LRF estabelece o mesmo regime de verificação dos créditos para a recuperação e para a falência. A verificação dos créditos será realizada pelo administrador judicial, com base na escrituração do devedor e nos documentos apresentados pelos credores (art. 7.º). Superadas as possíveis impugnações, os créditos habilitados serão incluídos no quadro geral de credores. Na falência, os credores serão pagos conforme sua classificação (art. 83). Nos casos de recuperação judicial, os credores poderão pactuar forma diversa do quadro geral, observada a preferência dos credores decorrentes das relações de trabalho.

Importante ressaltar que o prazo para habilitação e divergência será de 15 dias, contados da publicação da relação nominal de credores (art. 7.º, § 1.º). A habilitação e a divergência serão endereçadas ao administrador judicial e independem de advogado, pois consistem em simples requerimentos.

Apresentadas as habilitações e as divergências, o administrador judicial fará publicação da nova relação nominal de credores nos próximos 45 dias. Caso o administrador judicial não habilite os credores ou não corrija o erro por meio da divergência, o credor que se sentir prejudicado terá o prazo de dez dias para apresentar sua impugnação, a qual será dirigida ao juiz da causa, sendo imprescindível a presença de um advogado (arts. 8.º e 13). Por fim, a impugnação será autuada em separado.

Os credores cujos créditos foram impugnados serão intimados para contestar a impugnação no prazo de cinco dias, juntando os documentos que tiverem e indicando as provas que pretendem produzir (art. 11). Transcorrido o prazo, o juiz intimará o devedor e o comitê de credores, se houver, para no prazo de cinco dias se manifestarem (art. 12). Findo o prazo de manifestação do devedor e do comitê, o administrador judicial será intimado para também manifestar-se, isto é, para emitir parecer, no prazo de cinco dias.

Recurso contra decisão que julgar a impugnação

A decisão que julga a impugnação desafia o recurso de agravo, nos termos do artigo 17 da LRF:

> *Da decisão judicial sobre a impugnação caberá agravo.*
> *Parágrafo único – Recebido o agravo, o relator poderá conceder efeito suspensivo à decisão que reconhece o crédito ou determinar a inscrição ou modificação do seu valor ou classificação no quadro geral de credores, para fins de direito de voto em assembleia geral. [Veja a parte II deste livro.]*

Ação para exclusão, outra classificação ou retificação de crédito

O administrador judicial, o comitê de credores, se houver, qualquer credor ou até mesmo o representante do Ministério Público poderão, até o encerramento da recuperação judicial ou da falência, pedir a exclusão, nova classificação ou a retificação de qualquer crédito, nos casos de descoberta de falsidade, dolo, simulação, fraude, erro essencial ou, ainda, documentos ignorados na época do julgamento do crédito ou da inclusão no quadro geral de credores. A ação anulatória seguirá o rito ordinário previsto no Código de Processo Civil. A referida ação deverá ser proposta exclusivamente perante o juízo da recuperação ou da falência ou perante o juiz que processou as ações referentes a quantias ilíquidas ou trabalhistas.

Proposta a ação anulatória, o pagamento ao titular do crédito por ela atingido somente poderá ser realizado mediante a prestação de caução no mesmo valor do crédito em discussão.

Administrador judicial e comitê de credores

Administrador judicial

O administrador judicial será um profissional idôneo, preferencialmente advogado, economista, administrador de empresas, contador ou pessoa jurídica especializada; portanto, poderá ser pessoa física ou jurídica. Escolhido pelo juiz, o administrador será uma pessoa de sua confiança, cabendo auxiliá-lo na administração da massa falida (art. 22). Sua função é indelegável, mas poderá contratar auxiliares mediante prévia autorização do juiz. O administrador que não apresentar, no prazo estabelecido, suas contas ou qualquer dos relatórios previstos em lei será intimado a fazê-lo no prazo de cinco dias, sob pena de desobediência. Decorrido esse período, será destituído e nomeado um substituto (art. 23). Por fim, o administrador judicial responderá pelos prejuízos causados à massa falida, ao devedor ou aos credores, por dolo ou culpa no desempenho de suas funções.

Comitê de credores

O comitê de credores é um órgão facultativo na falência e na recuperação judicial. Sua existência somente se justifica nas empresas com grande complexidade organizacional. Assim, caberá aos credores decidir pela conveniência ou não de sua instalação. Uma vez estabelecido, o comitê de credores terá a seguinte composição (art. 26):

a) um representante indicado pela classe de credores trabalhistas, com dois suplentes;
b) um representante indicado pela classe de credores com direitos reais de garantia ou privilégios especiais, com dois suplentes;
c) um representante indicado pela classe de credores quirografários e com privilégios gerais, com dois suplentes.

Atribuições

Compete ao comitê de credores, entre outras atribuições (art. 27):

1. **Na recuperação judicial e na falência:** fiscalizar as atividades e examinar as contas do administrador judicial; zelar pelo bom andamento do processo e pelo cumprimento da lei; comunicar ao juiz caso constate violação dos direitos ou prejuízo aos interesses dos credores; apurar e emitir parecer sobre quaisquer reclamações dos interessados; requerer ao juiz a convocação da assembleia geral de credores; manifestar-se nas hipóteses previstas na LRF.
2. **Na recuperação judicial:** fiscalizar a administração das atividades do devedor, apresentando, a cada 30 dias, o relatório de sua situação; fiscalizar a execução do plano de recuperação judicial; submeter à autorização do juiz, quando ocorrer o afastamento do devedor nas hipóteses previstas na LRF, a alienação de bens do ativo permanente, a constituição de ônus reais e outras garantias, bem como atos de endividamento necessários à continuação da atividade empresarial durante o período que antecede a aprovação do plano de recuperação judicial.

Como visto, o comitê de credores é um órgão facultativo. Assim, em sua falta, caberá ao administrador judicial, ou, na incompatibilidade deste, ao juiz, exercer suas atribuições. Note-se que os membros do comitê de credores, assim como o administrador, exercem função de estrita responsabilidade. Portanto, se porventura vierem a causar prejuízos por má administração ou infração à lei, serão civilmente responsabilizados.

Assembleia geral de credores

A assembleia geral de credores deverá obedecer aos requisitos previstos no artigo 36 da LRF no que tange às formalidades de convocação. A assembleia será convocada pelo juiz nas hipóteses previstas em lei ou quando achar necessário. Poderá, ainda, ser convocada pelos credores, desde que representem 25% do total do passivo. Sua competência consiste em deliberar sobre (art. 35):

1. **Na recuperação judicial:** aprovação, rejeição ou modificação do plano de recuperação judicial apresentado pelo devedor; a constituição do comitê de credores, a escolha de seus membros e sua substituição; o pedido de desistência do devedor, nos termos do § 4.º do artigo 52 da LRF; o nome do gestor judicial, quando do afastamento do devedor; qualquer outra matéria que possa afetar os interesses dos credores.
2. **Na falência:** a constituição do comitê de credores, a escolha de seus membros e sua substituição; a adoção de outras modalidades de realização do ativo, na forma do artigo 145 da LRF; qualquer outra matéria que possa afetar os interesses dos credores.

Insta salientar que, de acordo com o artigo 40 da LRF, não será deferido provimento liminar de caráter cautelar ou antecipatório dos efeitos da tutela para a suspensão ou adiamento da assembleia geral de credores em razão de pendência de discussão acerca da existência, da quantificação ou da classificação de créditos.

Quorum de instalação

A assembleia geral de credores se instalará, em primeira convocação, com a presença de credores que representem a maioria dos créditos em cada classe e, em segunda convocação, com qualquer número de credores. Na assembleia, os credores poderão exercer seu direito por intermédio de um procurador, desde que cientifiquem o administrador judicial com antecedência de 24 horas. Com relação aos credores decorrentes das relações de trabalho, poderão, ainda, ser representados pelo sindicato ao qual sejam associados. Para tanto, o sindicato deve apresentar ao administrador judicial, até dez dias antes da assembleia, a relação dos representados. Quanto ao direito de voto do credor, este será proporcional ao valor de seu crédito admitido na falência ou na recuperação judicial.

Quorum de deliberação

Como regra, o *quorum* de deliberação será o de maioria simples. Há, contudo, duas situações em que a lei prevê *quorum* qualificado: para a aprovação do plano de recuperação e para a venda extraordinária de bens do falido.

Recuperação judicial

A recuperação judicial é uma ação que tem por objetivo viabilizar a superação da situação de crise econômico-financeira da empresa, a fim de permitir a manutenção da fonte produtora, do emprego dos trabalhadores e dos interesses dos credores, promovendo a preservação da empresa, sua função social e o estímulo à atividade econômica.

São duas as modalidades para evitar que a crise da empresa leve-a à falência: a recuperação judicial e a recuperação extrajudicial.

Legitimidade ativa

São legitimados a requerer a recuperação judicial: o empresário; a sociedade empresária; o cônjuge sobrevivente; os herdeiros; o inventariante; o sócio remanescente.

Requisitos para requerimento

Não será qualquer empresário que terá direito à recuperação judicial, mas tão somente aqueles que atenderem aos requisitos previstos no artigo 48 da LRF. São eles: exercer atividade regular há mais de dois anos; não ser falido e, se o foi, estarem extintas suas responsabilidades; não ter, há menos de cinco anos, obtido concessão de recuperação judicial; sendo o devedor microempresário ou empresário de pequeno porte, o prazo é ampliado para oito anos; não ter sido condenado ou não ter, como administrador ou sócio controlador, pessoa condenada por crime falimentar.

Credores sujeitos à recuperação judicial

Como regra, todos os credores existentes na data do pedido de recuperação, ainda que não vencidos, estão sujeitos aos efeitos da recuperação judicial. Portanto, os credores que vierem a se constituir depois do pedido de recuperação não serão incluídos. Também estão excluídos dos efeitos da recuperação judicial os credores titulares da posição de proprietário fiduciário de bens móveis ou imóveis, de arrendador mercantil, de proprietário ou promitente vendedor de imóvel cujos contratos contenham cláusula de irrevogabilidade ou irretratabilidade, até mesmo em incorporações imobiliárias, ou de proprietário em contrato de compra e venda com reserva de domínio, bem como os bancos credores por adiantamento aos exportadores. Esses credores podem exercer seus direitos reais e contratuais, de acordo com as respectivas legislações.

Meios de recuperação da empresa

O artigo 50 da LRF enumera os meios de recuperação judicial da empresa. Trata-se, na verdade, de rol exemplificativo. São eles:

a) dilação do prazo ou revisão das condições de pagamento;
b) operações societárias;
c) alteração do controle societário;
d) reorganização da administração;
e) concessão aos credores de direito de eleição em separado de administradores e de poder de veto em relação às matérias que o plano especificar;
f) aumento de capital social;
g) trespasse ou arrendamento de estabelecimento empresarial;
h) redução salarial, compensação de horários e redução da jornada, mediante acordo ou convenção coletiva;
i) dação em pagamento ou novação;
j) constituição de sociedade de credores;
k) venda parcial dos ativos;
l) equalização dos encargos financeiros;
m) usufruto da empresa;
n) administração compartilhada;
o) emissão de valores mobiliários;
p) adjudicação de bens.

Fases do processo

O processo de recuperação judicial divide-se em três fases:

1. Postulatória: requerimento do benefício.
2. Deliberativa: ocorre após a verificação dos créditos.
3. Execução: fiscalização do cumprimento do plano de recuperação.

Requisitos da petição inicial

O requerente deve instruir sua petição inicial observando, além do disposto nos artigos 282 e 283 do CPC e no artigo 48 da LRF, as exigências estabelecidas no artigo 51 desta última, que são:

a) exposição das causas;
b) demonstrações contábeis;
c) relação nominal completa dos credores;
d) relação integral dos empregados;
e) certidão de registro e demais documentos societários;
f) relação dos bens dos sócios controladores e dos administradores;
g) extratos bancários e demais documentos referentes a investimentos;
h) certidões de protesto;
i) relação de todas as ações judiciais em que o devedor figure como parte.

Despacho de processamento da recuperação judicial

O despacho de processamento da recuperação judicial produz inúmeros efeitos.

Nele, o juiz apenas verifica se o impetrante atendeu aos requisitos da lei, não estando definido se o impetrante tem direito à recuperação. Tal direito somente será verificado no decorrer do processo.

Assim, estando em termos a documentação exigida pela lei, o juiz deferirá o processamento da recuperação e no mesmo ato nomeará o administrador judicial e, entre outros efeitos, ordenará a suspensão temporária de todas as ações e execuções (art. 52). Deve-se lembrar, contudo, que nem todas as ações serão suspensas, dentre elas: ações que demandam quantias ilíquidas; reclamações trabalhistas; execuções fiscais; execuções movidas por credores não sujeitos à recuperação judicial.

Por fim, deferido seu processamento, o requerente não mais poderá desistir do pedido de recuperação, salvo se obtiver aprovação da desistência na assembleia geral de credores.

Plano de recuperação judicial

Instrumento mais importante do processo de recuperação judicial, o plano de recuperação será apresentado pelo devedor em juízo no prazo improrrogável de 60 dias da publicação da decisão que deferir o processamento da recuperação judicial, sob pena de convolação em falência. O plano de recuperação deverá discriminar em pormenores os meios pelos quais o devedor pretende superar a crise que enfrenta, assim como conter a demonstração de sua viabilidade econômica e laudo econômico-financeiro e de avaliação dos bens e ativos do devedor (art. 53).

Segundo a lei, o plano poderá alterar ou fazer novação dos créditos trabalhistas ou decorrentes de acidente de trabalho. Contudo, não poderá prever: prazo superior a um ano para pagamento dos créditos derivados da legislação do trabalho ou decorrentes de acidentes de trabalho vencidos até a data do pedido de recuperação; prazo superior a 30 dias para o pagamento, até o limite de cinco salários mínimos por trabalhador, dos créditos de natureza estritamente salarial vencidos nos três meses anteriores ao pedido de recuperação judicial.

Procedimento de recuperação judicial

Uma vez apresentado e publicado o plano de recuperação, poderão os credores apresentar sua objeção no prazo a ser fixado pelo juiz ou conforme previsto em lei. Havendo objeção de qualquer credor, o juiz convocará a assembleia geral de credores para deliberar sobre o plano de recuperação. Note-se que nesse caso não compete ao juiz decidir as objeções, e sim à assembleia, cuja realização não poderá exceder 150 dias, contados do deferimento do processamento da recuperação judicial. Após a juntada ao processo do plano aprovado pela assembleia ou decorrido o prazo para objeções, o devedor apresentará certidões negativas de débitos tributários. Assim, se apresentadas as certidões, o juiz concederá o benefício; caso contrário, indeferirá o pedido, uma vez que o Código Tributário Nacional (CTN) exige prova de quitação para a concessão da recuperação judicial (veja art. 68, LRF).

Concessão da recuperação judicial

Aprovado o plano de recuperação em assembleia (respeitado o *quorum*), o juiz concederá a recuperação judicial. Caso nenhum plano tenha sido aprovado, decretará a falência.

Contudo, há situações na lei em que o juiz poderá conceder a recuperação com base no plano não aprovado pela assembleia, desde que de forma cumulativa:

a) voto favorável de credores que representem mais da metade do valor de todos os créditos presentes, independentemente de suas classes;

b) aprovação de duas das classes de credores nos termos do artigo 45 da LRF ou, caso haja somente duas classes com credores votantes, aprovação de pelo menos uma delas;
c) na classe que o houver rejeitado, voto favorável de mais de um terço dos credores.

Recurso contra sentença concessiva de recuperação

Contra a sentença concessiva de recuperação judicial, cabe o recurso de agravo por instrumento, que pode ser interposto por qualquer credor ou pelo representante do Ministério Público, conforme preceitua o artigo 59 da LRF:

> *O plano de recuperação judicial implica novação dos créditos anteriores ao pedido, e obriga o devedor e todos os credores a ele sujeitos, sem prejuízo das garantias, observado o disposto no § 1.º do artigo 50 desta lei.*
> *[...]*
> *§ 2.º – Contra a decisão que conceder a recuperação judicial caberá agravo, que poderá ser interposto por qualquer credor e pelo Ministério Público.*

Efeitos da concessão da recuperação judicial

Todos os credores anteriores ao pedido de recuperação estão sujeitos a seus efeitos, isto é, o plano de recuperação judicial implica novação dos créditos anteriores ao pedido e obriga o devedor e todos os credores a ele sujeitos, sem prejuízo das demais garantias (art. 59). Deve-se lembrar que existem credores que não são atingidos pela recuperação. Assim, uma vez não atingidos, não estão sujeitos aos efeitos da concessão da recuperação judicial.

Efeitos da recuperação em relação à administração da sociedade

Durante o procedimento de recuperação judicial, o devedor ou seus administradores serão mantidos na administração da sociedade, sob fiscalização do comitê de credores, se houver, e do administrador judicial. No entanto, se o devedor ou seus administradores não forem pessoas idôneas, o juiz poderá afastá-los, nos termos do artigo 64 da LRF. Uma vez afastados, o juiz convocará a assembleia geral de credores para deliberar sobre o nome do gestor judicial que assumirá a administração da sociedade. Enquanto a assembleia não deliberar sobre a escolha do gestor, caberá ao administrador judicial exercer a função deste.

Efeitos da recuperação em relação aos bens do devedor

Após a distribuição do pedido de recuperação judicial, o devedor não poderá alienar ou onerar seus bens ou direitos de seu ativo permanente, salvo se evidente utilidade reconhecida pelo juiz e depois de ouvido o comitê de credores, com exceção daqueles previamente relacionados no plano de recuperação judicial (art. 60). A inobservância desses requisitos enseja a decretação da falência.

Atendimento ao plano de recuperação

Concedida a recuperação judicial, o devedor deverá cumprir todas as obrigações previstas no plano de recuperação que se vencerem até dois anos depois da concessão da recuperação judicial. Se durante esse período ele descumprir qualquer das obrigações previstas no plano, ocorrerá a convolação da recuperação em falência. Uma vez decretada a falência, os credores terão seus direitos e demais garantias reconstituídos (art. 61).

Descumprimento do plano de recuperação

Como visto, se durante o prazo de dois anos o devedor descumprir qualquer uma de suas obrigações, a recuperação será convolada em falência. Após o referido prazo, os credores poderão requerer a execução específica ou a falência. Convolada a recuperação judicial em falência, os credores decorrentes de obrigações contraídas pelo devedor durante a recuperação, até mesmo aqueles relativos a despesas com fornecedores, serão considerados extraconcursais.

Encerramento da recuperação judicial

Como regra, cumpridas as obrigações no prazo de até dois anos, o juiz decretará por sentença o encerramento da recuperação judicial (art. 63).

Plano de recuperação judicial para microempresas e empresas de pequeno porte

O microempresário e o empresário de pequeno porte eram regidos pela Lei 9.841/99, que estabelecia o Estatuto da Microempresa e da Empresa de Pequeno Porte. Contudo, em 2006 veio a Lei Complementar 123, que instituiu o Simples Nacional, revogando o referido estatuto, passando, ainda, a considerar microempresário e empresário de pequeno porte (art. 3.º):

a) no caso das microempresas, o empresário, a pessoa jurídica ou a ela equiparada que aufira, em cada ano-calendário, receita bruta igual ou inferior a R$ 360.000,00;
b) no caso das empresas de pequeno porte, o empresário, a pessoa jurídica ou a ela equiparada que aufira, em cada ano-calendário, receita superior a R$ 360.000,00 e igual ou inferior a R$ 3.600.000,00.

A Lei Complementar 139/11 alterou os valores definidos pela Lei Complementar 123 e instituiu que caberá ao Comitê Gestor do Simples Nacional (CGSN), apreciar a necessidade de revisão dos referidos valores a partir de janeiro de 2015.

Plano de recuperação judicial

Os microempresários e os empresários de pequeno porte poderão apresentar um plano especial de recuperação judicial (art. 70, LRF), limitando-se às seguintes condições (art. 71):

a) abrangerá exclusivamente os créditos quirografários;
b) preverá parcelamento em até 36 parcelas iguais e sucessivas, corrigidas monetariamente e acrescidas de juros de 12% ao ano;
c) preverá o pagamento da primeira parcela no prazo máximo de 180 dias, contado da distribuição do pedido de recuperação judicial;
d) estabelecerá a necessidade de autorização do juiz, depois de ouvido o administrador judicial e o comitê de credores, para o devedor aumentar despesas ou contratar empregados.

Percebe-se, do aludido artigo, que o plano de recuperação judicial do microempresário e do empresário de pequeno porte é bastante simples. Suas obrigações podem ser pagas em até 36 parcelas mensais iguais e sucessivas, vencendo a primeira em 180 dias, contados da distribuição do pedido de recuperação. O referido parcelamento diz respeito apenas ao passivo quirografário. As dívidas tributárias e trabalhistas não são atingidas; portanto, devem ser honradas conforme a legislação específica de cada uma. A aprovação ou rejeição do plano de recuperação judicial cabe exclusivamente ao juiz, e não à assembleia geral de credores. Com a sentença concessiva do benefício, operam-se a suspensão das ações e execuções e a novação das obrigações sujeitas ao plano. Por fim, os credores poderão opor objeções ao plano especial. Nesse caso, o juiz chamará o devedor para que se manifeste na tentativa de haver um acordo entre as partes; caso contrário, ele decidirá o caso.

Convolação da recuperação judicial em falência

A princípio, o devedor que obtém recuperação e não cumpre com suas obrigações verá seu benefício convolado em falência. Ademais, de acordo com o artigo 73 da LRF, será decretada a falência:

a) por deliberação em assembleia geral de credores;
b) pela não apresentação do plano pelo devedor;
c) quando houver sido rejeitado o plano de recuperação pela assembleia geral de credores;
d) por indeferimento da recuperação judicial;
e) por descumprimento das obrigações assumidas no plano de recuperação.

Importante!

Os credores poderão apresentar ao administrador judicial habilitação ou divergência de crédito no prazo de 15 dias, contados da publicação da relação nominal de credores. O credor que não o fizer nesse prazo será considerado retardatário.

O pedido de habilitação de crédito deverá conter (art. 9º, LRF):

a) o nome, o endereço do credor e o endereço em que receberá comunicação de qualquer ato do processo;
b) o valor do crédito, atualizado até a data da decretação da falência ou do pedido de recuperação judicial, sua origem e classificação;
c) os documentos comprobatórios do crédito e a indicação das demais provas a serem produzidas;
d) a indicação da garantia prestada pelo devedor, se houver, e o respectivo instrumento;
e) a especificação do objeto da garantia que estiver na posse do credor.

Já a divergência de crédito é um simples requerimento que contesta o valor do crédito reconhecido pelo administrador ou sua classificação no quadro geral de credores, processando-se nos moldes do pedido de habilitação de crédito.

Tanto a habilitação como a divergência de crédito independem de advogado. Em ambos os casos, os títulos e os documentos que legitimam os créditos deverão ser exibidos no original ou por cópias autenticadas se estiverem juntados a outro processo.

Os modelos apresentados a seguir valem para a recuperação e para a falência.

Modelo

Habilitação de crédito

ILUSTRÍSSIMO SENHOR ADMINISTRADOR JUDICIAL.

↕ Espaço de 5 linhas

Processo n.º ____

↕ Espaço de 5 linhas

[IDENTIFICAR A PESSOA JURÍDICA, CONFORME EXEMPLO A SEGUIR.] Beta Indústria e Comércio Ltda., devidamente inscrita no CNPJ/MF sob o n.º ____, com sede no Município de ____, na Rua ____, n.º ____, Bairro ____, Estado ____, CEP ____, por seu representante, nos termos do contrato social, vem, perante Vossa Senhoria, nos autos do processo de recuperação judicial em epígrafe, o qual se processa no MM. juízo, requerer a

HABILITAÇÃO DE CRÉDITO

nos termos dos artigos 7.º, § 1.º, e 9.º da Lei 11.101/05, pelas razões de fato de direito a seguir aduzidas:

1 – Dos fatos

A autora, conforme título de crédito representado, neste ato, pelo cheque n.º ____, do Banco ____, agência ____, conta-corrente ____., é credora da ré, em sede de recuperação judicial, da importância de R$ 20.000,00 (vinte mil reais), cujo vencimento se deu em 5/1/2010.

O referido cheque foi apresentado ao banco para liquidação, sendo, em 7/1/2010, devolvido pela instituição financeira pelo motivo 11 (onze), ou seja, sem fundos.

Desde então, a autora entrou inúmeras vezes em contato com a ré na tentativa de receber a importância, sem, contudo, lograr êxito. A dívida da ré com a autora hoje atualizada é de R$ 35.000,00 (trinta e cinco mil reais).

A ré, em janeiro de 2011, por possuir outros créditos em aberto, com inúmeros credores, ingressou perante esse r. juízo com o pedido de recuperação judicial, motivo pelo qual a autora resolveu habilitar seu crédito, em uma tentativa vê-lo satisfeito.

2 – Do direito

De acordo com o artigo 7.º da Lei 11.101/05 (Lei de Recuperação e Falências), o credor de uma empresa em recuperação judicial ou em processo de falência poderá requerer sua habilitação de crédito com o intuito de sua satisfação pelo devedor, o qual, neste ato, será realizado pelo administrador judicial.

Caro administrador judicial, a ré ingressou em janeiro de 2011, perante esse r. juízo, com o pedido de recuperação judicial de sua empresa, o qual teve seu processamento deferido. Vossa Senhoria, por sua vez, efetuou o levantamento dos credores da ré e fez a publicação da relação nominal de credores, sem, contudo, contar o nome da autora como credora.

Conforme narrado nos fatos desta exordial, a autora é credora da importância de R$ 20.000,00 (vinte mil reais), representados por um cheque, vencido e não pago pela ré, conforme documento anexo. Atualizado o valor, a dívida da ré com a autora é de R$ 35.000,00 (trinta e cinco mil reais), conforme planilha anexa.

Sendo assim, e nos termos do artigo 9.º da LRF, a autora se vale do presente requerimento para sua inclusão no quadro geral de credores da ré, em sede de recuperação judicial, com a devida publicação da nova relação nominal de credores.

3 – Do requerimento

Isso posto, requer a autora que seu crédito seja incluído no quadro geral de credores da ré, em sede de recuperação judicial, e que seja feita nova publicação da relação nominal de credores, incluso seu nome, e que seu crédito seja classificado nos termos do artigo 83 da Lei de Recuperação e Falências (11.101/05).

Nesses termos,
pede deferimento.

Local, data.

Credor ou advogado(a)
OAB

Modelo

Divergência de crédito

ILUSTRÍSSIMO SENHOR ADMINISTRADOR JUDICIAL.

⇕ Espaço de 5 linhas

Processo n.º ____

⇕ Espaço de 5 linhas

[Identificar a pessoa jurídica, conforme exemplo a seguir.] Beta Indústria e Comércio Ltda., devidamente inscrita no CNPJ/MF sob o n.º ____, com sede no Município de ____, na Rua ____, n.º ____, Bairro ____, Estado ____, CEP ____, por seu representante, nos termos do contrato social, vem, perante Vossa Senhoria, nos autos do processo de recuperação judicial em epígrafe, o qual se processa no MM. juízo, apresentar a

DIVERGÊNCIA DE CRÉDITO

nos termos dos artigos 7.º, § 1.º, e 9.º da Lei 11.101/05, pelas razões de fato de direito a seguir aduzidas:

1 – Dos fatos

A autora é credora da ré da importância de R$ 45.000,00 (quarenta e cinco mil reais), representados por uma duplicata, vencida e não paga, conforme título de crédito anexado aos autos do processo de recuperação judicial, quando de sua habilitação.

No entanto, o valor reconhecido fora de R$ 20.000,00 (vinte mil reais), conforme publicação da relação nominal de credores.

2 – Do direito

De acordo com o artigo 7.º da Lei 11.101/05 (Lei de Recuperação e Falências), o credor de uma empresa em recuperação judicial ou em processo de falência poderá requerer sua habilitação de crédito ou apresentar sua divergência perante o administrador judicial.

Quando da publicação da relação nominal de credores por Vossa Senhoria, a autora foi surpreendida pelo valor do crédito a que teria direito, isso porque, de acordo com a referida relação, ela é credora da importância de R$ 20.000,00 (vinte mil reais) e não de R$ 45.000,00 (quarenta e cinco mil reais).

Caro administrador judicial, a importância a que tem direito a autora é de R$ 45.000,00 (quarenta e cinco mil reais), conforme duplicata anexa, e não R$ 20.000,00 (vinte mil reais). Como é do conhecimento de Vossa Senhoria, o respectivo valor a que a autora tem direito se encontra consubstanciado em uma duplicata, isto é, em um título de crédito, válido, líquido, certo e exigível, o que por si só o obriga a corrigir o valor publicado na relação nominal de credores, motivo que ensejou o presente requerimento de divergência.

3 – Do requerimento

Isso posto, requer a autora que o valor de seu crédito seja corrigido, garantindo, dessa maneira, um crédito de R$ 45.000,00 (quarenta e cinco mil reais), com a devida republicação da nova relação nominal de credores, nos termos do artigo 83 da Lei de Recuperação e Falências (11.101/05).

Nesses termos,
pede deferimento.

Local, data.

Credor ou advogado(a)
OAB

Importante!

Diferentemente do pedido de habilitação ou divergência, a impugnação é dirigida ao juiz da causa, necessitando, assim, de advogado. Portanto, trata-se, de uma espécie de contestação para fazer frente às atitudes do administrador judicial relacionadas com habilitações ou divergências de créditos.

De acordo com o artigo 8.º da LRF, a impugnação poderá ser proposta no prazo de dez dias, contados da republicação da relação nominal de credores, pelo comitê de credores, se houver, por qualquer credor, pelo devedor, por seus sócios ou até mesmo pelo Ministério Público.

Nesse tipo de ação, as pessoas autorizadas poderão alegar a ausência de qualquer crédito ou manifestar-se contra a legitimidade, importância ou classificação de crédito. Autuada em separado, a impugnação será processada nos termos dos artigos 13 a 15 da LRF.

Importante ressaltar que a LRF prevê a habilitação, a divergência e a impugnação. As duas primeiras consistem basicamente em simples requerimentos, e a última, em uma petição inicial, dirigida ao juiz, que deve obedecer aos artigos 282 e 283 do CPC.

Por fim, diz o artigo 13 da LRF que a impugnação será instruída com os documentos que tiver o impugnante, o qual indicará as provas consideradas necessárias.

Modelo

Impugnação

EXCELENTÍSSIMO SENHOR DOUTOR JUIZ DE DIREITO DA ____ VARA CÍVEL DA COMARCA DE ____, ESTADO DE ____.

(SE A CIDADE POSSUIR VARA ESPECIALIZADA DE FALÊNCIA E RECUPERAÇÃO, A AÇÃO DEVE SER NELA DISTRIBUÍDA.)

⇕ Espaço de 5 linhas

Processo n.º ____

⇕ Espaço de 5 linhas

[IDENTIFICAR A PESSOA JURÍDICA, CONFORME EXEMPLO A SEGUIR.] Beta Indústria e Comércio Ltda., devidamente inscrita no CNPJ/MF sob o n.º ____, com sede no Município de ____, na Rua ____, n.º ____, Bairro ____, Estado ____, CEP ____, por seu advogado infra-assinado (procuração anexa), com escritório profissional no Município de ____, na Rua ____, n.º ____, Bairro ____, Estado ____, CEP ____, local onde deseja receber as devidas intimações, conforme artigo 39, I, do CPC, vem, perante Vossa Excelência, propor a presente

AÇÃO DE IMPUGNAÇÃO

nos termos dos artigos 8.º e seguintes da Lei 11.101/05 e dos artigos 282 e 283 do CPC, em face da relação nominal de credores publicada pelo ilustre administrador judicial em decorrência do processo de recuperação de empresas em epígrafe, pelas razões de fato de direito a seguir aduzidas:

1 – Dos fatos

Conforme se depreende do processo acima, a autora, após a publicação da relação nominal de credores, não concordando com o valor de seu crédito reconhecido pelo administrador judicial, apresentou, no prazo assinalado pela lei, sua respectiva divergência.

Infelizmente, o ilustre administrador judicial indeferiu seu pedido, mantendo o valor de seu crédito em R$ 20.000,00 (vinte mil reais), contrariando todas as provas juntadas pela autora, em especial o título de crédito representativo da importância.

2 – Do direito

De acordo com o artigo 8.º da Lei 11.101/05 (Lei de Recuperação e Falências), o credor de uma empresa em recuperação judicial ou em processo de falência poderá valer-se da ação de impugnação para contestar a decisão do administrador judicial, quando relacionada com as habilitações ou divergências de crédito.

Em que pese o conhecimento jurídico e creditício do sr. administrador judicial, sua decisão não merece prosperar, senão vejamos:

A autora juntou aos autos deste processo seu título de crédito para fazer prova da importância a que tem direito. O valor expresso no referido título é de R$ 45.000,00 (quarenta e cinco mil reais), sendo que em momento algum foi liquidado pela ré, ainda que parcialmente.

Quando da republicação da nova relação nominal de credores, o administrador judicial manteve, como já mencionado, o valor que ele entende devido, sem justificar sua decisão, tampouco ampará-la documentalmente.

Devido a tamanha arbitrariedade do ilustre administrador judicial, a autora se vale da presente para pedir a Vossa Excelência a correção do valor de seu crédito, isto é, pelo reconhecimento da importância de R$ 45.000,00 (quarenta e cinco mil reais), nos termos da duplicata anexada ao processo, quando da divergência apresentada pela autora.

Não obstante, nobre julgador, o reconhecimento por Vossa Excelência quanto ao valor correto do crédito, é certo que o ilustre administrador judicial provou não estar apto ao exercício dessa importante função, contrariando o disposto no artigo 21 da LRF.

Assim sendo, para regular o processamento da recuperação judicial, insta requerer sua destituição, com o intuito de preservar o direito dos credores e até mesmo a recuperação do devedor.

3 – Do requerimento e do pedido

Isso posto, pede e requer a autora que seja seu pedido julgado procedente, reconhecendo, dessa maneira, seu direito à importância de R$ 45.000,00 (quarenta e cinco mil reais), nos moldes da duplicata, bem como a destituição do administrador judicial, determinando, no fim, a inclusão de seu crédito no quadro geral de credores, para o devido pagamento.

4 – Das provas

Provará o alegado por todos os meios de provas admitidos em direito, especialmente por documentos, testemunhas e depoimento pessoal do réu.

Dá-se à causa o valor de R$ 45.000,00 (quarenta e cinco mil reais).

Nesses termos,
pede deferimento.

Local, data.

Advogado(a)
OAB

Importante!

A recuperação judicial é ação que tem por objetivo viabilizar a superação da situação de crise econômico-financeira do devedor, a fim de permitir a manutenção da fonte produtora, do emprego dos trabalhadores e dos interesses dos credores, promovendo, assim, a preservação da empresa, sua função social e o estímulo à atividade econômica.

Para que o devedor tenha direito à recuperação judicial, ele deverá fazer prova do preenchimento dos requisitos previstos no artigo 48 da LRF, podendo utilizar-se dos meios de recuperação previstos no artigo 50 ou de qualquer outro.

A petição inicial de recuperação judicial deve atender aos requisitos dos artigos 282 e 283 do CPC e ser instruída com os documentos previstos no artigo 51 da LRF. Não se pode esquecer de juntar as certidões negativas ou positivas com efeito negativo no que diz respeito aos créditos tributários.

Caso esteja em termos a documentação obrigatória do citado artigo 51, o juiz deferirá o processamento da recuperação judicial.

Modelo

Ação de recuperação judicial

EXCELENTÍSSIMO SENHOR DOUTOR JUIZ DE DIREITO DA ____ VARA CÍVEL DA COMARCA DE ____, ESTADO DE ____.

(Se a cidade possuir Vara Especializada de Falência e Recuperação, a ação deve ser nela distribuída.)

↕ Espaço de 10 linhas

[Identificar a pessoa jurídica, conforme exemplo a seguir.] Calca Indústria e Comércio Ltda., devidamente inscrita no CNPJ/MF sob o n.º ____, com sede no Município de ____, na Rua ____, n.º ____, Bairro ____, Estado ____, CEP ____, por seu advogado infra-assinado (procuração anexa), com escritório profissional no Município de ____, na Rua ____, n.º ____, Bairro ____, Estado ____, CEP ____, local onde deseja receber as devidas intimações, conforme artigo 39, I, do CPC, vem, perante Vossa Excelência, propor a presente

AÇÃO DE RECUPERAÇÃO JUDICIAL

nos termos dos artigos 47 e 48 da Lei 11.101/05 e dos artigos 282 e 283 do CPC, pelas razões de fato de direito a seguir aduzidas:

1 – Dos fatos

A autora é constituída sob a forma de uma sociedade empresária regular e nos últimos anos vem adquirindo equipamentos mais modernos e eficientes para sua empresa, sempre com o intuito de expandir seus negócios.

Ao adquirir novos equipamentos, a autora contraiu um passivo de R$ 15.000.000,00 (quinze milhões de reais), perante seus fornecedores e instituições financeiras, que até a presente data têm operado com ela na concessão de créditos.

Em decorrência da crise mundial que assola o mercado internacional, em especial a América do Norte, a autora começou a atravessar forte crise financeira, o que tem dificultado a honradez dos pagamentos nas datas aprazadas. Até mesmo os funcionários da autora têm sofrido com a crise financeira que ela enfrenta, porque seus salários têm sido pagos com alguns dias de atraso.

A autora é uma empresa conceituada no mercado e sempre primou pela ética e pela competência. Todos os seus compromissos sempre foram honrados em dia, sem jamais ter sido protestada por falta de pagamento ou por qualquer outro motivo que pudesse abalar sua idoneidade.

No entanto, em razão da crise mundial que diretamente afetou o mercado brasileiro, a autora vê-se obrigada a pedir sua recuperação judicial, em uma tentativa de manter a empresa em funcionamento.

2 – Do direito

Conforme se depreende dos fatos narrados nesta exordial, a autora é devedora da importância de R$ 15.000.000,00 (quinze milhões de reais), de acordo com a relação nominal de credores anexa.

Dessa forma, com o intuito de evitar a perda de prestígio de sua marca e, em especial, algum pedido de falência, não resta à autora alternativa senão pedir sua recuperação judicial, nos termos do artigo 47 da Lei de Recuperação e Falências.

Em atendimento à LRF, principalmente aos requisitos previstos em seu artigo 48, a autora junta os seguintes documentos:

I) contrato social registrado na Junta Comercial para fazer prova de sua atividade regular há mais de 2 (dois) anos;

II) certidão negativa do distribuidor do Fórum Cível para fazer prova de que jamais sofreu falência;

III) certidão negativa do distribuidor do Fórum Cível para fazer prova de que nos últimos 5 (cinco) anos não obteve igual favor;

IV) certidão negativa do Fórum Criminal para fazer prova de que contra seus administradores e representantes não corre processo criminal falimentar.

Por fim, em atendimento ao disposto nos artigos 50, 53 e 54 da LRF, a autora informa que, no prazo estipulado pela lei, apresentará seu plano de recuperação judicial para apreciação da assembleia geral de credores, hipótese em que ficará comprovada sua viabilidade econômico-financeira e operacional.

Ademais, junta a autora à presente petição os seguintes documentos para os devidos fins: balanço patrimonial; balanço de resultado; fluxo de caixa.

3 – Do requerimento e do pedido

Mediante o exposto, pede e requer a autora:

I) a procedência do pedido para que seja deferido o processamento da recuperação judicial, com a devida nomeação do administrador judicial, bem como a tomada das providências previstas no artigo 52 da Lei 11.101/05;

II) a intimação do representante do Ministério Público.

4 – Das provas

Provará o alegado por todos os meios de provas admitidos em direito.

Dá-se à causa o valor de R$ 15.000.000,00 (quinze milhões de reais).

Nesses termos,
pede deferimento.

Local, data.

Advogado(a)
OAB

Falência

A falência é uma execução coletiva movida contra um devedor, empresário ou sociedade empresária, atingindo seu patrimônio para uma venda forçada, partilhando o resultado, proporcionalmente, entre os credores, conforme artigo 75 da LRF:

> *A falência, ao promover o afastamento do devedor de suas atividades, visa a preservar e otimizar a utilização produtiva dos bens, ativos e recursos produtivos, inclusive os intangíveis, da empresa.*
> *Parágrafo único – O processo de falência atenderá aos princípios da celeridade e da economia processual.*

Sujeitos à falência

A falência atinge o empresário e a sociedade empresária, bem como o espólio do devedor empresário e aqueles que, embora expressamente proibidos, exercem atividades empresariais.

Ressalte-se que algumas sociedades, embora empresárias, estão excluídas total ou parcialmente do regime falimentar.

Elementos do estado de falência

Para a caracterização do estado de falência, é necessário que o devedor se apresente insolvente. A insolvência presume (art. 94):

1. **Impontualidade** – Quando o devedor, sem relevante razão de direito, não paga, no vencimento, obrigação líquida materializada em título ou títulos executivos protestados cuja soma ultrapasse o equivalente a 40 salários mínimos (inciso I). Não basta o devedor estar em atraso; é preciso que sua impontualidade seja injustificada.
2. **Execução frustrada** – Quando o devedor, executado por qualquer quantia líquida, não paga, não deposita e não nomeia à penhora bens suficientes dentro do prazo legal (inciso II).
3. **Prática de atos de falência** – Quando o devedor (inciso III):
   a) procede à liquidação precipitada de seus ativos ou lança mão de meio ruinoso ou fraudulento para realizar pagamentos;
   b) realiza ou, por atos inequívocos, tenta realizar, com o objetivo de retardar pagamentos ou fraudar credores, negócio simulado ou alienação de parte ou da totalidade de seu ativo a terceiro, credor ou não;
   c) transfere estabelecimento a terceiro, credor ou não, sem o consentimento de todos os credores e sem ficar com bens suficientes para solver seu passivo;
   d) simula a transferência de seu principal estabelecimento com o objetivo de burlar a legislação ou a fiscalização ou para prejudicar credor;
   e) dá ou reforça garantia a credor por dívida contraída anteriormente sem ficar com bens livres e desembaraçados suficientes para saldar seu passivo;
   f) ausenta-se sem deixar representante habilitado e com recursos suficientes para pagar os credores, abandona estabelecimento ou tenta ocultar-se de seu domicílio, do local de sua sede ou de seu principal estabelecimento;
   g) deixa de cumprir, no prazo estabelecido, obrigação assumida no plano de recuperação judicial.

Falência requerida com base na prática de atos de falência

A falência do devedor empresário poderá ser requerida com base em atos de falência, isto é, atos que têm por escopo fraudar credores. Assim, se o devedor empresário, sabendo que sua falência poderá ser requerida, inicia a dilapidação patrimonial precipitada com o intuito de prejudicar seus credores, aquele que se sentir prejudicado poderá valer-se do processo cautelar para arrestar ou sequestrar seus bens e em 30 dias deverá propor a ação principal – no caso, a falência.

Juízo falimentar

O juízo competente para o processamento da falência será o do principal estabelecimento do devedor, ou seja, o local onde se concentra o maior volume de negócios, independentemente de previsão contratual ou estatutária. O juízo falimentar é conhecido como "juízo universal" (art. 76). Assim, todas as ações referentes aos bens e interesses da massa serão processadas por esse juízo. O juízo falimentar comporta exceções:

a) ações não reguladas pela Lei de Falências;
b) ações que demandam quantia ilíquida;
c) reclamações trabalhistas;
d) execuções tributárias;
e) ações de conhecimento em que é parte a União.

Ação de responsabilização – sócios, controladores e administradores

De acordo com o artigo 82 da LRF, a responsabilidade pessoal dos sócios de sociedade limitada, dos controladores e dos administradores de sociedade anônima no processo falimentar, estabelecida nas leis especiais pertinentes, será apurada no próprio juízo da falência, independentemente da realização do ativo e da prova de sua insuficiência para cobrir o passivo.

A ação de responsabilização deverá ser proposta no prazo máximo de dois anos, a contar do trânsito em julgado da sentença de encerramento, sob pena de prescrição, a qual seguirá o rito ordinário do Código de Processo Civil.

Nesse tipo de ação, o juiz poderá, de ofício ou a requerimento das partes interessadas, ordenar a indisponibilidade de bens particulares dos réus, em quantidade compatível com o dano provocado, até o julgamento da ação de responsabilização.

Autofalência

O empresário que julgar não atender aos requisitos para a recuperação judicial deverá requerer sua falência, expondo as razões da impossibilidade de prosseguir com sua atividade empresarial.

Legitimidade ativa

Estão autorizados a requerer a execução coletiva (art. 97):

a) o próprio devedor empresário (autofalência);
b) qualquer credor; se empresário, provar a condição de regular;
c) o cônjuge sobrevivente;
d) os herdeiros do devedor;
e) o inventariante;
f) o sócio ou acionista da sociedade;
g) o credor não domiciliado no Brasil, desde que preste caução.

Hipóteses em que não será declarada falência

A falência requerida com base na impontualidade não será declarada se o requerido provar (art. 96):

a) falsidade do título;
b) prescrição do direito;
c) nulidade da obrigação ou do título;
d) pagamento da dívida;
e) qualquer outro fato que extinga ou suspenda obrigação ou não legitime a cobrança de título;
f) vício em protesto ou em seu instrumento;
g) cessão das atividades empresariais há mais de dois anos, comprovada pelo distrato social devidamente registrado na Junta Comercial;
h) liquidação e partilha do ativo da sociedade anônima;
i) morte do devedor há mais de um ano;
j) apresentação do pedido de recuperação no prazo da contestação, observados os requisitos do artigo 51 da LRF.

Protesto

Na falência, o protesto é sempre obrigatório. Mesmo títulos não sujeitos a protesto obrigatório devem ser levados a cartório para sua efetivação.

Rito falimentar

Segundo o professor Fábio Ulhoa Coelho, o pedido de falência segue rito diferente em função de seu autor. Requerida a falência pelo credor ou sócio minoritário, segue o rito dos artigos 94 a 96 e 98 da LRF, observando-se um procedimento judicial típico, isto é, contencioso; em caso de autofalência, o dos artigos 105 a 107, de natureza não contenciosa.

Defesa do devedor impontual

Uma vez citado, o devedor poderá, em dez dias (art. 98):

a) depositar a importância equivalente a seu débito, sem contestar (nesse caso, extingue-se o processo de execução);
b) depositar e apresentar defesa (nesse caso, também se extingue o processo de execução);
c) não depositar, limitando-se a apresentar defesa (terá, então, sua falência declarada).

Embora a lei mencione que o depósito se refere à impontualidade, entende-se que, mesmo que se trate de pedido com base em atos de falência, poderá o devedor fazer o depósito para elidir o pedido de falência.

Recursos

Sentença declaratória – Recebidas e cumpridas as diligências, o juiz proferirá a sentença, declarando ou não a falência. Da sentença declaratória de falência cabe o recurso de agravo por instrumento (art. 100), que pode ser interposto pelo falido, pelo credor ou pelo representante do Ministério Público. (Veja comentários no tópico "Processo de falência".)

Sentença denegatória – Na sentença denegatória de falência, o juiz apreciou o mérito e julgou improcedente o pedido do credor. Nesse caso, o recurso cabível será o de apelação (art. 100).

Diz, ainda, o artigo 101 da LRF:

Quem por dolo requerer a falência de outrem será condenado, na sentença que julgar improcedente o pedido, a indenizar o devedor, apurando-se as perdas e danos em liquidação de sentença.
§ 1.º – Havendo mais de 1 (um) autor do pedido de falência, serão solidariamente responsáveis aqueles que se conduziram na forma prevista no caput *deste artigo.*
§ 2.º – Por ação própria, o terceiro prejudicado também pode reclamar indenização dos responsáveis.

Termo legal

Proferida a sentença, o juiz fixará o termo legal da falência, considerando suspeitos os atos praticados pelo falido. O termo legal poderá retroagir no prazo máximo de 90 dias, contado do pedido de falência, do pedido de recuperação judicial ou do primeiro protesto por falta de pagamento, excluindo-se os protestos que tenham sido cancelados (art. 99, II).

Efeitos da sentença declaratória

A sentença declaratória de falência produz uma série de efeitos.

1. **Quanto aos direitos dos credores** – Implica vencimento por antecipação das obrigações do falido (art. 77), suspensão das ações e execuções e suspensão dos juros – contra a massa não são exigíveis juros vencidos após a decretação da falência (art. 124). De acordo com a lei, após a quebra não correrão mais juros enquanto não for pago o valor principal. Excetuam-se da suspensão dos juros as obrigações decorrentes de garantia real, bem como os credores debenturistas.

2. **Quanto à pessoa do falido** – Impõe inúmeras obrigações, dentre as quais (art. 104):
   a) assinar nos autos, desde que intimado da decisão, termo de comparecimento, com a indicação do nome e sua qualificação, e declarar, no referido termo: as causas determinantes de sua falência, quando requerida pelos credores; tratando-se de sociedade, o nome e o endereço de todos os sócios, acionistas controladores, diretores ou administradores, apresentando o contrato social e a prova do registro na Junta Comercial, bem como as respectivas alterações contratuais; o nome do contador encarregado da escrituração dos livros obrigatórios; os mandatos que porventura tenha outorgado; se faz parte de outras sociedades, exibindo o contrato social; suas contas bancárias, aplicações, títulos em cobrança e processos em andamento;
   b) depositar em cartório, no ato de assinatura do termo de comparecimento, seus livros obrigatórios, a fim de que sejam entregues ao administrador judicial, depois de encerrados e assinados pelo juiz;
   c) não se ausentar da comarca sem motivo justo e comunicação expressa ao juiz e sem deixar representante;
   d) comparecer a todos os atos da falência, podendo ser representado, quando não for indispensável sua presença;
   e) entregar sem demora todos os bens, livros e demais documentos ao administrador judicial;
   f) prestar informações reclamadas pelo juiz, administrador judicial, credor ou representante do Ministério Público;
   g) auxiliar o administrador judicial.

O falido, entretanto, tem o direito de fiscalizar a administração da massa. Note-se que, nesse caso, trata-se de empresário pessoa física. Quando a falência atinge uma sociedade empresária, torna-se importante verificar a responsabilidade dos sócios. Dessa maneira, os efeitos da falência em relação aos sócios variarão de acordo com o tipo de sócio, isto é, se investidor ou colaborador. De fato, a lei atribuiu ao sócio colaborador os mesmos encargos do empresário individual – prestar informações e declarações, bem como se manifestar em juízo. Com relação à responsabilidade civil pelas obrigações da sociedade, não existe nenhuma diferença entre os sócios.

3. **Quanto aos bens do falido** – A falência atinge todos os bens do devedor, inclusive direitos e ações (art. 108). Não são atingidos os bens absolutamente impenhoráveis, os bens necessários ao exercício da profissão do falido e os bens dotais e particulares da mulher e dos filhos do falido, incluindo os rendimentos provenientes desses bens inalienáveis por força de lei ou ato voluntário. Entretanto, cumpre ressaltar que, no momento da sentença, o falido não perde a propriedade de seus bens, ficando apenas impedido de administrá-los ou deles dispor. Quando a falência recair sobre uma sociedade empresária de responsabilidade limitada ou anônima, a arrecadação atingirá apenas os bens da sociedade. Contudo, se a sociedade falida for em nome coletivo ou comandita simples, os sócios de responsabilidade ilimitada e solidária terão seu patrimônio pessoal arrecadado.

4. **Quanto ao contrato do falido** – Os contratos bilaterais (nos quais ambas as partes possuem direitos e obrigações) não se resolvem pela falência e podem ser executados pelo administrador judicial se o cumprimento reduzir ou evitar o aumento do passivo da massa falida ou for necessário à manutenção e preservação de seus ativos, mediante autorização do comitê de credores (art. 117). No caso de contratos unilaterais (nos quais só uma das partes possui obrigações), o administrador judicial, mediante autorização do comitê de credores, poderá dar cumprimento ao contrato se esse fato reduzir ou evitar o aumento do passivo da massa falida ou for necessário à manutenção e preservação de seus ativos, realizando o pagamento da prestação pela qual está obrigado (art. 118). Os contratos de conta-corrente, embora sejam bilaterais, resolvem-se com a falência, devendo ser encerrados (art. 121).

Lacração do estabelecimento

O estabelecimento empresarial será lacrado sempre que houver risco para a execução da arrecadação ou para a preservação dos bens da massa falida ou dos interesses dos credores (art. 109). Ressalte-se que a lacração do estabelecimento não era prevista na lei anterior.

Revogação de atos praticados pelo falido antes da falência

A lei atual adotou o mesmo critério da antiga ao designar a ineficácia dos atos praticados pelo falido perante a massa com duas expressões: "ineficazes" e "revogáveis". Como bem lembra a doutrina, há diferenças significativas entre eles, não em relação aos efeitos que produzem perante a massa, já que ambos são ineficazes, e sim na intenção do ato praticado pelo falido, isto é, na intenção de fraudar credores.

Portanto, alguns atos praticados pelo falido não produzem efeito em relação à massa falida, tenha ou não o contratante conhecimento da situação econômica do falido, seja ou não a intenção deste fraudar credores.

São atos ineficazes (art. 129):

a) o pagamento de dívidas não vencidas realizado pelo devedor dentro do termo legal, por qualquer meio extintivo do direito de crédito, ainda que pelo desconto do próprio título;
b) o pagamento de dívidas vencidas e exigíveis realizado dentro do termo legal, por qualquer forma que não seja a prevista pelo contrato;
c) a constituição de garantia real, inclusive a retenção, dentro do termo legal, tratando-se de dívida contraída anteriormente; se os bens dados em hipoteca forem objeto de outras posteriores, a massa falida receberá a parte que devia caber ao credor da hipoteca revogada;
d) a prática de atos a título gratuito, desde dois anos antes da decretação da falência;
e) a renúncia à herança ou a legado, até dois anos antes da decretação da falência;
f) a venda ou transferência de estabelecimento feita sem o consentimento expresso ou o pagamento de todos os credores, a esse tempo existentes, não tendo restado ao devedor bens suficientes para solver seu passivo, salvo se, no prazo de 30 dias, não houver oposição dos credores, depois de serem devidamente notificados, judicialmente ou pelo oficial do registro de títulos e documentos;
g) os registros de direitos reais e de transferência de propriedade entre vivos, por título oneroso ou gratuito, ou a averbação relativa a imóveis realizados após a decretação da falência, salvo se tiver havido prenotação anterior.

Já os atos revogáveis são aqueles praticados pelo falido com a intenção de fraudar credores, provando-se o conluio fraudulento entre o devedor e o terceiro que com ele contratar e o efetivo prejuízo à massa falida (art. 130).

É importante ressaltar que alguns atos objetivamente ineficazes (art. 129, I a VI) não perderão a eficácia se estiverem previstos no plano de recuperação.

Ação revocatória

Ação revocatória é o instrumento adequado para reaver os bens transferidos a terceiros, devendo ser proposta pelo administrador judicial, por qualquer credor ou pelo Ministério Público no prazo de três anos, contado da decretação da falência (art. 132). A ação revocatória correrá no juízo falimentar e obedecerá ao procedimento ordinário, podendo ser cominada com medida preventiva de sequestro dos bens, nos termos do Código de Processo Civil. Poderá ser promovida contra (art. 133):

a) todos os que figuraram no ato ou que por efeito dele foram pagos, garantidos ou beneficiados;
b) os terceiros adquirentes, se tiveram conhecimento, ao se criar o direito, da intenção do devedor de prejudicar os credores;
c) os herdeiros ou legatários das pessoas acima indicadas.

Com relação à medida preventiva de sequestro, dispõe o artigo 137 da LRF:

> *O juiz poderá, a requerimento do autor da ação revocatória, ordenar, como medida preventiva, na forma da lei processual civil, o sequestro dos bens retirados do patrimônio do devedor que estejam em poder de terceiros.*

A ação revocatória que for julgada procedente implicará a restituição dos bens à massa falida em espécie, com todos os acessórios, ou o valor de mercado, acrescidos de perdas e danos. Da sentença caberá apelação (art. 135).

Reconhecida a ineficácia ou julgada procedente a ação revocatória, as partes retornarão ao estado anterior, e o contratante de boa-fé terá seu direito protegido pela lei, isto é, terá direito à restituição dos bens ou valores entregues ao devedor (art. 136).

Já na hipótese de securitização de créditos do devedor, não será declarada a ineficácia ou revogado o ato de cessão em prejuízo dos direitos dos portadores de valores mobiliários emitidos pelo securitizador.

Administração da falência

Como visto anteriormente, o administrador judicial será um profissional idôneo, de preferência advogado, economista, administrador de empresas, contador ou pessoa jurídica especializada; portanto, poderá ser pessoa física ou jurídica. Escolhido pelo juiz, será uma pessoa de sua confiança, cabendo auxiliá-lo na administração da massa falida (art. 22).

Restituição ou embargos de terceiros

O administrador judicial, quando nomeado, providenciará a arrecadação dos bens do falido em favor da massa. Há situações em que parte desses bens se encontra protegida por direito real ou decorrente de contrato. Dessa maneira, se arrecadados, ensejarão o pedido de restituição ou embargos de terceiros pelo legítimo proprietário (art. 85).

Assim, pode ser pedida a restituição nos seguintes casos: direito real sobre a coisa; contrato de câmbio; coisas vendidas a crédito e entregues ao falido nos 15 dias anteriores ao requerimento da falência, se ainda não alienadas pela massa; alienação fiduciária; revogação ou ineficácia do contrato, para credor de boa-fé. Ademais, a lei ainda prevê a restituição em dinheiro. Isso ocorre quando o objeto do pedido é propriamente dinheiro ou quando o bem a ser restituído se perdeu (art. 86).

O autor do pedido de restituição que pretende receber o bem ou a quantia reclamada antes do trânsito em julgado da sentença prestará caução, sendo que o pedido de restituição suspende a disponibilidade da coisa até o trânsito em julgado.

De acordo com os artigos 92 e 93 da LRF, o requerente que tiver obtido êxito em seu pedido de restituição ressarcirá a massa falida ou a quem tiver suportado as despesas de conversão da coisa reclamada.

Embargos de terceiros

Diz a LRF em seu artigo 93 que nos casos em que não couber pedido de restituição de bens, nos termos da lei falimentar, fica assegurado o direito dos credores por intermédio dos embargos de terceiros, nos termos da lei processual civil.

Lembre-se de que, segundo as leis processuais, os embargos de terceiros terão cabimento quando a lide envolver apenas a posse de determinado bem ou coisa, isto é, se a pessoa pela qual recai a penhora do bem ou da coisa estiver incluída no polo passivo da ação, ela não poderá utilizar-se desse recurso, uma vez que não é um terceiro, restando-lhe as demais ações processuais civis.

Recurso contra sentença que julgar o pedido de restituição

Com relação à sentença que julgar o pedido de restituição, caberá o recurso de apelação, com efeito devolutivo (art. 90).

Verificação dos créditos

Veja, no capítulo anterior, o tópico "Verificação e habilitação dos créditos".

Classificação dos créditos

Depois de o administrador realizar o atendimento aos credores da massa e as restituições em dinheiro (art. 84), deverá efetuar o pagamento dos demais créditos, os quais são classificados conforme sua origem, na seguinte ordem (art. 83):

a) créditos derivados da legislação do trabalho, limitados a 150 salários mínimos por credor, e os decorrentes de acidente de trabalho;
b) créditos com garantia real até o limite do valor do bem gravado;
c) créditos tributários;
d) créditos com privilégio especial;
e) créditos com privilégio geral;
f) créditos quirografários;
g) créditos subquirografários.

Liquidação

Nessa fase, ocorrerá a realização do ativo para pagamento do passivo do devedor falido. Assim, tão logo ocorra a arrecadação dos bens, o administrador judicial dará início à realização do ativo (art. 139). A venda dos bens pode ser de forma ordinária (arts. 140 e 142), extraordinária (arts. 144 e 145) ou sumária (art. 111).

Pagamento na falência

Realizadas as restituições, pagos os créditos extraconcursais e consolidado o quadro geral de credores, as importâncias recebidas com a liquidação do ativo serão destinadas ao pagamento dos credores, atendendo à classificação prevista no artigo 83 (veja, acima, o tópico "Classificação dos créditos"), respeitados os demais dispositivos legais e as decisões judiciais que determinam reserva de importância (art. 149).

Os pagamentos serão realizados por meio de cheques ou mandados judiciais. Assim, os credores terão um prazo fixado pelo juiz para fazer o levantamento desses cheques. Caso os credores não levantem a importância no prazo fixado pelo juiz, serão intimados a fazê-lo em 60 dias, sob pena de decair seu direito. Caso isso ocorra, o administrador judicial usará os valores para o pagamento dos demais credores. Se todos já estiverem integralmente pagos, o dinheiro não resgatado será restituído ao falido. Por fim, os créditos trabalhistas estritamente salariais vencidos nos três meses anteriores à decretação da falência, até o limite de cinco salários mínimos por trabalhador, serão pagos tão logo haja disponibilidade em caixa (art. 151). Trata-se, na verdade, de antecipação, cujo valor deve ser deduzido do pagamento final do crédito a que tem direito o empregado.

Encerramento da falência

Após o julgamento das contas do administrador judicial, este apresentará em juízo o relatório final no prazo de dez dias, indicando os valores do ativo e do produto de sua realização, o do passivo e o dos pagamentos feitos aos credores, especificando justificadamente as responsabilidades com que continuará o falido (art. 155). Apresentado o relatório final, o juiz encerrará a falência por sentença. A sentença de encerramento será publicada por edital e dela caberá recurso de apelação (art. 156).

Ressalte-se que anteriormente ao encerramento haverá a prestação de contas. Assim, uma vez concluída a realização do ativo e distribuído o produto entre os credores, o administrador judicial apresentará suas contas ao juiz no prazo de 30 dias (art. 154). Dessa maneira, cumpridas as providências previstas em lei, o juiz proferirá a sentença julgando as contas do administrador judicial. Se rejeitá-las, fixará as responsabilidades do administrador, podendo determinar a indisponibilidade ou o sequestro de seus bens, servindo a sentença como título executivo para a indenização da massa. Da sentença também caberá apelação.

Extinção das obrigações do falido

Extinguem-se as obrigações do falido com (art. 158):

a) o pagamento de todos os créditos;
b) o pagamento, depois de realizado todo o ativo, de mais de 50% do passivo quirografário, sendo facultado depósito para atingir essa porcentagem;
c) o decurso do prazo de cinco anos, contado do encerramento da falência, se o falido não tiver sido condenado por prática de crime falimentar;
d) o decurso do prazo de dez anos, contado do encerramento da falência, se o falido tiver sido condenado por prática de crime falimentar.

Processo de falência

Noções introdutórias

A antiga Lei de Falências previa dois procedimentos: um, calcado na impontualidade; o outro, em atos de falência. Com a edição da nova lei, o procedimento passou a ser único, qualquer que seja a causa de pedir. Contudo, na prática, o requerente deverá levar em consideração os meios probatórios admitidos em juízo, previstos no artigo 94. O pedido de quebra consubstanciado nos incisos I e II será demonstrado pelo título executivo, acompanhado dos instrumentos de protesto. Já em relação ao inciso III, a instrução probatória será mais demorada (dilação probatória). Ademais, o processo de falência poderá ser acautelado com medidas preparatórias para salvaguardar o interesse da massa e dos credores.

Não se pode perder de vista que o Código de Processo Civil será aplicado no processo de falência ou de recuperação de empresas por tratar-se de norma subsidiária. Dessa maneira, quando a LRF faz menção a determinado recurso, aplicar-se-á nesse caso o CPC, e assim por diante.

Juízo competente

O juízo competente para decretar a falência em razão da matéria será o cível e em razão do lugar o do principal estabelecimento do devedor.

Instrução da petição inicial

A petição inicial deve obedecer aos requisitos previstos no Código de Processo Civil (arts. 282 e 283) e ser instruída com os pressupostos específicos da falência, nos termos dos incisos I a III do artigo 94 da LRF (veja o tópico "Elementos do estado de falência"). Assim, o pedido com base no inciso I desse artigo deve ser instruído com: título executivo cujo valor ultrapasse 40 salários mínimos; instrumento de protesto.

Para os pedidos calcados com base no inciso II do mesmo artigo, o pedido de falência será instruído com a certidão expedida pelo juízo em que se processa a execução. Por fim, com relação ao inciso III, o requerente deverá descrever os fatos que a caracterizam, juntando as provas que houver e especificando as que serão produzidas.

Portanto, o pedido de falência pode ser fundamentado por: impontualidade; execução frustrada; atos de falência.

Deve-se lembrar que qualquer credor poderá requerer a falência do devedor. Sendo o requerente empresário, deverá juntar à petição inicial prova de regularidade de sua atividade.

Citação

A citação do devedor obedecerá às regras previstas no CPC. Se o devedor ou seu representante não forem encontrados, o juiz nomeará curador especial.

Defesa do devedor

Após a citação, o devedor terá prazo de dez dias para apresentar sua defesa, que, na falência, consiste em: depositar e apresentar contestação; depositar e não apresentar contestação; não depositar e apresentar contestação.

Embora a lei não tenha previsto o depósito quando a causa de pedir calcar em atos de falência, entende-se que isso é totalmente possível. Assim, uma vez feito o depósito (elisivo), a falência será elidida. O valor do depósito deve corresponder ao montante principal, acrescido de juros e correção monetária e honorários advocatícios.

Intervenção do Ministério Público

A doutrina não é pacífica a esse respeito. Alguns doutrinadores defendem a importância da manifestação do Ministério Público antes da sentença de falência, visto que esta afeta a economia pública. Outros alegam que, não sendo parte na ação, sua manifestação somente seria necessária como fiscal da lei, nos casos expressamente determinados pela LRF. Contudo, nos filiamos a esta última. A participação do Ministério Público somente deverá ocorrer após a instauração do concurso de credores.

Desistência do pedido

O requerente poderá desistir do pedido de falência antes de ocorrer a citação do devedor.

Sentença declaratória de falência

Além de atender aos requisitos comuns a todas as sentenças previstas no CPC, a sentença declaratória de falência deverá (art. 99):

a) conter a síntese do pedido, a identificação do falido e o nome de seus administradores;
b) fixar o termo legal;
c) ordenar ao falido que apresente, no prazo de cinco dias, relação nominal de credores;
d) explicitar o prazo para as habilitações de crédito;
e) ordenar a suspensão de todas as ações ou execuções contra o falido, sujeitas a seus efeitos;
f) proibir a prática de qualquer ato de disposição ou oneração de bens do falido;
g) determinar as diligências necessárias para salvaguardar os interesses das partes envolvidas;
h) ordenar ao Registro Público de Empresas que proceda à anotação da falência no registro do devedor – expressão: "falido";
i) nomear o administrador judicial;
j) determinar a expedição de ofícios aos órgãos e repartições públicas competentes;
k) pronunciar-se a respeito da continuação provisória das atividades do falido;
l) determinar, quando conveniente, a convocação da assembleia geral de credores, para a constituição de comitê de credores;
m) ordenar a intimação do Ministério Público e a comunicação por carta às Fazendas Públicas.

Recebidas e cumpridas as diligências, o juiz proferirá a sentença, declarando ou não a falência. Da sentença declaratória de falência caberá o recurso de agravo por instrumento no prazo de dez dias da publicação da sentença no *Diário Oficial* (art. 100). O agravo poderá ser interposto pelo falido, pelo credor ou pelo representante do Ministério Público diretamente no tribunal competente, instruindo-o de acordo com o CPC e comunicando, nos três dias subsequentes, o juízo falimentar, para possível retratação. O relator poderá atribuir efeito suspensivo a requerimento do agravante ou de ofício; nessa hipótese, o devedor ainda não é falido. Caso contrário, se o agravo for recebido em efeito devolutivo, o agravante é falido, devendo o juiz prosseguir com os procedimentos legais.

Com o advento da Lei 11.187/05, contra as decisões interlocutórias caberá agravo, no prazo de dez dias, na forma retida, salvo quando se tratar de decisão suscetível de causar à parte lesão grave e de difícil reparação, ou seja, nos casos de urgência, bem como nos de inadmissão de apelação e nos relativos aos efeitos em que a apelação é recebida, quando será admitida sua interposição por instrumento.

Na falência, ou até mesmo na recuperação, a sistemática do agravo não muda, uma vez que a sentença declaratória produz inúmeros efeitos em relação ao falido, entre eles, por exemplo, a venda precipitada de bens. Portanto, o falido certamente conseguirá demonstrar a lesão grave ou de difícil reparação. Lembre-se de que a parte deve demonstrar a referida lesão ou dano, sob pena de ver seu agravo por instrumento convertido em retido, e contra essa decisão não cabe impugnação. Tal supressão é complicada, pois abre a possibilidade para a utilização de ações autônomas, em especial o mandado de segurança.

Sentença denegatória de falência

Na sentença denegatória de falência, o juiz apreciou o mérito e julgou improcedente o pedido do credor. Nesse caso, o recurso cabível será o de apelação (art. 100), que deve obedecer aos trâmites previstos no CPC. A sentença, por sua vez, que indeferir o pedido produzirá os seguintes efeitos: condenação do requerente nos termos do artigo 101 da LRF; revogação das medidas cautelares adotadas.

A sentença denegatória não impede novo pedido de falência pelo mesmo requerente, desde que fundada em causa de pedir diversa daquela. Não impede, ainda, o direito de outros credores pedirem a falência do devedor.

Revogação da falência

Como visto, a sentença declaratória de falência pode ser objeto de agravo por instrumento. Assim, se provido o referido agravo, a sentença de falência pode ser reformada ou rescindida. Com a reforma ou rescisão, o falido volta à situação anterior, preservando o direito dos terceiros de boa-fé. (Veja o tópico “Ação revocatória”.)

Efeitos da sentença de falência

Uma vez decretada a falência, a sentença declaratória produzirá inúmeros efeitos: vencimento antecipado, suspensão de ações e execuções, nomeação do administrador, arrecadação dos bens do falido, etc. Aqui nos interessa a arrecadação dos bens do falido. Todos os bens que se encontrem na posse do devedor serão arrecadados para a formação da massa. Mesmo aqueles que não pertencem ao devedor serão arrecadados pelo administrador judicial e, uma vez arrecadados, ensejarão o pedido de restituição. (Veja o tópico “Restituição ou embargos de terceiros”.)

Procedimento para a restituição

O pedido deve ser devidamente fundamentado, descrevendo a coisa a ser reclamada. A petição é autuada em separado, sendo intimados o devedor, o administrador judicial e o comitê de credores, se houver, para cada um se manifestar no prazo de cinco dias. Não havendo contestação, o juiz deferirá o pedido, expedindo a ordem de entrega da coisa. Se houver contestação, o juiz marcará audiência de conciliação e julgamento. Sendo desfavorável a restituição, o juiz determinará a inclusão do autor no quadro geral de credores.

Da decisão que julgar o pedido de restituição caberá o recurso de apelação, com efeito devolutivo (art. 90).

Encerramento do processo

Realizado o ativo, pago o passivo e julgadas as contas do administrador, o juiz encerrará por sentença o processo falimentar. Da sentença que encerrar o processo de falência caberá apelação nos termos do CPC.

Extinção e reabilitação do falido

As obrigações do falido extinguem-se nos termos do artigo 158 da LRF. Como regra, a extinção ocorrerá pelo pagamento das obrigações ou pelo decurso do prazo estabelecido no referido artigo. Assim, configurada qualquer das hipóteses aí previstas, o falido poderá requerer em juízo que seja declarada a extinção de suas obrigações. O feito será por meio de um requerimento, o qual será autuado em apartado com os respectivos documentos, em especial pela prova de quitação dos tributos (art. 191), e em seguida publicado no órgão oficial e em jornal de grande circulação.

Os credores que não concordarem com o pedido poderão em 30 dias se opor. Findo esse prazo, o juiz, em cinco dias, proferirá a sentença. Da sentença de extinção das obrigações caberá apelação. Passado o prazo, transitada em julgado, os autos serão apensados aos da falência. Assim, uma vez declaradas extintas suas obrigações, o falido será considerado reabilitado para as práticas da atividade empresarial, podendo, ainda, contratar sociedades ou administrar companhias.

Importante!

A falência é uma execução coletiva proposta pelo credor, ao contrário da recuperação judicial, que é proposta pelo próprio devedor.

Além de, como toda ação inicial, atender aos requisitos dos artigos 282 e 283 do CPC, o pedido de falência deve estar previsto no artigo 94, isto é, a falência será decretada pela impontualidade, pela execução frustrada ou por ato falimentar.

O autor da ação consubstanciada na impontualidade injustificada deve ater-se ao valor de seu crédito, uma vez que a lei exige valor superior a 40 salários mínimos, admitindo-se, nesse caso, para atingir o valor, a reunião de credores.

Nesse tipo de ação, quando o pedido ocorrer em decorrência da impontualidade, o credor deverá protestar seu título e juntar a sua petição o instrumento de protesto, pois se trata de protesto obrigatório, bem como o próprio título.

Se o credor conseguir provar uma dilapidação patrimonial do devedor de forma precipitada, poderá valer-se do processo cautelar e em 30 dias deverá propor a ação de falência.

Modelo

Pedido de falência

EXCELENTÍSSIMO SENHOR DOUTOR JUIZ DE DIREITO DA ____ VARA CÍVEL DA COMARCA DE ____, ESTADO DE ____.

(SE A CIDADE POSSUIR VARA ESPECIALIZADA DE FALÊNCIA E RECUPERAÇÃO, A AÇÃO DEVE SER NELA DISTRIBUÍDA.)

↕ Espaço de 10 linhas

[IDENTIFICAR A PESSOA JURÍDICA, CONFORME EXEMPLO A SEGUIR.] Calca Indústria e Comércio Ltda., devidamente inscrita no CNPJ/MF sob o n.º ____, com sede no Município de ____, na Rua ____, n.º ____, Bairro ____, Estado ____, CEP ____, por seu advogado infra-assinado (procuração anexa), com escritório profissional no Município de ____, na Rua ____, n.º ____, Bairro ____, Estado ____, CEP ____, local onde deseja receber as devidas intimações, conforme artigo 39, I, do CPC, vem, perante Vossa Excelência, propor a presente

AÇÃO DE FALÊNCIA

nos termos do artigo 94, [INDICAR O INCISO CONFORME O CASO.], da Lei 11.101/05 e dos artigos 282 e 283 do CPC, em face de [CONFORME EXEMPLO A SEGUIR.] São Marcos Indústria e Comércio Ltda., devidamente inscrita no CNPJ/MF sob o n.º ____, com sede no Município de ____, na Rua ____, n.º ____, Bairro ____, Estado ____, CEP ____, pelas razões de fato de direito a seguir aduzidas:

1 – Dos fatos

A autora é credora da ré da importância de R$ 60.000,00 (sessenta mil reais), representada por uma duplicata mercantil de n.º 010, devidamente aceita e protestada.

A duplicata diz respeito a uma compra e venda mercantil entre a autora e a ré, conforme nota fiscal n.º 121, anexa, cujas mercadorias foram entregues em 10/5/2011. A referida duplicata venceria em 10/6/2011.

Quando do vencimento do título, a ré não efetuou o pagamento. A autora, por sua vez, em uma tentativa de conciliação amigável, notificou a ré para que ela efetuasse o pagamento ou que justificasse o não pagamento.

Infelizmente, a ré não se manifestou e não honrou sua dívida até a presente data, o que levou a autora a protestar a duplicata e pedir por meio da presente ação sua falência.

2 – Do direito

Como se depreende dos fatos narrados, esgotados o prazo e a possibilidade de cobrança extrajudicial quanto ao recebimento do crédito, não resta alternativa à autora senão propor a presente ação falimentar, nos termos do artigo 94, [INDICAR O INCISO CONFORME O CASO.], da Lei 11.101/05.

Cumpre ressaltar que a importância descrita na duplicata, título embasador da presente ação, é superior a 40 (quarenta) salários mínimos, sendo, ademais, líquida, certa e exigível, conforme documento anexo. A referida duplicata também fora protestada para fins falimentares (documento anexo).

Estando, dessa maneira, em termos sua exordial, protesta a autora pela falência da ré, a qual deverá ficar sujeita a todos os efeitos da lei falimentar, em especial pelo cumprimento das obrigações a ela impostas pela lei.

3 – Do requerimento e do pedido

Isso posto, pede e requer a autora:

I) a citação pessoal da ré, para que no prazo de dez dias conteste ou faça a elisão do pedido falimentar;

II) a procedência do pedido para que seja decretada a falência da ré, bem como esta seja condenada ao pagamento das despesas processuais e verbas de sucumbências, a serem fixadas por este douto juízo, estando sujeita a todos os efeitos da lei falimentar.

4 – Das provas

Provará o alegado por todos os meios de provas admitidos em direito, especialmente por documentos, testemunhas e depoimento pessoal da ré.

Dá-se à causa o valor de R$ 60.000,00 (sessenta mil reais).

Nesses termos,
pede deferimento.

Local, data.

Advogado(a)
OAB

Importante!

Uma vez distribuída a petição inicial, ela será apreciada pelo juiz e, estando em termos, ele determinará a citação da outra parte, ora denominada réu, para contestar as alegações do autor da petição. Portanto, contestação consiste em uma peça processual ou em um instrumento pelo qual o réu contradiz tudo aquilo que foi alegado pelo autor da ação em sua petição inicial. É, ainda, o momento oportuno para o réu produzir ou requerer a produção de provas.

Em se tratando de contestação em falência, o réu deverá ater-se às matérias de defesa dos artigos 95 e 96 da LRF.

Em se tratando de falência, uma vez citado o devedor, ele terá, de acordo com o artigo 98 da LRF, o prazo de dez dias para apresentar sua contestação, atendo-se às matérias de defesa dos artigos 95 e 96. Nessa oportunidade, ele poderá efetuar o depósito elisivo da importância reclamada na inicial. Efetuado o depósito, a falência não poderá ser decretada, convertendo-se em uma simples ação de execução.

No bojo da contestação, o devedor poderá apresentar pedido de recuperação judicial, desde que realizado dentro do prazo de dez dias.

A falência requerida com base na impontualidade injustificada (art. 94, I) não será decretada se o devedor fizer prova das matérias de defesa previstas no artigo 96 da LRF, artigo para o qual chamo a atenção.

Por fim, sem prejuízo dos citados artigos da LRF, não se podem perder de vista os artigos 282 e 283 do CPC.

Modelo

Contestação de pedido de falência

EXCELENTÍSSIMO SENHOR DOUTOR JUIZ DE DIREITO DA ____ VARA CÍVEL DA COMARCA DE ____, ESTADO DE ____.

(Se a cidade possuir Vara Especializada de Falência e Recuperação, a ação deve ser nela distribuída.)

↕ Espaço de 5 linhas

Processo n.º ____

↕ Espaço de 5 linhas

"A", já qualificada nos autos do processo de falência em epígrafe, por seu advogado infra-assinado (procuração anexa), com escritório profissional no Município de ____, na Rua ____, n.º ____, Bairro ____, Estado ____, CEP ____, local onde deseja receber as devidas intimações, conforme artigo 39, I, do CPC, vem, perante Vossa Excelência, propor a presente

CONTESTAÇÃO AO PEDIDO DE FALÊNCIA

com base nos artigos 96 e 98 da Lei 11.101/05 e nos artigos 282, 283 e seguintes do CPC, em face de [Conforme exemplo a seguir.] Alfa Indústria e Comércio de Roupas Ltda., devidamente inscrita no CNPJ/MF sob o n.º ____, com sede no Município de ____, na Rua ____, n.º ____, Bairro ____, Estado ____, CEP ____, pelas razões de fato de direito a seguir aduzidas:

1 – Dos fatos

Conforme se depreende do processo em epígrafe, a ré teve contra si o pedido de falência consubstanciado em uma nota promissória, no valor de R$ 23.000,00 (vinte e três mil reais), vencida, não paga e protestada.

2 – Do direito

Em que pese o pedido da autora, razão não lhe assiste, senão vejamos:

Em primeiro lugar, insta salientar que a ré junta aos autos do processo o comprovante do depósito elisivo, no total da suposta dívida, acrescido de correção monetária, juros e honorários advocatícios, nos termos do artigo 98 da LRF.

Como é do conhecimento de Vossa Excelência, uma vez efetuado o referido depósito, a falência da ré não poderá ser decretada, conforme parágrafo único do artigo 98 da LRF:

> *Nos pedidos baseados nos incisos I e II do* caput *do artigo 94 desta lei, o devedor poderá, no prazo da contestação, depositar o valor correspondente ao total do crédito, acrescido de correção monetária, juros e honorários advocatícios, hipótese em que a falência não será decretada e, caso julgado procedente o pedido de falência, o juiz ordenará o levantamento do valor pelo autor. [grifo nosso]*

A autora alega que é credora da importância de R$ 23.000,00 (vinte e três mil reais), vencida, não paga e protestada. No entanto, douto julgador, a autora deixou de mencionar o vencimento da referida nota promissória. Isso se deveu ao fato de que a mesma vencera em 10/2/1999, ou seja, há mais de dez anos, conforme se pode constatar da simples leitura do título.

A nota promissória é um título de crédito regulado pela lei uniforme 57.663/66, que prevê o prazo para sua cobrança de 3 (três) anos, a contar de seu vencimento, sob pena de prescrição.

Ao analisar a nota promissória, objeto do pedido de falência, podemos concluir, ínclito julgador, que ela se encontra mais do que prescrita, o que inviabiliza sua execução e a descaracteriza como título executivo extrajudicial. Portanto, ante a ausência de exigibilidade e força executiva, a presente ação movida pela autora deverá ser julgada improcedente, nos termos do artigo 96, II, da LRF.

3 – Do requerimento e do pedido

Isso posto, pede e requer:

I) que sejam julgados improcedentes os pedidos formulados pela autora em sede de sua ação de falência;

II) a condenação da autora nas despesas processuais e nas verbas de sucumbências, a serem fixadas por este douto juízo.

4 – Das provas

Provará o alegado por todos os meios de provas admitidos em direito, especialmente por documentos, testemunhas e depoimento pessoal da ré.

Nesses termos,
pede deferimento.

Local, data.

Advogado(a)
OAB

Importante!

De acordo com o artigo 105 da LRF, o devedor em crise econômico-financeira que julgue não atender aos requisitos para pleitear sua recuperação judicial deverá requerer ao juízo sua falência, expondo as razões da impossibilidade de prosseguimento da atividade empresarial, juntando a sua petição a relação de documentos exigidos no referido artigo.

Trata-se de uma petição inicial bastante simples e deve atender, além dos requisitos do artigo 105 da LRF, aos dos artigos 282 e 283 do CPC.

Modelo

Autofalência

EXCELENTÍSSIMO SENHOR DOUTOR JUIZ DE DIREITO DA ____ VARA CÍVEL DA COMARCA DE ____, ESTADO DE ____.

(Se a cidade possuir Vara Especializada de Falência e Recuperação, a ação deve ser nela distribuída.)

↕ Espaço de 10 linhas

[Identificar a pessoa jurídica, conforme exemplo a seguir.] Calca Indústria e Comércio Ltda., devidamente inscrita no CNPJ/MF sob o n.º ____, com sede no Município de ____, na Rua ____, n.º ____, Bairro ____, Estado ____, CEP ____, por seu advogado infra-assinado (procuração anexa), com escritório profissional no Município de ____, na Rua ____, n.º ____, Bairro ____, Estado ____, CEP ____, local onde deseja receber as devidas intimações, conforme artigo 39, I, do CPC, vem, perante Vossa Excelência, propor a presente

AÇÃO DE AUTOFALÊNCIA

nos termos dos artigos 94, [Indicar o inciso conforme o caso.], e 105 da Lei 11.101/05 e dos artigos 282 e 283 do CPC, pelas razões de fato de direito a seguir aduzidas:

1 – Dos fatos

A autora é uma empresa devidamente constituída e há mais de cinco anos vem recorrendo a empréstimos bancários e efetuando compra a prazo com seus fornecedores.

Em razão desses fatos, a autora encontra-se insolvente, não conseguindo honrar seus compromissos, pois foi afetada pela crise internacional do mercado imobiliário. Portanto, seus funcionários, fornecedores, bancos e demais credores encontram-se em aberto.

2 – Do direito

Conforme se depreende dos fatos e dos documentos ora juntados, a autora é devedora da importância de R$ 25.000.000,00 (vinte e cinco milhões de reais) a bancos, fornecedores, terceiros e funcionários.

Em razão da crise e após ouvir especialistas no assunto, a autora chegou à conclusão de que sua viabilidade empresarial deixou de existir há mais de 1 (um) ano e que seu funcionamento só aumentará seu passivo.

Infelizmente, reconhece a autora que, ante a ausência de viabilidade empresarial, nem mesmo a recuperação judicial teria o condão de evitar sua falência.

Sendo assim, antes que algum credor peça sua falência, a autora vale-se do artigo 105 da LRF para requerer sua autofalência, juntando, para tanto, todos os documentos exigidos pela referida lei, em especial:

a) procuração com poderes especiais;
b) contrato social;
c) balanço patrimonial;
d) demonstração de resultado;
e) fluxo de caixa;
f) relação nominal dos credores;
g) relação dos ativos;
h) livros obrigatórios e documentos contábeis;
i) relação dos administradores nos últimos cinco anos.

3 – Do requerimento e do pedido

Isso posto, pede a autora a procedência do pedido desta exordial para que seja decretada sua falência e que se produzam todos os efeitos da lei falimentar.

4 – Das provas

Provará o alegado por todos os meios de provas admitidos em direito.

Dá-se à causa o valor de R$ 25.000.000,00 (vinte e cinco milhões de reais).

Nesses termos,
pede deferimento.

Local, data.

Advogado(a)
OAB

Importante!

Com fundamento no artigo 132 da LRF, a ação revocatória consiste em uma ação inicial proposta nos autos do processo de falência para reaver bens transferidos a terceiros. Tem legitimidade para propô-la o administrador judicial, qualquer credor ou até mesmo o representante do Ministério Público, no prazo de três anos, contados da decretação da falência.

São sujeitos passivos da presente ação (art. 133):

a) todos os que figuraram no ato ou que por efeito dele foram pagos, garantidos ou beneficiados;
b) os terceiros adquirentes, se tiveram conhecimento, ao se criar o direito, da intenção do devedor de prejudicar os credores;
c) os herdeiros ou legatários das pessoas acima indicadas.

Sua propositura se dará perante o juízo falimentar e seguirá o rito ordinário previsto no CPC. Reconhecida a ineficácia do ato por meio da ação revocatória, as partes retornarão ao estado anterior, e o contratante de boa-fé terá direito à restituição dos bens ou valores entregues ao devedor.

Por fim, a ação revocatória poderá ordenar medida preventiva nos termos do CPC (cautelares), conforme artigos 136 a 138 da LRF.

Modelo

Ação revocatória

EXCELENTÍSSIMO SENHOR DOUTOR JUIZ DE DIREITO DA ____ VARA CÍVEL DA COMARCA DE ____, ESTADO DE ____.

(Se a cidade possuir Vara Especializada de Falência e Recuperação, a ação deve ser nela distribuída.)

↕ Espaço de 5 linhas

Distribuído por dependência – processo n.º ____

↕ Espaço de 5 linhas

[Identificar a pessoa jurídica, conforme exemplo a seguir.] Calca Indústria e Comércio Ltda., devidamente inscrita no CNPJ/MF sob o n.º ____, com sede no Município de ____, na Rua ____, n.º ____, Bairro ____, Estado ____, CEP ____, por seu advogado infra-assinado (procuração anexa), com escritório profissional no Município de ____, na Rua ____, n.º ____, Bairro ____, Estado ____, CEP ____, local onde deseja receber as devidas intimações, conforme artigo 39, I, do CPC, vem, perante Vossa Excelência, propor a presente

AÇÃO REVOCATÓRIA

nos termos dos artigos 132 e seguintes da Lei 11.101/05 e dos artigos 282 e 283 do CPC, em face de [CONFORME EXEMPLO A SEGUIR.] São Joaquim Comercial Ltda., devidamente inscrita no CNPJ/MF sob o n.º ____, com sede no Município de ____, na Rua ____, n.º ____, Bairro ____, Estado ____, CEP ____, pelas razões de fato de direito a seguir aduzidas:

1 – Dos fatos

A autora é credora da empresa Gama Comercial Ltda., cuja falência foi decretada em 10/5/2011, nos termos do processo em epígrafe.

A referida empresa, sabendo que sua falência era inevitável, resolveu em conluio com a ré simular a compra e venda de uma máquina com o intuito de fraudar seus credores, resultando na transferência da propriedade da referida máquina para a ré.

Segundo o contrato de compra e venda da máquina, objeto da presente ação, o valor da transação foi de R$ 150.000,00 (cento e cinquenta mil reais).

No entanto, quando da apresentação das contas bancárias pela empresa, não foi localizado nenhum crédito pela ré a seu favor, conforme extratos bancários anexos ao processo de falência, ora juntados à presente.

2 – Do direito

Como se depreende dos fatos narrados nesta petição, a ré não conseguiu comprovar que realmente pagou a importância de R$ 150.000,00 (cento e cinquenta mil reais) à empresa falida. Houve, portanto, uma fraude praticada pela ré e pela empresa falida com o intuito de fraudar credores.

Assim sendo, diz o artigo 130 da Lei 11.101/05 que, se ocorrer fraude na alienação de bens com o intuito de fraudar credor, poderá qualquer credor, ou o administrador judicial, ou até mesmo o representante do Ministério Público propor ação revocatória para reaver o referido bem transferido a terceiro, o que é o caso em questão.

A fraude ora alegada pela autora fica mais evidente, ainda, d. juiz, pelo simples fato de que no quadro societário da ré figura o sr. Alberto de Alcântara, sócio da empresa falida, conforme contrato social anexo.

Isso significa dizer que o sr. Alberto de Alcântara, por meio de sua empresa, efetuou suposta venda para outra empresa de sua propriedade, sem que a mesma efetuasse qualquer pagamento, senão aquele fictício, descrito no contrato de compra e venda.

Diante de tais argumentos, resta comprovada a ineficácia subjetiva praticada pela empresa falida em conluio com a ré, devendo, nesse caso, por força do artigo 136 da LRF, a máquina, objeto da presente ação, ser restituída à massa falida para composição do ativo da empresa falida, a qual será utilizada para pagamento dos credores descritos no quadro geral de credores.

3 – Do requerimento e do pedido

Isso posto, pede e requer a autora:

I) a citação pessoal da ré, para que conteste no prazo legal;

II) a procedência do pedido para que seja decretada a referida fraude entre a empresa falida e a ré com a consequente revogação do ato de transferência do bem, no caso da máquina, de modo que retorne à massa falida, bem como a condenação nas despesas processuais e verbas de sucumbências, a serem fixadas por este douto juízo;

III) que seja ouvido o representante do Ministério Público.

4 – Das provas

Provará o alegado por todos os meios de provas admitidos em direito, especialmente por documentos, testemunhas e depoimento pessoal da ré.

Dá-se à causa o valor de R$ 150.000,00 (cento e cinquenta mil reais).

Nesses termos,
pede deferimento.

Local, data.

Advogado(a)
OAB

Importante!

Previsto nos artigos 85 a 93 da LRF, o pedido de restituição de bens ocorre quando, em razão da falência, um bem que não pertence ao falido, mas estava em sua posse, foi arrecadado pelo administrador judicial. Quando não for possível restituir a coisa, ela será substituída por dinheiro, nos termos do artigo 86 da LRF.

O pedido de restituição deverá ser fundamentado e descreverá a coisa a ser restituída.

Reconhecido o direito do requerente, o juiz determinará a entrega da coisa em 48 horas. Não havendo contestação da massa falida, ela não será condenada aos honorários advocatícios do requerente.

Por fim, o pedido de restituição de bens suspende a disponibilidade da coisa até o trânsito em julgado da ação.

Trata-se de uma ação inicial, que, conforme já comentado, deverá seguir os procedimentos previstos nos artigos 85 a 93 da LRF, além de atender aos requisitos dos artigos 282 e 283 do CPC.

A LRF, em seu artigo 93, faz menção aos embargos de terceiros. Estes somente terão cabimento quando estiver em jogo apenas a posse do bem ou da coisa.

Modelo

Pedido de restituição de bens

EXCELENTÍSSIMO SENHOR DOUTOR JUIZ DE DIREITO DA ____ VARA CÍVEL DA COMARCA DE ____, ESTADO DE ____.

(Se a cidade possuir Vara Especializada de Falência e Recuperação, a ação deve ser nela distribuída.)

⇕ Espaço de 5 linhas

Processo de falência n.º ____

⇕ Espaço de 5 linhas

[Identificar a pessoa jurídica, conforme exemplo a seguir.] Calca Indústria e Comércio Ltda., devidamente inscrita no CNPJ/MF sob o n.º ____, com sede no Município de ____, na Rua ____, n.º ____, Bairro ____, Estado ____, CEP ____, por seu advogado infra-assinado (procuração anexa), com escritório profissional no Município de ____, na Rua ____, n.º ____, Bairro ____, Estado ____, CEP ____, local onde deseja receber as devidas intimações, conforme artigo 39, I, do CPC, vem, perante Vossa Excelência, propor a presente

AÇÃO DE PEDIDO DE RESTITUIÇÃO DE BENS

nos termos dos artigos 85 e seguintes da Lei de Falências e dos artigos 282 e 283 do CPC, em face de [CONFORME EXEMPLO A SEGUIR.] São Marcos Indústria e Comércio Ltda., devidamente inscrita no CNPJ/MF sob o n.º ____, com sede no Município de ____, na Rua ____, n.º ____, Bairro ____, Estado ____, CEP ____, pelas razões de fato de direito a seguir aduzidas:

1 – Dos fatos

Em 2009, a autora firmou com a ré um contrato de financiamento de uma máquina no valor de R$ 100.000,00 (cem mil reais), a ser pago em 10 (dez) parcelas, no valor de R$ 10.000,00 (dez mil reais) cada uma, cujo primeiro vencimento ocorreu em 10/1/2009, conforme contrato de financiamento anexo.

Como garantia de pagamento da importância, a ré deu à autora a propriedade da referida máquina, constituindo, dessa maneira, uma alienação fiduciária, nos termos da legislação vigente.

O objeto do contrato, isto é, a máquina, é identificada pela série 123.457 e pelo número de fabricação 189.0968.6378, nos termos da nota fiscal de n.º 010.100.

Infelizmente, em 2010, a ré teve sua falência decretada, conforme processo em epígrafe, o que levou à arrecadação da respectiva máquina pelo administrador judicial, o qual entendeu que ela pertencia à ré, mesmo diante das explicações dadas pela autora.

2 – Do direito

Como se depreende dos fatos narrados, em razão do processo falimentar, o administrador judicial arrecadou a máquina, ora identificada nos fatos, por entender que pertencia à empresa falida.

A autora, no entanto, juntou todos os documentos comprovando a relação creditícia entre elas e que, em razão disso, é a verdadeira proprietária da máquina.

No entanto, as alegações da autora não surtiram nenhum efeito. O administrador judicial entendeu que a propriedade da máquina é da empresa falida, negando, portanto, a restituição do bem.

Sendo assim, não resta alternativa à autora senão valer-se da presente ação de pedido de restituição de bens para reaver a propriedade da máquina, objeto do contrato de alienação fiduciária, documento anexo, nos termos do artigo 85 da LRF.

Assim, nobre julgador, nos termos dos artigos 85 e 87 da LRF, a referida máquina deve ser restituída a sua verdadeira proprietária, isto é, a autora, uma vez que resta comprovada nos autos sua propriedade, no prazo de 48 (quarenta e oito) horas, nos termos do parágrafo único do artigo 88 da LRF.

3 – Do requerimento e do pedido

Isso posto, pede e requer a autora:

I) a citação pessoal da ré, para que no prazo de 5 (cinco) dias se manifeste, valendo como contestação a manifestação contrária à restituição;

II) a procedência do pedido para que seja restituída à autora a coisa, isto é, a máquina, objeto da presente ação, identificada pela nota fiscal, juntada aos autos, no prazo de 48 (quarenta e oito) horas;

III) a condenação da massa falida ao pagamento das despesas processuais e verbas de sucumbências, a serem fixadas por este douto juízo, caso haja contestação de sua parte.

4 – Das provas

Provará o alegado por todos os meios de provas admitidos em direito, especialmente por documentos, testemunhas e depoimento pessoal da ré.

Dá-se à causa o valor de R$ 100.000,00 (cem mil reais).

Nesses termos,
pede deferimento.

Local, data.

Advogado(a)
OAB

Recuperação extrajudicial

O devedor que preencher os requisitos da lei poderá propor e negociar com credores o plano de recuperação extrajudicial (art. 161, LRF).

Afirma o professor Fábio Ulhoa Coelho (*Comentários à nova Lei de Falências e de Recuperação de Empresas*, p. 394):

> *Para simplesmente procurar seus credores e tentar encontrar, em conjunto com eles, uma saída negociada para a crise, o empresário ou sociedade empresária não precisa atender a nenhum dos requisitos da lei para a recuperação extrajudicial. Estando todos os envolvidos de acordo, assinam os instrumentos de novação ou renegociação e assumem, por livre manifestação da vontade, obrigações cujo cumprimento se espera proporcione o reerguimento do devedor.*

Assim, quando a lei dispõe sobre certos requisitos, ela está referindo-se ao devedor que pretende levar o acordo à homologação judicial.

Não obstante, comentei que a atual Lei de Falências contempla em seu âmbito de incidência apenas o empresário e a sociedade empresária, e estou convencido de que a sociedade simples poderá, por analogia, procurar seus credores e negociar seus créditos em uma tentativa de superar sua crise financeira, formalizando tal negociação por meio de um acordo. No entanto, não poderá ela denominá-lo de recuperação extrajudicial, tampouco homologar o referido acordo no Judiciário, nos moldes da LRF.

Requisitos

Para requerer a homologação do acordo de recuperação extrajudicial, o devedor (empresário ou sociedade empresária) devem preencher os seguintes requisitos:

a) exercer sua atividade de forma regular há pelo menos dois anos;
b) não ser falido e, se o foi, estarem extintas suas obrigações, por sentença transitada em julgado;
c) não ter sido condenado, assim como seu administrador ou controlador, por crime falimentar;
d) não ter nenhum pedido de recuperação judicial;
e) não ter obtido recuperação judicial ou extrajudicial há menos de dois anos.

Ainda segundo Fábio Ulhoa Coelho (*op. cit.*, p. 395), para a concessão da homologação do plano de recuperação extrajudicial, o devedor deverá atender, além dos requisitos mencionados, a outros de ordem objetiva:

a) não pode ser previsto o pagamento antecipado de nenhuma dívida (art. 161, § 2.º, primeira parte);
b) todos os credores sujeitos ao plano devem receber tratamento paritário, vedado o favorecimento de alguns ou o desfavorecimento apenas de parte deles (art. 161, § 2.º, segunda parte);
c) não pode abranger senão os créditos constituídos até a data do pedido de homologação (art. 163, § 1.º, *in fine*);
d) só pode contemplar a alienação de bem gravado ou a supressão ou substituição de garantia real se com a medida concordar expressamente o credor garantido (hipotecário, pignoratício, etc.) (art. 163, § 4.º);

e) não pode estabelecer o afastamento da variação cambial nos créditos em moeda estrangeira sem contar com a anuência expressa do respectivo credor (art. 163, § 5.º).

É importante ressaltar que, após a distribuição do pedido de homologação, os credores que aderiram ao plano não podem mais desistir da adesão, salvo com a anuência dos demais signatários.

Credores não atingidos pela recuperação extrajudicial

Não serão atingidos pelo plano de recuperação extrajudicial:

a) credores trabalhistas;
b) credores tributários;
c) credores titulares de posição de proprietário fiduciário de bens móveis ou imóveis, de arrendador mercantil, de proprietários ou promitentes vendedores de imóveis cujos respectivos contratos contenham cláusula de irrevogabilidade ou irretratabilidade e de proprietário em contrato de venda com reserva de domínio;
d) credores decorrentes de adiantamento de contrato de câmbio para exportação.

Processamento do pedido de homologação

De acordo com a lei, a homologação pode ser facultativa ou obrigatória. Ambas seguirão o rito disposto no artigo 164 da LRF. Isto é, recebido o pedido de homologação do plano de recuperação extrajudicial previsto nos artigos 162 e 163, o juiz ordenará a publicação do edital no órgão oficial e em jornal de grande circulação, convocando todos os credores para apresentar suas impugnações. O prazo para impugnação será de 30 dias, contados da publicação do referido edital. Apresentadas as impugnações, o juiz abrirá o prazo de cinco dias para o devedor manifestar-se. Decorrido o prazo, os autos serão conclusos para o juiz homologar ou não o plano de recuperação, prolatando sua sentença. Da sentença caberá recurso de apelação sem efeito suspensivo (art. 164, § 7.º).

Efeitos da homologação

O plano de recuperação produz efeitos após sua homologação judicial, podendo, contudo, produzir efeitos anteriores a ela, desde que se refira exclusivamente à modificação do valor ou da forma de pagamento dos credores signatários (art. 165). Rejeitado o plano pelo juiz, devolve-se aos credores signatários o direito de exigir seus créditos nas condições originais, deduzidos os valores efetivamente realizados.

Importante!

Diferentemente da recuperação judicial, a recuperação extrajudicial consiste em um mero acordo de credores, cuja homologação poderá ser obrigatória ou facultativa.

Somente será obrigatória a homologação do acordo perante o Poder Judiciário se o devedor empresário não conseguir unanimidade de aprovação do referido acordo por seus credores.

Nesse caso, para que o acordo possa produzir efeitos em relação a todos os credores sujeitos, deverá o devedor homologá-lo na Justiça, hipótese em que deverá atender aos requisitos previstos no artigo 163 da LRF.

Por tratar-se de mero acordo, não existe um modelo exato, mas para nós tal procedimento consiste em uma petição simples, a qual deve atender, além dos requisitos do artigo 163 da LRF, aos dos artigos 282 e 283 do CPC.

Modelo

Pedido de recuperação extrajudicial

EXCELENTÍSSIMO SENHOR DOUTOR JUIZ DE DIREITO DA ____ VARA CÍVEL DA COMARCA DE ____, ESTADO DE ____.

(Se a cidade possuir Vara Especializada de Falência e Recuperação, a ação deve ser nela distribuída.)

↕ Espaço de 10 linhas

[Identificar a pessoa jurídica, conforme exemplo a seguir.] Gama Filho Indústria e Comércio Ltda., devidamente inscrita no CNPJ/MF sob o n.º ____, com sede no Município de ____, na Rua ____, n.º ____, Bairro ____, Estado ____, CEP ____, por seu advogado infra-assinado (procuração anexa), com escritório profissional no Município de ____, na Rua ____, n.º ____, Bairro ____, Estado ____, CEP ____, local onde deseja receber as devidas intimações, conforme artigo 39, I, do CPC, vem, perante Vossa Excelência, requerer a

HOMOLOGAÇÃO DO ACORDO DE RECUPERAÇÃO EXTRAJUDICIAL

conforme artigos 161 e seguintes da Lei 11.101/05 e artigos 282 e 283 do CPC, pelas razões de fato de direito a seguir aduzidas:

1 – Dos fatos

A autora é uma sociedade empresária devidamente constituída e nos últimos anos vem adquirindo equipamentos mais modernos e eficientes para sua empresa.

Em decorrência da crise mundial, a autora começou a atravessar forte crise financeira, temendo, dessa maneira, o processo falimentar, uma vez que não vem honrando seus créditos.

Em maio deste ano, a autora reuniu-se com seus credores e firmou o presente acordo, comprometendo-se a pagar seus credores no prazo máximo de 2 (dois) anos. O valor definido ficou em R$ 12.000.000,00 (doze milhões de reais), pagos em 6 (seis) parcelas de R$ 2.000.000,00 (dois milhões de reais) cada uma, cuja primeira vencerá em 10/5/2012, conforme acordo anexo.

Segundo o referido acordo, cada credor receberá a importância de R$ 150.000,00 (cento e cinquenta mil reais), de acordo com vencimento de cada parcela.

Infelizmente, a autora não conseguiu 100% (cem por cento) de adesão dos credores ao acordo, mas, conforme se vê pela assinatura do mesmo, atingiu o mínimo necessário para requerer sua homologação.

2 – Do direito

Conforme se depreende dos fatos narrados na presente, a autora firmou um acordo com seus credores e pretende homologá-lo na Justiça.

Conforme faz prova nos autos, a autora preenche todos os requisitos do artigo 48 da Lei 11.101/05, documentos anexos. Preenche, ademais, os requisitos do artigo 163 da LRF, em especial naquilo que diz respeito ao número mínimo de credores, isto é, a exigência de pelo menos 3/5 dos credores em cada espécie para ter direito à homologação, conforme assinatura dos credores no acordo anexo, com base na relação total de credores, elaborada pela autora, anexa.

Dessa maneira, assiste à autora o direito assegurado pela Lei de Recuperação e Falências quanto à homologação do acordo firmado em sede de recuperação extrajudicial, uma vez que não se apresentam os impedimentos previstos no artigo 161 do mesmo diploma legal.

3 – Do requerimento e do pedido

Isso posto, pede e requer a autora:

I) a procedência do pedido para que Vossa Excelência homologue o plano de recuperação firmado entre os credores com a formação do título executivo judicial;

II) a extensão dos efeitos da homologação a todos os seus credores sujeitos a recuperação extrajudicial, mesmo aqueles que não aderiram ao referido acordo, nos termos do artigo 163 da LRF;

III) a publicação do edital no órgão oficial e em jornal de grande circulação nacional, convocando os credores para apresentação de eventuais impugnações, nos termos do artigo 164 da LRF.

Dá-se à causa o valor de R$ 12.000.000,00 (doze milhões de reais).

Nesses termos,
pede deferimento.

Local, data.

Advogado(a)
OAB

PARTE II
Recursos

Recurso é o instrumento processual que se destina a impugnar uma decisão judicial, ou seja, que visa a atacar uma sentença, uma decisão interlocutória ou mesmo um acórdão.

Para Nelson Luiz Pinto (*Manual dos recursos cíveis*, p. 27):

> *Recurso é uma espécie de remédio processual que a lei coloca à disposição das partes para impugnação de decisões judiciais, dentro do mesmo processo, com vistas à sua reforma, invalidação, esclarecimento ou integração, bem como para impedir que a decisão impugnada se torne preclusa ou transite em julgado.*

O artigo 162 do CPC diz que os atos do juiz consistirão em sentenças, decisões interlocutórias e despachos. Sentença é o ato do juiz que implica alguma das situações previstas nos artigos 267 e 269 do CPC; decisão interlocutória constitui o ato pelo qual o juiz, no curso do processo, resolve uma questão incidente; e despachos são todos os demais atos do juiz praticados no processo, de ofício ou a requerimento da parte, cujo respeito à lei não estabelece outra forma. Importante ressaltar que, embora o CPC faça menção a "atos", trata-se, na verdade, de "pronunciamentos".

Os despachos do juiz não possuem cunho decisório e, portanto, não são passíveis de recurso, conforme artigo 504 do CPC.

Com relação às decisões proferidas pelos tribunais, o CPC, em seu artigo 163, prefere denominá-las de acórdãos.

Geralmente, as sentenças que julgam ou não o mérito são atacadas pelo recurso de apelação, salvo situações específicas, em que terá cabimento outro recurso. As decisões interlocutórias, por sua vez, são, em regra, recorríveis pelo recurso de agravo retido ou por instrumento. E, finalmente, os acórdãos podem ser atacados por embargos infringentes, recurso especial, recurso extraordinário, recurso ordinário e embargos de declaração.

Objetivos

Os recursos têm por objetivos:

a) reformar a decisão atacada – nessa hipótese, o julgamento do recurso substituirá a sentença ou a decisão recorrida no que tiver sido objeto do recurso (art. 512, CPC);
b) invalidar ou anular a decisão atacada – tem por finalidade fazer com que o órgão que a expediu ou prolatou profira nova decisão, quando possível sanando os vícios que ensejaram sua anulação;
c) esclarecer a decisão atacada – ou seja, sanar as obscuridades, omissões e contradições.

Juízo de admissibilidade

A regra geral diz que o juízo de admissibilidade será exercido pelo juízo *a quo* e pelo *ad quem*, e o juízo de mérito, uma única vez pelo juízo *ad quem*.

Entretanto, ao estudar o Código de Processo Civil, pode-se perceber que ele tende a transferir a análise do juízo de mérito ao juízo *a quo*, como é o caso da hipótese prevista em seu artigo 296, que faz menção ao juízo de retratação em sede de apelação. Outro exemplo encontra-se no § 1.º do artigo 518, que diz que o juiz não receberá o recurso de apelação quando a sentença estiver em conformidade com súmula do Superior Tribunal de Justiça ou do Supremo Tribunal Federal.

De outro lado, dispõe o artigo 557 do CPC:

> *O relator negará seguimento a recurso manifestamente inadmissível, improcedente, prejudicado ou em confronto com súmula ou com jurisprudência dominante do respectivo tribunal, do Supremo Tribunal Federal, ou de Tribunal Superior.*
> *§ 1.º-A – Se a decisão recorrida estiver em manifesto confronto com súmula ou jurisprudência dominante do Supremo Tribunal Federal, ou de Tribunal Superior, o relator poderá dar provimento ao recurso.*

Entretanto, para que tal recurso possa ser manejado, alguns pressupostos deverão ser observados, ainda que nem todos sejam exigíveis para todas as modalidades de recurso.

Doutrinariamente, os referidos pressupostos são classificados como **intrínsecos** e **extrínsecos**. Como pressupostos intrínsecos, existem o cabimento, a legitimidade, o interesse e a inexistência de fato extintivo ou impeditivo do direito de recorrer, e como extrínsecos, a tempestividade, a regularidade formal e o preparo.

Acompanhe uma breve descrição das características de cada um dos requisitos processuais:

Cabimento – O operador do direito deverá valer-se do artigo 496 do CPC para saber qual o melhor recurso que atende sua pretensão, isto é, deve haver uma adequação entre a decisão que vai ser atacada e o recurso escolhido. Não se pode perder de vista que para cada espécie de decisão judicial o CPC prevê uma modalidade de recurso; em geral, só é admitido um único recurso contra uma decisão. Claro que se trata de regra; eventualmente, um acórdão proferido pelo tribunal poderá ser objeto, ao mesmo tempo, de um recurso especial e de um recurso extraordinário, por exemplo.

Legitimidade – A legitimidade para recorrer decorre da sucumbência, ou seja, será legitimado para recorrer aquele que for parte vencida no processo. Nessa esteira, preceitua o artigo 499 do CPC: "O recurso pode ser interposto pela parte vencida, pelo terceiro prejudicado e pelo Ministério Público".

Interesse – Como bem ressalta a doutrina especializada, o interesse de recorrer está ligado à própria legitimidade (sucumbência). Assim, tem interesse para recorrer aquele que sofrerá um gravame em decorrência de uma decisão judicial.

Fatos extintivos ou impeditivos do direito de recorrer, também conhecidos como **pressupostos negativos** – Os fatos extintivos são aqueles que fazem desaparecer o próprio objeto do litígio ou que implicam renúncia ao direito de recorrer ou, ainda, desistência do recurso. Os fatos impeditivos, por seu turno, são os que se consubstanciam, em geral, na prática de atos incompatíveis com o direito de recorrer.

Tempestividade – Representa a exigência de que o recurso seja interposto dentro do prazo determinado pela lei processual civil, sob pena de preclusão. Referido prazo é contado da ciência do advogado, da leitura da sentença em audiência, da intimação das partes, quando a sentença não for proferida em audiência, ou da publicação do dispositivo do acórdão no órgão oficial.

Para fins da fluência do prazo, exclui-se o dia do começo e se inclui o dia do fim. Na apelação, nos embargos infringentes, no recurso ordinário, no recurso especial, no recurso extraordinário e nos embargos de divergência o prazo para interpor e responder será de 15 dias. Tratando-se de agravo, o prazo é de dez dias, enquanto os embargos de declaração devem ser opostos no prazo de cinco dias.

Regularidade formal – O recurso a ser interposto deve observar as regras formais de interposição, isto é, as regras exigidas pelo Código de Processo Civil para cada tipo de recurso. Ao analisar o código, pode-se perceber que para algumas modalidades recursais há requisitos específicos quanto à regularidade formal, como no caso do agravo por instrumento, cuja petição será instruída obrigatoriamente com cópias da decisão agravada, da certidão da respectiva intimação e das procurações outorgadas aos advogados do agravante e do agravado (art. 525). Assim, é muito importante que o recorrente verifique a regularidade formal de cada recurso, segundo a sistemática adotada pelo CPC.

Preparo – Implica a possibilidade do desenvolvimento válido do processo em sua fase recursal. Para tanto, impõe o artigo 511 do CPC que já no ato da interposição do recurso o recorrente deverá comprovar, quando exigido pela legislação pertinente, o respectivo preparo, até mesmo no que toca ao porte de remessa e de retorno, sob pena de deserção. No mesmo sentido, estabelece que, se o valor do preparo for insuficiente, o recorrente será intimado para supri-lo no prazo de cinco dias. O dispositivo determina, ainda, que são dispensados de preparo os recursos interpostos pelo Ministério Público, pela União, pelos Estados e Municípios e respectivas autarquias e, também, pelos que gozam de isenção legal, a exemplo do curador de réu revel.

Princípios norteadores do sistema recursal

Os princípios norteadores do sistema recursal podem decorrer do Código de Processo Civil ou da norma superior, vale dizer, da Constituição Federal.

Segundo a doutrina, princípios são valores impregnados na norma e como tais representam o alicerce do direito. Ora apresentam-se de forma explícita, ora implícita e muitas vezes não escrita, o que dificulta um consenso entre os especialistas. Desse modo, quando se estudam os princípios recursais, é possível perceber que há uma variação de autor para autor no que se refere à quantidade de princípios ou até mesmo à nomenclatura empregada, assim como também existe um consenso entre os princípios essenciais.

Princípio do duplo grau de jurisdição

O princípio do duplo grau de jurisdição decorre da previsão contida no artigo 5.º da Constituição Federal, inciso LV, que preceitua:

> *aos litigantes, em processo judicial ou administrativo, e aos acusados em geral são assegurados o contraditório e a ampla defesa, com os meios e recursos a ela inerentes.*

Da leitura desse artigo, pode-se vislumbrar que a Constituição Federal do Brasil garante a todos a interposição de recurso como garantia à ampla defesa, o que, na verdade, instaura duplo grau de jurisdição.

Princípio da taxatividade

Por esse princípio, deve-se entender que só existem recursos que a lei prevê. É correto dizer, portanto, que o CPC elencou de forma taxativa o rol dos recursos em seu artigo 496. São eles:

a) apelação;
b) agravo;
c) embargos infringentes;
d) embargos de declaração;
e) recurso ordinário;
f) recurso especial;
g) recurso extraordinário.
h) embargos de divergência em recurso especial e recurso extraordinário.

É oportuno citar a competência do CPC ao elencar os recursos de forma taxativa, mas o artigo 22, I, da Constituição Federal é claro ao dizer que somente a União é detentora do poder de legislar sobre processo civil, isto é, qualquer lei federal e não apenas o CPC pode criar recursos, a exemplo da Lei de Execução Fiscal, dos Juizados Especiais, etc.

Princípio da singularidade ou unicidade

Contra cada tipo de decisão judicial só cabe uma modalidade recursal.

Princípio da fungibilidade

Para elucidar o referido princípio, tomo a liberdade de transcrever as lições Nelson Luiz Pinto (*op. cit.*, p. 89):

> *O princípio da fungibilidade dos recursos consiste na possibilidade de que, sempre que exista dúvida objetiva a respeito de qual o recurso cabível contra determinada decisão judicial, caso seja interposto pela parte o recurso que o juiz ou o tribunal competente para recebê-lo entenda não ser o cabível contra aquela decisão, seja ele recebido, processado e conhecido como se o outro, entendido como o correto, tivesse sido interposto. Trata-se do recebimento de um recurso como outro, adaptando-se o* nomen juris *e o procedimento.*

Princípio da proibição da *reformatio in pejus*

A expressão *reformatio in pejus* consiste na possibilidade de uma decisão atacada por um recurso, ao ser reformada, causar um agravamento na vida do recorrente, ou seja, piorar sua situação perante aquela que lhe fora imposta pela primeira decisão (recorrida).

Essa possibilidade, contudo, não existe no Direito Processual brasileiro. Uma decisão atacada por uma modalidade recursal não pode implicar piora ou agravamento da decisão anterior.

Apelação

Apelação é o recurso cabível contra as sentenças, sejam terminativas ou definitivas. Nesse sentido, vale lembrar que uma sentença será terminativa quando puser fim a um processo sem solução do mérito e definitiva quando o extinguir resolvendo-se o mérito. Assim, ensina Luiz Rodrigues Wambier (*Curso avançado de processo civil*, p. 555):

> *Apelação é o recurso que cabe de toda e qualquer sentença, e representa de modo extraordinariamente eficiente a adoção, pelo sistema brasileiro, do princípio do duplo grau de jurisdição.*

A sentença consiste na decisão do juiz singular, que sempre extinguirá o processo. O artigo 162, § 1.º, do CPC a define como o ato do juiz que implica algumas das situações previstas nos artigos 267 e 269. Veja o que dizem esses artigos:

Extinção do processo sem resolução do mérito

O artigo 267 do CPC determina as causas de extinção de um processo sem que haja resolução do mérito. Assim, extingue-se o processo sem que o mérito da demanda seja analisado:

> *I – quando o juiz indeferir a petição inicial;*
> *II – quando ficar parado durante mais de 1 (um) ano por negligência das partes;*
> *III – quando, por não promover os atos e diligências que lhe competir, o autor abandonar a causa por mais de 30 (trinta) dias;*
> *IV – quando se verificar a ausência de pressupostos de constituição e de desenvolvimento válido e regular do processo;*
> *V – quando o juiz acolher a alegação de perempção, litispendência ou de coisa julgada;*
> *VI – quando não concorrer qualquer das condições da ação, como a possibilidade jurídica, a legitimidade das partes e o interesse processual;*
> *VII – pela convenção de arbitragem;*
> *VIII – quando o autor desistir da ação;*
> *IX – quando a ação for considerada intransmissível por disposição legal;*
> *X – quando ocorrer confusão entre autor e réu;*
> *XI – nos demais casos prescritos neste código.*

Extinção do processo com resolução do mérito

O artigo 269 do CPC especifica as causas em que o juiz põe fim ao processo em razão da análise do mérito da demanda. Assim, haverá julgamento do mérito:

> *I – quando o juiz acolher ou rejeitar o pedido do autor;*
> *II – quando o réu reconhecer a procedência do pedido;*
> *III – quando as partes transigirem;*
> *IV – quando o juiz pronunciar a decadência ou a prescrição;*
> *V – quando o autor renunciar ao direito sobre que se funda a ação.*

Previsão legal

O recurso de apelação encontra-se previsto nos artigos 513 e seguintes do Código de Processo Civil.

Primeiro grau – Apelação

Tanto nos casos determinados pelo artigo 267 como nos previstos no artigo 269, está-se diante do ato judicial denominado sentença, sendo cabível, portanto, o recurso de apelação. Saliente-se, de outro lado, que a apelação caberá sempre de uma decisão de primeiro grau e nunca de uma decisão proferida em segundo grau de jurisdição, ainda que presentes quaisquer das situações previstas nos artigos 267 e 269.

Tipos de processo

Caberá apelação contra a sentença proferida em qualquer tipo de processo, seja de conhecimento, execução ou cautelar. A apelação será cabível, ainda, contra a sentença independentemente do rito processual – comum ou especial.

Prazo para interposição

O prazo para interposição do recurso em comento é de 15 dias, ressalvada a sentença proferida pelos Juizados Especiais, em que o prazo para apelar é de dez dias.

Legitimidade

De acordo com o artigo 499 do CPC, o recurso de apelação pode ser interposto pela parte vencida, pelo terceiro prejudicado e pelo Ministério Público, seja como parte, seja como *custus legis*. Em se tratando de apelação, portanto, terá legitimidade para interpor o recurso a parte vencida ou prejudicada de alguma forma pelo conteúdo da sentença impugnada.

Fundamento

O recurso de apelação é instrumentalizado contra uma sentença que possui erros ou vícios – erros *in judicando* ou *in procedendo.* A esse respeito, destaco mais uma vez as lições de Wambier (*op. cit.*):

> *Os erros de juízo são aqueles ligados ao juízo de mérito, como, p.ex., a má valoração de determinada prova. Os erros* in procedendo *são os que dizem respeito ao procedimento, como, v.g., o consistente em se julgar antecipadamente a lide quando não seria o caso, ou seja, quando a situação concreta não se encarta no mandamento legal.*

No mesmo sentido, Nelson Luiz Pinto (*op. cit.*, p. 101-2) diferencia os erros *in judicando* e *in procedendo* ao lecionar:

> *O erro* in procedendo *constitui-se num vício de procedimento que justifica a invalidação da sentença pelo tribunal. Nesse caso, a parte, em seu recurso, pleiteará não a reforma e a substituição da sentença, mas sua invalidação pelo tribunal, a fim de que o processo retorne ao primeiro grau, onde o vício apontado deverá ser sanado e outra decisão proferida – quando se trata de vício sanável – ou extinto o processo sem julgamento de mérito – quando se tratar de nulidade insanável. Já o erro* in judicando *refere-se a uma injustiça da decisão, ao erro de atividade do julgador, quer apli-*

cando mal a lei, quer deixando de aplicá-la, quer afrontando-a direta ou indiretamente ou, ainda, mal interpretando as provas e os fatos da causa, resultando numa decisão ilegal ou injusta, no sentido de desacertada em face da realidade do direito material... O pedido do recurso, nesse caso, é de reforma da decisão, e não de invalidação.

De outro lado, certo é que a apelação, nos termos do artigo 515 do CPC, devolverá ao tribunal o conhecimento da matéria impugnada, sendo, até mesmo, objeto de apreciação e julgamento, pelo órgão *ad quem*, todas as questões suscitadas e discutidas no processo, ainda que a sentença não as tenha julgado inteiramente. Ademais, quando o pedido ou a defesa tiver mais de um fundamento e o juiz acolher apenas um deles, a apelação devolverá ao tribunal o conhecimento dos demais. Cabe mencionar, ainda, que o artigo 515, § 3.º, do CPC estabelece que, nos casos de extinção do processo sem julgamento do mérito (art. 267), o tribunal pode julgar desde logo a lide se a causa versar questão exclusivamente de direito e estiver em condições de imediato julgamento.

Vale dizer que em alguns casos os tribunais poderão julgar o mérito sem que a matéria seja objeto de devolução ao juízo *a quo*. Se, porém, o tribunal constatar a ocorrência de nulidade sanável, poderá determinar a realização ou a renovação, conforme o caso, do ato processual, devendo ser intimadas as partes. Uma vez cumprida a diligência, sempre que possível prosseguirá o julgamento da apelação. Referida previsão, que se encontra no § 4.º do artigo 515, foi introduzida pela Lei 11.276/06.

Interposição

A apelação deverá ser interposta no prazo de 15 dias, a contar da ciência da decisão impugnada, ressalvadas as sentenças proferidas nos Juizados Especiais, em que o prazo será de dez dias.

O recurso será interposto por petição dirigida ao juiz *a quo*, ou seja, ao prolator da decisão, devendo conter:

a) os nomes e a qualificação das partes;
b) os fundamentos de fato e de direito;
c) o pedido de nova decisão.

A peça de interposição e a atinente às razões de apelação serão dirigidas, respectivamente, ao juízo *a quo* e ao juízo *ad quem*. O recurso conterá, pois, duas peças distintas: a primeira – interposição – dirigida ao juízo monocrático e a segunda – razões de apelação – dirigida ao órgão colegiado.

Vale lembrar que, nos termos do artigo 296 do CPC, caso a petição inicial seja indeferida, o autor poderá apelar da sentença de indeferimento, caso em que será facultado ao juiz *a quo* reformar sua decisão em 48 horas.

Guia de preparo

A peça de interposição deverá vir acompanhada, ainda, da guia de preparo, sob pena de deserção, nos termos do artigo 511 do CPC.

Novos procuradores

Caso o sucumbente tenha nomeado novos procuradores para a interposição da apelação, a petição de interposição deverá ser acompanhada da procuração.

Juízo de retratação

Conforme já mencionado, na apelação que se der em razão do indeferimento da inicial, será possível a retratação pelo juízo *a quo*, possibilidade que está prevista no artigo 296 do CPC. Caso, porém, não se verifique a retratação, os autos serão imediatamente encaminhados ao tribunal competente.

Efeitos

Interposto o recurso de apelação, o juiz declarará os efeitos em que o recebe, dando vista ao apelado para responder, isto é, para contra-arrazoar (art. 518, CPC).

Por devolver ao tribunal o conhecimento de toda matéria impugnada, em regra, segundo o artigo 520 do CPC, o recurso de apelação será recebido em duplo efeito, ou seja, devolutivo e suspensivo. Será, contudo, recebida só no efeito devolutivo quando interposta de sentença que:

I – homologar a divisão ou a demarcação;
II – condenar à prestação de alimentos;
III – (revogado);
IV – decidir o processo cautelar;
V – rejeitar liminarmente embargos à execução ou julgá-los improcedentes;
VI – julgar procedente o pedido de instituição de arbitragem;
VI – confirmar a antecipação dos efeitos da tutela.

Nesses casos, o recurso não terá efeito suspensivo, podendo a sentença ser objeto, apenas, de execução provisória. Fora dessas situações, o recurso terá efeito suspensivo e devolutivo, não podendo a sentença ser executada até que ocorra o final julgamento (art. 521, CPC).

Na apelação, o apelante poderá impugnar toda a sentença ou parte dela, sendo devolvido ao tribunal o conhecimento da matéria impugnada (art. 515, CPC).

Nesse sentido, lembra ainda Nelson Luiz Pinto que somente a matéria impugnada poderá ser objeto de revisão pelo tribunal, salvo quando se tratar de questão de ordem pública, caso em que poderá o tribunal se pronunciar independentemente de impugnação da parte.

Processamento em primeiro grau

Apresentada a apelação, os autos serão encaminhados ao juízo *a quo* para que, uma vez verificados os pressupostos de admissibilidade, declare os efeitos pelos quais a recebe. São pressupostos de admissibilidade dos recursos, dentre os já assinalados, a regularidade da representação processual do recorrente, a legitimidade e o interesse processual, o cabimento, a tempestividade, o preparo e as razões do pedido de reforma ou de anulação da decisão.

Da decisão que recebe a apelação não caberá recurso e da decisão que a denega será cabível o recurso de agravo por instrumento. O juízo, porém, não receberá o recurso de apelação quando a sentença estiver em conformidade com súmula do STJ ou do STF.

Recebidas as contrarrazões de apelação, o juízo *a quo* poderá novamente reexaminar a admissibilidade ou não do recurso de apelação, diante dos fatos trazidos pelo apelado. Feito isso, se o juiz admitir o recurso de apelação, os autos serão remetidos ao tribunal competente.

Processamento em segundo grau

A ordem dos processos no tribunal é disciplinada pelos artigos 547 a 565 do CPC.

Os autos remetidos ao tribunal serão registrados no protocolo no dia de sua entrada, cabendo à secretaria verificar-lhes a numeração das folhas e ordená-las para distribuição. A distribuição será feita de acordo com o regimento interno do tribunal, observando os princípios da publicidade, da alternatividade e do sorteio.

Distribuídos os autos, subirão, em 48 horas, à conclusão do relator, que, depois de estudá-los, os restituirá à secretaria com seu visto. O relator fará nos autos uma exposição dos pontos controvertidos sobre que versar o recurso.

Seja como for, a apelação não será incluída em pauta antes do agravo por instrumento interposto no mesmo processo.

Modelo

Apelação – Peça de interposição

EXCELENTÍSSIMO SENHOR DOUTOR JUIZ DE DIREITO DA ___ VARA CÍVEL DA COMARCA DE ___, ESTADO DE ___.

⇕ Espaço de 5 linhas

Processo n.º _____

⇕ Espaço de 5 linhas

"A", já qualificada nos autos do processo em epígrafe, não se conformando com a respeitável sentença de fls. ____, vem, por seu advogado infra-assinado (procuração anexa), com fulcro nos artigos 513 e seguintes do Código de Processo Civil, respeitosamente, à presença de Vossa Excelência, interpor, tempestivamente, o presente recurso de

APELAÇÃO

anexando suas razões recursais e requerendo a remessa dos autos ao tribunal competente.

Termos em que
pede deferimento.

Local, data.

Advogado(a)
OAB

Razões de apelação

Apelante: [NOME COMPLETO]
Apelada: [NOME COMPLETO]
Processo de origem n.º ____ 1ª Vara de Falência e Recuperação de Empresas
Comarca de origem: São Paulo

Egrégio Tribunal
Colenda Câmara
Nobres Julgadores

1 – Dos fatos

A empresa Alfa Comercial Ltda., denominada, neste ato, apelante, ingressou perante a 1ª Vara de Falência e Recuperação de Empresas desta capital, requerendo a falência da empresa Calca Indústria e Comércio Ltda., denominada apelada, uma vez que é credora de R$ 200.000,00 (duzentos mil reais), vencidos e não pagos, representados por uma única nota promissória (juntada ao processo de origem). A apelada apresentou contestação, porém não efetuou o depósito elisivo.

O d. juízo de primeiro grau acatou os argumentos apresentados pela apelada, denegando, dessa maneira, o pedido de falência, formulado pela apelante, proferindo, portanto, a sentença denegatória de falência.

2 – Do direito

Não obstante a respeitável decisão do juízo de primeiro grau, a mesma deve ser reformada, senão vejamos:

Em primeiro lugar, cumpre ressaltar que o presente recurso de apelação tem cabimento com base no artigo 100 da Lei 11.101/05 (Lei de Recuperação e Falências), que diz:

> *Da decisão que decreta a falência cabe agravo, e da sentença que julga a improcedência do pedido cabe apelação.*

De acordo com o artigo 94, I, da LRF, a falência do devedor será decretada quando este, sem relevante razão de direito, não paga, no vencimento, obrigação líquida materializada em título ou títulos executivos protestados cuja soma ultrapasse o equivalente a 40 (quarenta) salários mínimos na data do pedido de falência.

Como já comentado nos fatos e comprovado no processo de origem, a apelante é credora de R$ 200.000,00 (duzentos mil reais), o que ultrapassa em muito o valor mínimo exigido pela lei falimentar para a decretação de empresário impontual. Portanto, é legítimo o pedido formulado pela apelante na inicial, isto é, o pedido de falência.

O artigo 98 da mesma lei, por sua vez, estabelece que, uma vez citado o devedor, ele poderá apresentar contestação no prazo de dez dias. Diz mais. Se o pedido for formulado com base na impontualidade, o devedor poderá, no prazo da contestação, *depositar o valor correspondente ao total do crédito, acrescido de correção monetária, juros e honorários advocatícios*, hipótese *em que a falência não será decretada* e, caso julgado procedente o pedido de falência, o juiz ordenará o levantamento do valor pelo autor.

Como é do conhecimento dos eméritos julgadores, o referido depósito é chamado pela doutrina de *elisivo*, cuja finalidade consiste em afastar a decretação da falência. Sabe-se, também, que, embora seja um direito do devedor depositar a importância, se não o faz, corre o risco de sofrer falência, caso sua contestação seja julgada improcedente, fato este que não ocorreu.

A apelada não efetuou o referido depósito elisivo, limitando-se apenas a apresentar contestação, na qual alegou a prescrição do título executivo, ou seja, da nota promissória. Segundo seu entendimento, a nota promissória prescreve em 1 (um) ano, conforme preceitua o Código Civil.

A alegação da apelada tem por fundamento o entendimento de que, após a publicação do Código Civil de 2002, os títulos de crédito passaram a ser regidos exclusivamente por esse diploma legal e que, portanto, todas as demais leis especiais estariam hoje revogadas.

Em que pesem as alegações da apelada no bojo da contestação, as mesmas não encontram respaldo na jurisprudência, tampouco na melhor doutrina brasileira. Isso porque, entre os especialistas do Direito Comercial, é pacífico o entendimento de que o Código Civil de 2002, embora tenha tratado de matéria atinente ao Direito Cambiário, jamais revogou as leis especiais, sendo considerado, portanto, apenas uma norma geral.

Na verdade, tem entendido a doutrina que o Código Civil, no que diz respeito ao Direito Cambiário, quando muito, deve ser aplicado nos títulos inominados, ou eventualmente nos títulos nominados, em caso de lacuna nas leis especiais. Doutos desembargadores, esse também tem sido o entendimento da jurisprudência.

Assim sendo, a aplicação do prazo prescricional da nota promissória não é aquele previsto no Código Civil, pois, em se tratando de título regulado por lei especial, esta deve ser aplicada. Nesse caso, deve-se levar em consideração a lei uniforme (Dec. 57.663/66), que, em seu artigo 70, estabelece que o prazo prescricional da nota promissória é de 3 (três) anos, a contar de seu vencimento, e não de 1 (um) ano, como alega a apelada em sua contestação.

Portanto, ante a ausência de depósito elisivo efetuado oportunamente pela apelada e com base nos argumentos ora narrados, respaldados na legislação vigente e na doutrina especializada, endossada pela jurisprudência deste egrégio tribunal, a respeitável sentença do juiz de primeiro grau deve ser reformada, decretando, assim, a falência da apelada.

3 – Do pedido

Diante do exposto, pede a apelante, por ser questão de Justiça, que seja recebido, conhecido e provido o presente recurso de apelação, para o fim de que seja reformada a sentença proferida em primeiro grau e seja decretada a falência da apelada.

Local, data.

Advogado(a)
OAB

Contrarrazões de apelação

Em obediência ao princípio da ampla defesa e do contraditório consagrado na Constituição Federal em seu artigo 5.º, LV, o Código de Processo Civil garante à outra parte do recurso de apelação, isto é, a apelada, o direito de resposta, nos moldes do artigo 518. Esse direito de resposta consiste, pois, nas contrarrazões de apelação.

O mérito das contrarrazões de apelação é restrito, ou seja, tem por objeto impugnar apenas o que foi objeto de apelação pela outra parte ou a possibilidade de sua admissibilidade.

Previsão legal

O direito de resposta da apelada (contrarrazões) encontra-se previsto no artigo 518 do CPC, que diz:

Interposta a apelação, o juiz, declarando os efeitos em que a recebe, mandará dar vista ao apelado para responder.
§ 1.º – O juiz não receberá o recurso de apelação quando a sentença estiver em conformidade com súmula do Superior Tribunal de Justiça ou do Supremo Tribunal Federal.
§ 2.º – Apresentada a resposta, é facultado ao juiz, em cinco dias, o reexame dos pressupostos de admissibilidade do recurso.

Interposição

O prazo de interposição ou apresentação das contrarrazões é de 15 dias (art. 508, CPC). Ressalte-se, contudo, que o prazo da apelação e das contrarrazões nos Juizados da Infância e da Juventude é de dez dias, conforme preceitua o artigo 198, II, da Lei 8.069/90 (Estatuto da Criança e do Adolescente).

Processamento

As contrarrazões de apelação serão interpostas ao juiz da apelação, que terá nova oportunidade para reexaminar os pressupostos de admissibilidade da apelação, diante dos argumentos apresentados pela apelada. Após a análise, se confirmada a admissibilidade da apelação, os autos serão remetidos ao tribunal competente.

Importante!

As contrarrazões consistem simplesmente no direito de resposta em razão do recurso de apelação interposto pela apelante.

O objeto de defesa nas contrarrazões limita-se ao mérito da apelação ou até mesmo aos pressupostos de sua admissibilidade, demonstrando-se, assim, bem restrito. O prazo para sua interposição é o mesmo da apelação, isto é, 15 dias, salvo casos excepcionais. Por fim, seu processamento dá-se na primeira instância, ou seja, as contrarrazões devem ser interpostas no mesmo juízo da apelação.

Modelo

Contrarrazões de apelação – Peça de interposição

EXCELENTÍSSIMO SENHOR DOUTOR JUIZ DE DIREITO DA ____ VARA CÍVEL DA COMARCA DE ____, ESTADO DE ____.

↕ Espaço de 5 linhas

Processo n.º _____

↕ Espaço de 5 linhas

"B", já qualificado nos autos do processo em epígrafe, vem, por seu advogado infra-assinado (procuração anexa), com fulcro nos artigos 518 e seguintes do Código de Processo Civil, respeitosamente, à presença de Vossa Excelência, apresentar, tempestivamente, as

CONTRARRAZÕES DE APELAÇÃO

requerendo sua juntada aos autos, bem como sua respectiva remessa ao tribunal competente.

Termos em que
pede deferimento.

Local, data.

Advogado(a)
OAB

Contrarrazões de apelação

Apelante: [NOME COMPLETO]
Apelada: [NOME COMPLETO]
Processo de origem n.º ____ 1ª Vara de Falência e Recuperação de Empresas
Comarca de origem: São Paulo

Egrégio Tribunal
Colenda Câmara
Nobres Julgadores

1 – Dos fatos

A apelante ingressou com pedido de falência contra a ora apelada, conforme processo de origem, objeto da apelação. No entanto, seu pedido foi negado pelo d. juiz de primeira instância, o que a motivou a apresentar o referido recurso de apelação.

No bojo da apelação, alega a apelante que sem o depósito elisivo o juiz de primeira instância deveria ter decretado a falência da apelada. Alega, ainda, que o título executivo, isto é, a nota promissória, não estaria prescrito, como alega a apelada em sua contestação, e que, portanto, seria inegável seu direito.

2 – Do direito

Em que pesem os argumentos apresentados pela apelante em seu recurso, os mesmos não devem prosperar, senão vejamos:

Com relação ao cabimento do presente recurso de apelação pela apelante, realmente não há o que contestar, mesmo porque o artigo 100 da LRF é claro ao dizer que contra a sentença denegatória de falência poderá a parte vencida apelar.

No entanto, quanto às alegações sobre o depósito elisivo, não lhe assiste qualquer razão. A própria apelante alegou que, pelo artigo 98 da LRF, poderá o suposto devedor depositar a importância reclamada.

Nota-se, eméritos julgadores, que o verbo utilizado pela LRF é *poderá* e não *deverá*, o que representa uma facultatividade do devedor. Vale dizer, a feitura do depósito é uma faculdade do devedor e não uma obrigação, não assistindo, portanto, razão à apelante quando diz que, ante a ausência de depósito, deveria o magistrado ter decretado a falência da apelada. Dessa maneira, não é a falta de depósito que autoriza a falência de um suposto devedor, mas sim a certeza do direito quanto ao crédito do credor.

Com relação à certeza do crédito da apelante, também não lhe assiste qualquer razão. As alegações de que a nota promissória não estaria prescrita não encontra nenhum respaldo na legislação e na jurisprudência, ao contrário do que alega a apelante.

Realmente, o Código Civil de 2002 consiste em uma norma geral quando adentra a questão do Direito Cambiário e, portanto, não revogou as leis especiais.

A apelante reconhece, também, que o referido diploma poderá ser aplicado em caso de lacuna ou omissão da lei especial, conforme se depreende da leitura de seu recurso. Vejamos:

O artigo 70 da lei uniforme, citado pela apelante na tentativa de justificar a não prescrição da nota promissória, tem aplicação exclusiva à letra de câmbio. Em momento algum a lei uniforme menciona o prazo de prescrição da nota promissória, embora seja conhecida como norma aplicável a esses dois títulos de crédito.

Assim sendo, ante a lacuna e omissão da lei uniforme, deve ser aplicado o Código Civil no que se refere ao prazo prescricional da nota promissória, reduzindo o mesmo para *um ano*, o que levará a prescrição do título da apelante, conforme entendimento do d. juiz de primeiro grau.

Portanto, diante das alegações, nobres julgadores, nada há de ser reformado na respeitável sentença de primeiro grau, devendo haver sua manutenção.

3 – Pedido

Diante do exposto, pede a apelada, por ser questão de Justiça, que seja negado provimento ao presente recurso de apelação com a devida manutenção da respeitável sentença de primeiro grau, ora recorrida.

Local, data.

Advogado(a)
OAB

Agravo

O recurso de agravo é cabível contra decisões interlocutórias, ou seja, aquelas que não põem fim ao processo, mas que apenas resolvem questões incidentes. Trata-se, pois, de decisões não terminativas. Assim, de acordo com o magistério de Wambier (*op. cit.*, p. 568):

> *Decisão interlocutória é todo e qualquer pronunciamento do juiz proferido no curso do procedimento e, normalmente, antes da sentença (embora não necessariamente) e que pode ter por objeto variados assuntos, com exceção daqueles tratados nos artigos 267 e 269, pois, se assim fosse, estar-se-ia diante de uma sentença, sendo, portanto, apelável, não de uma decisão interlocutória.*

Previsão legal

O recurso de agravo encontra-se previsto nos artigos 522 e seguintes do Código de Processo Civil.

Modalidades de agravo

O sistema processual brasileiro admite duas modalidades de agravo: retido nos autos e formado por instrumento. Com efeito, o artigo 522 do CPC estabelece:

> *Das decisões interlocutórias caberá agravo, no prazo de 10 (dez) dias, na forma retida, salvo quando se tratar de decisão suscetível de causar à parte lesão grave e de difícil reparação, bem como nos casos de inadmissão da apelação e nos relativos aos efeitos em que a apelação é recebida, quando será admitida sua interposição por instrumento.*

Objeto

O recurso de agravo por instrumento poderá ser interposto em qualquer tipo de processo, seja de conhecimento, execução ou cautelar. Nesse sentido, de acordo com Nelson Luiz Pinto, caberá agravo ainda contra "despachos teratológicos que venham a causar prejuízos às partes".

Agravo retido

De acordo Nelson Luiz Pinto (*op. cit.*, p. 144), o agravo será retido:

> *quando interposto contra uma decisão de primeiro grau, mas, por opção do agravante ou por determinação legal, seu conhecimento e julgamento ficam deferidos para outra oportunidade, qual seja, quando do conhecimento e julgamento de eventual recurso de apelação que venha a ser interposto naquele mesmo processo (art. 523, do CPC), não se conhecendo do recurso se a parte que o interpôs não reiterá-lo quando da apresentação das razões de apelação ou das contrarrazões, conforme o caso (art. 523, § 1.º, do CPC).*

No mesmo sentido, Wambier (*op. cit.*, p. 569) esclarece que com o agravo na modalidade retido:

> *a parte recorrente apenas manifesta sua discordância em face de determinada decisão interlocutória, mediante manifestação fundamentada (ainda que sucintamente) e que é apresentada perante o próprio juízo* a quo *(isto é, o juízo que emitiu a decisão recorrida). O agravo fica então "retido" nos autos do processo. Ou seja, não é desde logo encaminhado ao tribunal.*

A utilização do agravo retido prende-se ao fato de que a parte não pretende que seu inconformismo, no tocante ao conteúdo da decisão interlocutória, seja analisado de imediato pelo órgão julgador superior, ficando retido o questionamento nos autos para ser analisado, previamente, quando da interposição do eventual recurso de apelação. Tratando-se de decisões interlocutórias proferidas em audiência de instrução e julgamento, o agravo retido deverá ser interposto oral e imediatamente, expondo-se as razões do agravante que constarão do respectivo termo.

Em relação ao agravo por instrumento, o interposto na forma retida apresenta as vantagens de que sua tramitação independe de preparo e da apresentação de peças processuais, posto que permanecerá nos próprios autos, conforme artigo 522, parágrafo único, do CPC: "O agravo retido independe de preparo".

Entretanto, a parte deverá requerer, de modo expresso, nas razões ou nas contrarrazões da apelação, que o agravo retido nos autos seja apreciado pelo tribunal previamente em relação às razões ou contrarrazões da apelação. Assim, o efeito devolutivo só será alcançado quando da interposição da apelação incidente sobre a decisão terminativa.

Nota-se, pois, que o agravo retido visa a evitar a preclusão, sendo interposto sob tal argumento.

Como visto anteriormente, os recursos apresentam, em geral, duplo efeito, isto é, o efeito devolutivo e o efeito suspensivo. Pelo primeiro efeito, a matéria é devolvida ao órgão revisor; pelo segundo, evita-se a execução imediata da decisão. O agravo retido é recebido apenas no efeito devolutivo, vale dizer, não obsta o seguimento do processo, nos termos do artigo 523, § 1.º, do CPC, condicionado à apelação.

Prazo do agravo retido

O agravo retido deverá ser interposto no prazo de dez dias e, uma vez ouvido o agravado, no mesmo prazo o juiz poderá reformar sua decisão. Diz o artigo 523 do CPC:

> *Na modalidade de agravo retido o agravante requererá que o tribunal dele conheça, preliminarmente, por ocasião do julgamento da apelação.*
> *§ 1.º – Não se conhecerá do agravo se a parte não requerer expressamente, nas razões ou na resposta da apelação, sua apreciação pelo tribunal. [grifo nosso]*
> *§ 2.º – Interposto o agravo, e ouvido o agravado no prazo de dez dias, o juiz poderá reformar sua decisão.*
> *§ 3.º – Das decisões interlocutórias proferidas na audiência de instrução e julgamento caberá agravo na forma retida, devendo ser interposto oral e imediatamente, bem como constar do respectivo termo (art. 457), nele expostas sucintamente as razões do agravante.*

Em razão do § 3.º desse artigo, em se tratando de agravo retido oral, sua interposição será imediata, isto é, logo após a conclusão do agravante, registrado no termo da audiência, conforme artigo 457 do CPC.

Importante!

O agravo retido independe de preparo e da apresentação de peças processuais. Seu prazo de interposição será, em regra, de dez dias, podendo, excepcionalmente, ser imediato, na forma oral.

Modelo

Agravo retido – Peça de interposição

EXCELENTÍSSIMO SENHOR DOUTOR JUIZ DE DIREITO DA ____ VARA CÍVEL DA COMARCA DE ____, ESTADO DE ____.

↕ Espaço de 5 linhas

Processo n.º _____

↕ Espaço de 5 linhas

"A", já qualificada nos autos do processo em epígrafe, vem, por seu advogado que esta subscreve, respeitosamente, à presença de Vossa Excelência, com fulcro nos artigos 522 e seguintes do Código de Processo Civil interpor o presente

AGRAVO RETIDO

contra a referida decisão de fls. ____, pelas razões aduzidas na minuta anexa.

Requer a agravante que, uma vez recebido este recurso e após ouvida a agravada, digne-se Vossa Excelência a reformar a r. decisão de fls. ____, para o fim de que [ESPECIFICAR O DIREITO PRETENDIDO.].

Requer a agravante, outrossim, na remota hipótese de não ser reformada a decisão em primeiro grau de jurisdição, a retenção desta petição nos autos, para que no julgamento de eventual apelação, acaso improcedente o pedido revisional formulado, seja a mesma analisada pelo tribunal competente.

Termos em que
pede deferimento.

Local, data.

Advogado(a)
OAB

Minuta de agravo retido

Agravante: [NOME COMPLETO]
Agravada: [NOME COMPLETO]
Processo de origem n.º ____ 1ª Vara Cível da Comarca de São Paulo
Comarca de origem: São Paulo

Egrégio Tribunal
Colenda Câmara

1 – Dos fatos

A agravante apresentou contestação contra a ação renovatória proposta pela agravada.

A agravada vem requerendo a renovação de sua locação não residencial, alegando ter preenchido todos os requisitos da Lei 8.245/91, em especial o artigo 71, inciso II, isto é, a prova do exato cumprimento do contrato em curso.

Para fazer prova do preenchimento do citado artigo, a agravada apresentou em juízo os supostos comprovantes de pagamento dos aluguéis (fls. ____). No entanto, a agravante, no bojo de sua contestação, refutou a documentação juntada, alegando que jamais recebera aqueles valores e que, portanto, a documentação apresentada pela agravada era falsa.

Assim sendo, a agravante requereu perante este d. juízo prova pericial para comprovar que os documentos até então juntados pela agravada realmente eram falsos e que, portanto, a ação renovatória deveria ser julgada improcedente.

Infelizmente, o ilustre magistrado rejeitou o pedido da agravante às fls. ____, sob a alegação de que a perícia ora requerida era demorada e não indispensável para o prosseguimento da ação. Alega, ainda, o magistrado, que o intuito da agravante era meramente protelatório.

2 – Do direito

Em que pese a decisão interlocutória proferida pelo d. magistrado (fls. ____), a mesma não deve prosperar, senão vejamos:

Em primeiro lugar, cumpre ressaltar sobre o cabimento do presente agravo. O artigo 522 do Código de Processo Civil preleciona que:

Das decisões interlocutórias caberá agravo, no prazo de dez dias, na forma retida, salvo quando se tratar de decisão suscetível de causar à parte lesão grave e de difícil reparação, bem como nos casos da inadmissão da apelação e nos relativos aos efeitos em que a apelação é recebida, quando será admitida a sua interposição por instrumento. [grifo nosso]

Não obstante seu cabimento, o presente agravo tem por finalidade reformar a decisão ora agravada, que, após a apresentação da contestação, indeferiu o pedido de perícia formulado pela agravante.

Com a máxima vênia ao magistrado, seu entendimento não encontra respaldo na legislação processual brasileira, uma vez que as hipóteses para o indeferimento de uma prova pericial encontram-se previstas no artigo 420 do CPC:

A prova pericial consiste em exame, vistoria ou avaliação.
Parágrafo único – O juiz indeferirá a perícia quando:

I – a prova do fato não depender do conhecimento especial de técnico;
II – for desnecessária em vista de outras provas produzidas;
III – a verificação for impraticável.

Ao analisar o citado artigo 420 e seus incisos, fica patente que as alegações do ilustre magistrado realmente não encontram amparo legal. Isso porque a alegação de que a perícia poderia provocar demora na conclusão do processo não é motivo para o indeferimento do pedido da agravante, ante a ausência de previsão legal para sua negativa.

Como se não bastasse, a respeitável decisão interlocutória do magistrado, além de não encontrar amparo legal no Código de Processo Civil, viola, ademais, a própria Constituição Federal em seu artigo 5.º, inciso LV, que assegura aos litigantes, em processo judicial ou administrativo, e aos acusados em geral o contraditório e a ampla defesa, com meios e recursos a ela inerentes.

De acordo com todo o exposto, resta comprovado o direito da agravante de ter reformada a decisão ora agravada, bem como do provimento do presente recurso.

3 – Do pedido

Diante de todo exposto, pede e requer a agravante:

a) seja recebido e dado provimento ao presente recurso de agravo retido;
b) que, diante dos argumentos apresentados, digne-se Vossa Excelência a *reformar* a decisão interlocutória e, por consequência, reconhecer a nulidade de todos os atos posteriores relacionados com a decisão, e que, afinal, seja reconhecido o direito da agravante à realização da prova pericial;
c) que, caso Vossa Excelência não se posicione pela reforma da decisão agravada, determine que o presente recurso fique retido nos autos, para sua posterior remessa, em caso de apelação, ao tribunal competente;
d) como consequência do item anterior, que o agravo retido e seus fundamentos sejam analisados pelo juízo *ad quem* antes das razões ou contrarrazões de apelação.

Local, data.

Advogado(a)
OAB

Contrarrazões de agravo retido

As contrarrazões, como visto no recurso de apelação, consistem no direito de resposta da outra parte. Uma vez interposto o agravo retido pelo agravante, a outra parte, agravado, é intimada para apresentar sua resposta.

Previsão legal

O direito de resposta do agravado (contrarrazões) encontra-se previsto no artigo 523, § 2.º, do CPC:

> *Interposto o agravo, e ouvido o agravado no prazo de dez dias, o juiz poderá reformar sua decisão. [grifo nosso]*

Não obstante o prazo de dez dias para apresentação das contrarrazões pelo agravado, o § 3.º do citado artigo diz que, na hipótese de agravo retido oral, as contrarrazões também deverão constar do respectivo termo, sendo expostas de forma resumida, porém sem a elaboração de peça específica.

Interposição

Conforme já comentado, o prazo de interposição ou apresentação das contrarrazões encontra-se previsto no artigo 523 do CPC, isto é, dez dias. Lembre-se, contudo, do agravo retido oral, como visto anteriormente.

Processamento

As contrarrazões do agravo retido serão interpostas ao juiz da causa, garantindo a ele o direito de retratação, sem prejuízo da competência do tribunal para julgamento.

Importante!

As contrarrazões consistem simplesmente no direito de resposta em razão do recurso de agravo retido interposto pelo agravante.

O objeto de defesa nas contrarrazões limita-se ao mérito do agravo retido ou até mesmo aos pressupostos de sua admissibilidade, ou seja, de seu provimento, demonstrando-se, assim, bem restrito. O prazo para sua interposição é de dez dias, salvo casos excepcionais (oral). Por fim, seu processamento dá-se no juízo da causa e independe de preparo e de juntada de peças, uma vez que as contrarrazões permanecem retidas nos autos do próprio processo.

Modelo

Contrarrazões de agravo retido – Peça de interposição

EXCELENTÍSSIMO SENHOR DOUTOR JUIZ DE DIREITO DA ____ VARA CÍVEL DA COMARCA DE ____, ESTADO DE ____.

↕ Espaço de 5 linhas

Processo n.º _____

↕ Espaço de 5 linhas

"B", já qualificado nos autos do processo em epígrafe, vem, por seu advogado que esta subscreve, respeitosamente, à presença de Vossa Excelência, com fulcro no § 2.º dos artigos 523 e seguintes do Código de Processo Civil, apresentar suas

CONTRARRAZÕES DE AGRAVO RETIDO

contra a referida decisão de fls. ____, pelas razões aduzidas na minuta anexa.

Termos em que
pede deferimento.

Local, data.

Advogado(a)
OAB

Contrarrazões de agravo retido

Agravante: [NOME COMPLETO]
Agravada: [NOME COMPLETO]
Processo de origem n.º ____ 1ª Vara Cível da Comarca de São Paulo
Comarca de origem: São Paulo

Egrégio Tribunal
Colenda Câmara

1 – Dos fatos

A agravada ingressou perante este d. juízo com pedido de ação renovatória de aluguel, juntando, para tanto, toda a documentação que comprova o preenchimento dos requisitos dos artigos 51 e 71 da Lei 8.245/91 (Lei de Locação).

Na oportunidade, a agravada anexou ao processo os comprovantes de todos os pagamentos dos aluguéis, com o intuito de comprovar a regularidade da locação. No entanto, a agravante apresentou sua contestação, alegando que a documentação juntada pela agravada era falsa, requerendo, dessa maneira, prova pericial.

O d. magistrado, certeiramente, indeferiu o pedido da agravante (fls. ____), sob a alegação de que sua intenção seria apenas protelatória. Inconformada, apresentou o agravo retido com o intuito de reverter a referida decisão.

2 – Do direito

Em que pesem as alegações da agravante, nenhuma razão lhe assiste, senão vejamos:

Realmente, o artigo 420 do Código de Processo Civil garante à parte interessada o direito de requerer perícia, ou, pela expressão utilizada pelo referido diploma legal, prova pericial, a qual consiste em exame, vistoria ou avaliação. Não resta nenhuma dúvida.

Contudo, o parágrafo único do mesmo artigo, em seu inciso II, preceitua que o juiz poderá indeferir o pedido de perícia quando for desnecessária em vista de outras provas produzidas. Toma-se a devida liberdade para transcrever o citado artigo e seu inciso:

> *Art. 420 – A prova pericial consiste em exame, vistoria ou avaliação.*
> *Parágrafo único – O juiz indeferirá a perícia quando:*
> *[...]*
> *II – for desnecessária em vista de outras provas produzidas;*
> *[...]*

Com efeito, o próprio Código de Processo Civil autoriza o magistrado a indeferir o pedido de perícia se entender desnecessária, o que se enquadra perfeitamente no caso em tela. Isso porque as alegações da agravante de que os recibos juntados para comprovar o pagamento dos aluguéis são falsos e que, desse modo, devem ser periciados não se justificam, pois, como se pode perceber, a assinatura lançada nos mesmos é idêntica à assinatura do contrato de locação (doc. ____), a qual foi devidamente reconhecida pelo Cartório de Notas da Comarca.

Como se não bastasse, a maioria dos pagamentos efetuados pela agravada se deu por meio de depósitos bancários em nome da agravante (comprovantes anexos), portanto dispensável qualquer recibo de quitação.

Não resta dúvida da certeza da decisão do MM. juiz *a quo* que indeferiu o requerimento da agravante no que tange à produção de prova pericial, primando pelo princípio da economia processual.

Resta, assim, cristalino o direito da agravada à manutenção da decisão agravada, sem que isso acarrete prejuízo à solução da demanda processual ou, por fim, qualquer vício na respeitável decisão do juiz de primeiro grau.

Ante todo o exposto, resta comprovado o direito da agravada à manutenção da decisão interlocutória do juiz de primeiro grau e à negativa de provimento do recurso de agravo interposto.

3 – Do pedido

Diante do exposto, pede a agravada que seja negado provimento ao presente recurso de agravo retido interposto pela agravante, com a devida manutenção da decisão interlocutória de primeira instância, em seus exatos termos, mantendo, dessa forma, o indeferimento da prova pericial.

Local, data.

Advogado(a)
OAB

Agravo por instrumento

Como comentado anteriormente, o Código de Processo Civil prevê em seu artigo 522 duas modalidades de agravo: o agravo retido e o agravo por instrumento.

Antes da reforma do referido diploma legal em 2005, tais modalidades já existiam, porém em uma sistemática diferente. Isto é, no sistema original do Código de Processo Civil, a parte teria direito de agravar determinada decisão interlocutória na forma retida, em primeiro grau, ou na forma por instrumento, diretamente no tribunal. Naquela época, o agravo por instrumento era a regra, e o retido, a exceção.

Com a publicação da Lei 11.187/05, a referida sistemática mudou, vale dizer, o agravo retido passou a ser a regra geral e somente em casos excepcionais será admitido o agravo por instrumento.

A esse respeito, diz o artigo 522 do CPC:

> *Das decisões interlocutórias caberá agravo, no prazo de dez dias, na forma retida, salvo quando se tratar de decisão suscetível de causar à parte lesão grave e de difícil reparação, bem como nos casos de inadmissão da apelação e nos relativos aos efeitos em que a apelação é recebida, quando será admitida a sua interposição por instrumento. [grifo nosso]*

Portanto, disciplinado nos artigos 524 e seguintes do CPC, o agravo por instrumento terá cabimento quando a decisão interlocutória for suscetível de causar à parte lesão grave e de difícil reparação, nos casos de inadmissão da apelação e nos relativos aos efeitos em que a apelação for recebida.

Nessas situações, o agravo deverá ser dirigido diretamente ao tribunal competente, por intermédio de petição contendo a exposição do fato e do direito, as razões do pedido de reforma da decisão e o nome e o endereço completo dos advogados constantes do processo, em atendimento ao preceito previsto no artigo 524 do CPC. Poderá, também, ser enviado diretamente ao tribunal por correio ou por qualquer outra forma prevista na legislação estadual de cada tribunal, até mesmo por meio eletrônico.

De acordo com o artigo 525 do CPC, mencionada petição será instruída:

> *I – obrigatoriamente, com cópias da decisão agravada, da certidão da respectiva intimação e das procurações outorgadas aos advogados do agravante e do agravado;*
> *II – facultativamente, com outras peças que o agravante entender úteis.*

A petição de agravo por instrumento, devidamente instruída, deverá ser acompanhada do comprovante do pagamento das respectivas custas e do porte de retorno. Ademais, preceitua o artigo 526 do CPC:

> *O agravante, no prazo de três dias, requererá juntada, aos autos do processo, de cópia da petição do agravo de instrumento e do comprovante de sua interposição, assim como a relação dos documentos que instruíram o recurso.*
> *Parágrafo único – O não cumprimento do disposto neste artigo, desde que arguido e provado pelo agravado, importa inadmissibilidade do agravo. [grifo nosso]*

Creio por bem destacar e reproduzir tal artigo em razão de sua importância para o seguimento do agravo por instrumento. Assim, também chamo a atenção do leitor para o fiel cumprimento desse dispositivo.

Prazo do agravo por instrumento

Assim como o agravo retido, este deverá ser interposto no prazo de dez dias.

Preparo

De acordo com o artigo 511 do CPC, o agravo deverá vir acompanhado da guia de pagamento do porte de remessa e de retorno, quando exigível, conforme tabela fixada nos regimentos. Lembre-se, contudo, de que o agravo na modalidade retido independe de preparo, conforme autoriza o artigo 522, parágrafo único, do CPC.

Com relação às custas, é, portanto, relevante que o recorrente verifique o regimento interno dos tribunais para saber se são exigíveis ou não.

Processamento do agravo por instrumento

Recebido o agravo por instrumento no tribunal e distribuído *incontinenti*, o relator, conforme artigo 557 do CPC, lhe negará seguimento caso seja manifestamente inadmissível, improcedente, prejudicado ou em confronto com súmula ou com jurisprudência dominante do respectivo tribunal, do Supremo Tribunal Federal ou de Tribunal Superior.

Entretanto, se a decisão recorrida estiver em manifesto confronto com súmula ou com jurisprudência dominante, apenas, do Supremo Tribunal Federal ou de Tribunal Superior, o relator poderá dar provimento ao recurso.

Contra a decisão que conceder ou negar provimento ao agravo por instrumento caberá, novamente, interposição de agravo, em cinco dias, ao órgão competente para julgamento do recurso e, se não houver retratação, o relator apresentará o processo em mesa, proferindo voto. Provido o agravo, o recurso terá seguimento.

Quando o recurso for julgado inadmissível ou infundado, o tribunal condenará o agravante a pagar ao agravado multa entre 1% e 10% do valor corrigido da causa, ficando a interposição de qualquer outro recurso condicionada ao depósito do respectivo valor.

O relator poderá, ainda, converter o agravo por instrumento em retido caso não estejam presentes os requisitos previstos no artigo 522 do CPC, conforme preceitua o artigo 527, II, do mesmo diploma legal:

> *Recebido o agravo de instrumento no tribunal, e distribuído* incontinenti, *o relator:*
> *[...]*
> *II – converterá o agravo de instrumento em agravo retido, salvo quando se tratar de decisão suscetível de causar à parte lesão grave e de difícil reparação, bem como nos casos de inadmissão da apelação e nos relativos aos efeitos em que a apelação é recebida, mandando remeter os autos ao juiz da causa;*
> [...]

De outro lado, se presentes os requisitos, o relator poderá atribuir efeito suspensivo ao recurso ou deferir, em antecipação de tutela total ou parcial a pretensão recursal, comunicando ao juízo *a quo* sua decisão (art. 527, III). Poderá, ainda, requisitar informações ao juízo *a quo*, que deverá prestá-las no prazo de dez dias (art. 527, IV).

Cabe também ao relator mandar intimar o advogado do agravado para que responda no prazo de dez dias, facultando-lhe a juntada da documentação que entender necessária (art. 527, V). Se for o caso, o relator ouvirá o órgão do Ministério Público, que deverá pronunciar-se no prazo de dez dias (art. 527, VI).

Juízo de retratação

Observados os procedimentos mencionados, em prazo não superior a 30 dias da intimação do agravado, o relator pedirá dia para julgamento (art. 528).

O juízo *a quo*, contudo, ao tomar conhecimento do agravo interposto, poderá retratar-se, comunicando sua decisão ao tribunal, hipótese em que o relator considerará prejudicado o recurso (art. 529).

Efeito suspensivo no agravo por instrumento

De acordo com o artigo 558 do CPC, o relator poderá, a requerimento do agravante, nos casos de prisão civil, adjudicação, remição de bens, levantamento de dinheiro sem caução idônea e em outros casos dos quais possa resultar lesão grave e de difícil reparação, sendo relevante a fundamentação, suspender o cumprimento da decisão até o pronunciamento definitivo da turma ou câmara. Caberá, também, efeito suspensivo quando se tratar dos casos previstos nos incisos do artigo 520 do CPC, quando a apelação for recebida somente no efeito devolutivo.

Importante!

O prazo para propositura do agravo por instrumento é de dez dias. Esse recurso deverá ser dirigido diretamente ao tribunal competente, por intermédio de petição contendo (art. 524, CPC):

a) a exposição do fato e do direito;
b) as razões do pedido de reforma da decisão;
c) o nome e o endereço completo dos advogados, constantes do processo.

Poderá, também, ser enviado diretamente ao tribunal por correio ou por qualquer outra forma prevista na legislação estadual de cada tribunal, até mesmo por meio eletrônico.

Mencionada petição será instruída, obrigatoriamente, com cópias:

a) da decisão agravada;
b) da certidão da respectiva intimação;
c) das procurações outorgadas aos advogados do agravante e do agravado.

Facultativamente, poderá conter cópias de outras peças às quais o agravante repute utilidade. Por fim, a petição de agravo por instrumento, devidamente instruída, deverá ser acompanhada do comprovante do pagamento das respectivas custas e do porte de retorno.

Modelo

Agravo por instrumento – Peça de interposição

EXCELENTÍSSIMO SENHOR DOUTOR DESEMBARGADOR PRESIDENTE DO EGRÉGIO TRIBUNAL ____.

↕ Espaço de 10 linhas

[Qualificar o agravante.] vem, por seu advogado que esta subscreve, inconformado com a r. decisão de fls. ____, proferida nos autos do processo [Especificar.], em trâmite perante o [Especificar o juízo.], com fundamento nos artigos 522 e seguintes do CPC, interpor, tempestivamente, o presente

AGRAVO POR INSTRUMENTO COM PEDIDO DE EFEITO SUSPENSIVO ATIVO

com vista à reforma da decisão, juntando para tanto as anexas razões recursais e requerendo que se digne Vossa Excelência a recebê-lo e processá-lo, distribuindo o presente a uma das colendas câmaras deste egrégio tribunal.

Em atendimento às determinações do artigo 525 do CPC, junta cópias dos seguintes documentos:

[ESPECIFICAR AS CÓPIAS.]

Termos em que
pede deferimento.

Local, data.

Advogado(a)
OAB

Minuta de agravo por instrumento

Processo de origem n.º ____
Vara de origem ___
Agravante: [NOME COMPLETO]
Agravada: [NOME COMPLETO]

Egrégio Tribunal
Colenda Câmara

1 – Dos fatos

A agravada apresentou perante o juízo *a quo* pedido de falência contra a agravante consubstanciada no artigo 94, I, da Lei 11.101/05 (Lei de Recuperação e Falências), isto é, sob a alegação de que a mesma não efetuara o pagamento de uma nota promissória no valor de R$ 200.000,00 (duzentos mil reais), vencida em 12/3/2006.

Na oportunidade, a agravante apresentou contestação com base no artigo 98 da citada lei, alegando que o referido título executivo extrajudicial já se encontrava prescrito na época da propositura da ação pela agravada.

Ao temer a decretação da falência, a agravante efetuou o depósito elisivo, nos termos do parágrafo único do artigo 98, o que, por si só, já seria suficiente para obstar a procedência do pedido da agravada.

No entanto, para surpresa da agravante, o ilustre magistrado de primeiro grau julgou procedente o pedido da agravada, prolatando, dessa maneira, a sentença declaratória de falência, objeto do presente agravo por instrumento.

2 – Do direito

Em que pesem os argumentos da agravada, a respeitável decisão do juiz *a quo* deve ser reformada na íntegra, uma vez que não encontra respaldo legal, conforme se demonstrará a seguir.

2.1 – Do cabimento do agravo por instrumento e do efeito suspensivo ativo

O cabimento do presente agravo por instrumento encontra respaldo no artigo 522 do Código de Processo Civil, que preceitua:

> *Das decisões interlocutórias caberá agravo, no prazo de 10 (dez) dias, na forma retida, salvo quando se tratar de decisão suscetível de causar à parte lesão grave e de difícil reparação, bem como nos casos de inadmissão da apelação e nos relativos aos efeitos em que a apelação é recebida, quando será admitida a sua interposição por instrumento. [grifo nosso]*

Como é do conhecimento de Vossas Excelências, após a reforma processual em 2005, as decisões interlocutórias deverão ser atacadas por agravo retido e, excepcionalmente, por instrumento. Isto é, será admitido agravo por instrumento sempre que a decisão for suscetível de causar à outra parte lesão grave ou de difícil reparação. Eis o caso da agravante.

Por intermédio da sentença declaratória de falência, o d. magistrado nomeará o administrador judicial, o qual fará a arrecadação de todo o patrimônio da agravante, consolidando o quadro geral de credores e dando início à realização do ativo para pagamento do passivo.

Portanto, uma vez expropriada de seu patrimônio e com a venda do mesmo de forma antecipada, não resta nenhuma dúvida quanto à lesão grave a que a agravante estará sujeita caso a decisão de primeira instância, objeto do presente recurso, não seja reformada.

Com relação ao efeito suspensivo ativo no recurso de agravo por instrumento, direito à agravante assiste, nos termos dos artigos 527, III, e 558, ambos do CPC. Com a devida vênia, transcrevemos os citados dispositivos legais:

> *Art. 527 – Recebido o agravo de instrumento no tribunal, e distribuído* incontinenti, *o relator:*
> *[...]*
> *III – poderá atribuir efeito suspensivo ao recurso (art. 558), ou deferir, em antecipação de tutela, total ou parcialmente, a pretensão recursal, comunicando ao juiz sua decisão;*
> *[...]*
> *Art. 558 – O relator poderá, a requerimento do agravante, nos casos de prisão civil, adjudicação, remição de bens, levantamento de dinheiro sem caução idônea e em outros casos dos quais possa resultar lesão grave e de difícil reparação, sendo relevante a fundamentação, suspender o cumprimento da decisão até o pronunciamento definitivo da turma ou câmara. [grifo nosso]*

Conforme já narrado no presente recurso, a sentença declaratória de falência produzirá inúmeros efeitos, os quais, certamente, acarretarão lesões gravíssimas à agravante caso o recurso não seja recebido no efeito suspensivo. Isto é, se o processo prosseguir e for autorizada a realização do ativo da agravante, nada mais poderá ser feito, senão suportar a extinção de sua empresa, ainda que requerida sem fundamento legal. Portanto, protesta a agravante pela atribuição do efeito suspensivo ao presente recurso.

2.2 – Dos pressupostos de admissibilidade do recurso

Não obstante, a discussão do mérito da decisão ora agravada ressalta a agravante ao atendimento dos pressupostos de admissibilidade do presente recurso, nos termos do Código de Processo Civil.

Assim sendo, a agravante instrui o presente recurso de agravo por instrumento na forma do artigo 525, I, do CPC, com as seguintes peças: a) com cópias da decisão agravada; b) cópia da certidão da respectiva intimação; e c) cópia das procurações outorgadas aos advogados do agravante e do agravado. Ademais, anexa ao presente agravo as seguintes peças facultativas: a) cópia da petição inicial; b) cópia da sentença; e c) cópia da certidão de intimação da sentença.

As referidas peças ora juntadas são declaradas autênticas pelo advogado, sob sua responsabilidade pessoal, nos termos do artigo 365, IV, do CPC.

Em atendimento ao artigo 524, III, também do CPC, a agravada encontra-se representada no processo pelo advogado (nome e endereço profissional) e a agravante pelo advogado, que esta subscreve (endereço profissional). Por fim, junta a agravante aos autos o comprovante do pagamento das respectivas custas e do porte de retorno, nos termos do artigo 525, § 1.º do CPC.

2.3 – Da reforma da decisão

Conforme se depreende dos fatos narrados pela agravante e pelos documentos ora juntados, a agravada requereu a falência da agravante, com base em uma nota promissória no valor de R$ 200.000,00 (duzentos mil reais), vencida em 12/3/2006.

Na oportunidade, a agravante apresentou contestação (cópia anexa), alegando que o referido título executivo extrajudicial já se encontrava prescrito na época da propositura da ação pela agravada, efetuando, ademais, o depósito elisivo, nos termos da lei falimentar.

Entretanto, o d. magistrado não acolheu as alegações da agravante em sede de contestação e prolatou sua respeitável sentença, declarando-a falida.

Com o devido respeito ao magistrado, sua r. decisão não encontra respaldo na legislação brasileira, o que é pior, viola frontalmente, a lei uniforme e a Lei de Falências.

No que se refere à lei uniforme, não paira dúvida na doutrina e na jurisprudência de que a mesma é aplicável às letras de câmbio e às notas promissórias (Dec. 57.663/66).

A lei uniforme, em seu artigo 70, preceitua que todas as ações contra os devedores da nota promissória prescrevem em três anos, a contar de seu vencimento.

Ora, nobres julgadores, se a nota promissória apresentada pela agravada vencera em 12/3/2006, não resta nenhuma dúvida de que o referido título se encontra prescrito, portanto, inexigível, não podendo assim embasar pedido de falência.

E não é só. O artigo 96, inciso II, da Lei de Falências determina que a falência requerida com base na impontualidade não poderá ser decretada se o suposto devedor provar a prescrição da dívida. Pedimos licença para transcrever o citado dispositivo:

> *A falência requerida com base no artigo 94, inciso I do* caput, *desta lei, não será decretada se o requerido provar:*
> *[...]*
> *II – prescrição;*
> *[...]*

Portanto, a r. decisão do juiz *a quo* deve ser reformada, uma vez que desrespeita toda a legislação pertinente ao processo falimentar.

Como se não bastasse a flagrante prescrição da nota promissória, o que, por si só, impediria a decretação da falência, a agravante, temendo sua falência, efetuou o depósito elisivo, nos termos do parágrafo único do artigo 98 da lei falimentar.

Como é do conhecimento deste egrégio tribunal, o depósito elisivo recebe esse nome pois, uma vez efetuado, elide o processo falimentar, impedindo, dessa maneira, que a falência requerida seja decretada.

Fato é que, efetuado o depósito, a decretação da falência deve ser afastada, convertendo a execução em mera ação de cobrança, o que não ocorreu no caso em tela. A falência da agravante fora decretada.

Ora, claro e comprovado está o direito da agravante no que diz respeito à reforma da decisão agravada, pedindo, portanto, no provimento do presente recurso.

3 – Do pedido

Diante do exposto, a agravante interpõe o presente recurso, a fim de que seja conhecido e provido, para o fim de reformar a decisão ora agravada, restabelecendo o *status quo ante* da agravante.

A agravante requer, outrossim, que seja recebido o presente recurso em seu efeito suspensivo ativo, a fim de ficar sobrestado o processo em curso.

Por fim, será informado o juízo *a quo* da interposição do presente recurso de agravo por instrumento.

Local, data.

Advogado(a)
OAB

Contrarrazões de agravo por instrumento

Como bem ressalta a doutrina especializada, não há na legislação denominação específica para a resposta do agravado. Porém, a meu ver, ante a ausência, acho por bem denominá-la contrarrazões de agravo por instrumento, consubstanciada nos artigos 524, II, e 527, V, ambos do CPC.

Previsão legal

O direito de resposta da agravada (contrarrazões) encontra-se previsto nos artigos 524, II, e 527, V, ambos do CPC.

Interposição

O prazo de interposição ou apresentação das contrarrazões é de dez dias, contados da intimação para resposta (art. 527, V).

Processamento

A interposição das contrarrazões de agravo por instrumento deverá ser feita por meio de petição escrita dirigida ao tribunal competente.

O objeto das contrarrazões de agravo por instrumento, assim como as demais, é bem restrito, limitando-se a impugnar o agravo apresentado pelo agravante.

Não existe na legislação uma forma específica e não há obrigação de recolhimento de preparo, facultando à agravada juntar a documentação que entender conveniente (art. 527, V).

Importante!

As contrarrazões consistem simplesmente no direito de resposta em função do recurso de agravo por instrumento interposto pelo agravante.

O objeto de defesa nas contrarrazões limita-se ao mérito do agravo por instrumento. O prazo para sua interposição é de dez dias. Por fim, será encaminhada ao tribunal competente, mais precisamente ao relator.

Modelo

Contrarrazões de agravo por instrumento

EXCELENTÍSSIMO SENHOR DOUTOR DESEMBARGADOR RELATOR DO AGRAVO POR INSTRUMENTO N.º ___ DA ___ CÂMARA DE DIREITO DO EGRÉGIO TRIBUNAL DE JUSTIÇA DO ESTADO DE ___.

↕ Espaço de 5 linhas

Agravo por instrumento
Processo n.º ____
Agravante: [NOME COMPLETO]
Agravada: [NOME COMPLETO]

↕ Espaço de 5 linhas

"A", já qualificada nos autos do processo em epígrafe, vem, por seu advogado que esta subscreve, respeitosamente, à presença de Vossa Excelência, com fulcro nos artigos 524, II, e 527, V, ambos do CPC, apresentar suas

CONTRARRAZÕES DE AGRAVO POR INSTRUMENTO

contra o agravo por instrumento interposto pela agravante, contra a respeitável decisão de primeiro grau de fls. ____, pelas razões aduzidas.

1 – Dos fatos

A agravante em sede de seu agravo por instrumento interpôs a respeitável decisão interlocutória do juiz de primeiro grau que acatou o pedido da inicial da agravada, decretando sua falência, com base em uma nota promissória no valor de R$ 200.000,00 (duzentos mil reais), vencida em 12/3/2006.

No referido agravo, a agravante alega, ainda, que a referida nota promissória se encontra prescrita por força da lei uniforme, que prevê prazo prescricional de três anos, a contar do vencimento do título. Alega, por fim, que efetuou o depósito elisivo e que, portanto, o magistrado deveria ter afastado a decretação da falência.

2 – Do direito

Em que pesem as alegações da agravante, nenhuma razão lhe assiste, senão vejamos:

Quando a agravante alega que a lei uniforme é aplicável às letras de câmbio e às notas promissórias, razão realmente lhe assiste. Isto é, não paira dúvida, na melhor doutrina e na jurisprudência brasileira, de que a referida lei é aplicável a essas modalidades de título de crédito.

De outro lado, razão não lhe assiste quando alega que o direito ao crédito da agravada se encontra prescrito, uma vez que decorrera mais de três anos, a contar do vencimento da nota promissória. Isso porque, antes do prazo prescricional do referido título, as partes fizeram uma novação da dívida, nos termos do Código Civil de 2002, conforme documento juntado ao processo original e às presentes contrarrazões.

Assim sendo, d. relator, o pedido de falência encontra-se baseado no título decorrente da novação e não na nota promissória, a qual fora juntada na ocasião apenas para justificar o novo acordo realizado pelas partes. Portanto, carecem de fundamentação jurídica e verídica as alegações da agravante, devendo, dessa maneira, ser negado provimento ao agravo por instrumento e, por consequência, reiterada a decisão de primeiro grau.

Como se não bastasse as alegações infundadas da agravante, a mesma alega, d. relator, que no prazo de contestação do pedido de falência efetuara o depósito elisivo, nos termos do artigo 98 da Lei de Falências, e que, uma vez depositada a importância, a falência jamais poderia ter sido decretada, devendo a execução ser convertida em ação de cobrança.

Mais uma vez, não assiste à agravante qualquer razão.

Vejamos o que diz o artigo 98 da Lei de Falências (11.101/05):

> *Citado, o devedor poderá apresentar contestação no prazo de 10 (dez) dias. Parágrafo único – Nos pedidos baseados nos incisos I e II do* caput *do artigo 94 desta lei, o devedor poderá, no prazo de contestação, depositar o valor correspondente ao total do crédito, acrescido de correção monetária, juros e honorários advocatícios, hipótese em que a falência não será decretada e, caso julgado procedente o pedido de falência, o juiz ordenará o levantamento do valor pelo autor. [grifo nosso]*

É inegável que, uma vez efetuado o depósito elisivo, a falência requerida com base na impontualidade injustificada não pode ser decretada pelo juiz. No entanto, destacamos do transcrito artigo que a lei exige o depósito correspondente ao valor total do crédito, o qual deverá ser acrescido de correção monetária, juros e honorários advocatícios, fato este que não ocorreu.

Como se depreende do comprovante do depósito efetuado pela agravante e juntado aos autos, o valor depositado diz respeito apenas ao valor principal do crédito. Não fora depositado o valor corrigido, tampouco os honorários advocatícios do patrono da agravada. Portanto, d. relator, se o depósito efetuado pela agravante não consiste no valor total do crédito, o mesmo não deve ser entendido como depósito elisivo, e, ao contrário do que alega a agravante, a falência deverá ser decretada pelo juiz de primeiro grau.

Não resta dúvida da correta decisão do MM. juiz de primeiro grau ao decretar a falência da agravante. Demonstrado, ademais, está o direito da agravada, na manutenção da respeitável decisão atacada pelo agravo por instrumento.

3 – Do pedido

Diante de todo o exposto, pede a agravada que seja negado provimento ao presente recurso de agravo por instrumento interposto pela agravante, com a devida manutenção da decisão interlocutória de primeira instância, em seus exatos termos, confirmando a falência da agravante, não atribuindo, ademais, nenhum efeito suspensivo ativo ao referido recurso.

Local, data.

Advogado(a)
OAB

Embargos infringentes

Cabem embargos infringentes, nos termos do artigo 530 do CPC, quando o acórdão não unânime houver reformado, em grau de apelação, a sentença de mérito ou houver julgado procedente ação rescisória. Sendo parcial o desacordo, os embargos ficarão restritos à matéria objeto da divergência. Assim, segundo o magistério de Nelson Luiz Pinto (*op. cit.*, p. 161-2):

> *Busca-se com os embargos infringentes não obter a unanimidade no julgamento, que dificilmente ocorrerá (apesar de existir a possibilidade de que os juízes prolatores dos votos vencidos mudem seus votos por ocasião do julgamento dos infringentes), mas tão somente nova oportunidade para que a turma julgadora, normalmente composta por mais dois membros (cinco juízes no caso dos tribunais de São Paulo, pois a questão da formação da turma julgadora dos infringentes é matéria pertinente aos regimentos internos de cada tribunal), reaprecie a matéria objeto da divergência e profira nova decisão, desta vez favorável ao embargante, mas que ainda poderá continuar sendo não unânime.*

Com efeito, o recurso em comento tem apenas o objetivo de fazer prevalecer os fundamentos do voto vencido. Assim, a matéria apresentada em sede recursal estará adstrita, exclusivamente, ao voto vencido, de tal sorte que o embargante nada mais poderá requerer senão a manutenção do referido voto, tendo em vista seus próprios fundamentos.

Nessa direção, Wambier lembra que o efeito devolutivo dos embargos infringentes é restrito, na medida em que se limita a discussão entre os votos vencedores e o voto vencido.

Procedimento

O prazo para interposição desse recurso é de 15 dias, conforme estabelece o artigo 508 do CPC, sendo processado nos próprios autos. O recurso será apresentado ao relator da apelação ou da ação rescisória, conforme o caso, abrindo-se em seguida vistas ao recorrido para que, dentro de 15 dias, apresente suas contrarrazões; apresentadas, o relator do acórdão embargado apreciará a admissibilidade do recurso, de acordo com o artigo 531.

Ausentes os pressupostos de admissibilidade, a saber, a tempestividade, a existência de divergência entre a turma julgadora, a adequação dos embargos em relação ao recurso originário, a falta de razões do pedido de nova decisão, entre outros, o relator do recurso não admitirá os embargos infringentes. Da decisão que não os admitir caberá recurso de agravo, em cinco dias, ao órgão competente para o julgamento do recurso, conforme preceitua o artigo 532.

Como referido dispositivo denomina especificamente o recurso de *agravo*, este se processará nos próprios autos principais sem formação do instrumento e sem audiência da parte contrária, e o prolator da decisão agravada poderá reconsiderá-la.

Para Wambier, não se trata de agravo por instrumento ou retido, e sim de nova modalidade de agravo.

De outro lado, a oposição de embargos infringentes, quando incabíveis, não suspende nem interrompe o prazo para outros recursos.

Admitidos os embargos, serão processados e julgados conforme dispuser o regimento interno do tribunal. Caso a norma regimental determine a escolha de novo relator, esta recairá, se possível, em juiz que não tenha participado do julgamento anterior.

Com relação ao preparo, a lei estadual de São Paulo, em seu artigo 4.º, II (11.608/03), determina o recolhimento de 2% sobre o valor da causa, em atendimento ao artigo 511 do CPC:

> *No ato de interposição do recurso, o recorrente comprovará, quando exigido pela legislação pertinente, o respectivo preparo, inclusive porte de remessa e de retorno, sob pena de deserção.*
> *§ 1.º – São dispensados de preparo os recursos interpostos pelo Ministério Público, pela União, pelos Estados e Municípios e respectivas autarquias, e pelos que gozam de isenção legal.*
> *§ 2.º – A insuficiência no valor do preparo implicará deserção, se o recorrente, intimado, não vier a supri-lo no prazo de cinco dias.*

Importante!

Cabem embargos infringentes, nos termos do artigo 530 do CPC, quando o acórdão não unânime:

a) houver reformado, em grau de apelação, a sentença de mérito;
b) houver julgado procedente ação rescisória.

Sendo parcial o desacordo, os embargos ficarão restritos à matéria objeto da divergência. Por fim, o prazo para interposição desse recurso é de 15 dias.

Modelo

Embargos infringentes – Peça de interposição

EXCELENTÍSSIMO SENHOR DOUTOR DESEMBARGADOR RELATOR DA ____ CÂMARA DE DIREITO DO EGRÉGIO TRIBUNAL DE JUSTIÇA DO ESTADO DE ____.

↕ Espaço de 5 linhas

Processo n.º ____
Acórdão n.º ____

↕ Espaço de 5 linhas

"A", já qualificada nos autos do processo em epígrafe, por seu advogado infra-assinado, que ora subscreve, inconformada com v. acórdão de fls. ____, que por maioria de votos acolheu a pretensão da embargada, reformando a respeitável decisão de primeiro grau, vem, respeitosamente, com base no artigo 530 do Código de Processo Civil, opor os presentes

EMBARGOS INFRINGENTES

endereçados à ____ Câmara de Direito do Egrégio Tribunal de Justiça do Estado de ____, consubstanciados nas razões de recurso anexas, acompanhados do comprovante do devido preparo.

Termos em que,
pede deferimento.

Local, data.

Advogado(a)
OAB

Razões de embargos infringentes

Embargante: [NOME COMPLETO]
Embargada: [NOME COMPLETO]
Processo n.º ____
Acórdão n.º ____

Egrégio Tribunal
Colenda Câmara

1 – Dos fatos

A embargante, conforme se depreende do processo de origem, na qualidade de credora da embargada, propôs a ação revocatória para tornar ineficaz a transferência de um bem da embargada para um terceiro com o intuito de fraudar os credores da massa falida, em razão do processo falimentar instaurado.

A presente ação revocatória foi julgada procedente pelo juiz da ____ Vara de Falência e Recuperação de Empresas da Comarca de ____, o qual declarou ineficaz a transferência e, por consequência, determinou a busca do bem para integrar a massa falida.

A embargada, por sua vez, inconformada com a r. decisão do juiz, apresentou recurso de apelação, que, decidido por maioria de votos, reformou a respectiva decisão, julgando improcedente o pedido formulado pela embargante.

2 – Do acórdão

Em primeiro lugar, cumpre ressaltar o cabimento dos presentes embargos infringentes pela embargante, uma vez que houve divergência no julgamento da apelação, o que justifica sua oposição, conforme preceitua o artigo 530 do Código de Processo Civil, a saber:

Cabem embargos infringentes quando o acórdão não unânime houver reformado, em grau de apelação, a sentença de mérito, ou houver julgado procedente ação rescisória. Se o desacordo for parcial, os embargos serão restritos à matéria objeto da divergência.

Segundo o acórdão que reformou a decisão de primeiro grau, prevaleceu o entendimento de que não ficou comprovada a intenção da embargada em fraudar os credores no processo falimentar. Assim, publicado o acórdão:

Ementa

Ação revocatória – Inocorrência de decadência do direito de pleitear a ineficácia do ato de alienação do imóvel para primeira e segunda rés – Pretensão julgada procedente – Descabimento – Imóvel cujo compromisso de compra e venda foi firmado antes do termo legal da falência – Registro da transferência da propriedade que se deu no período suspeito – Hipótese em que a declaração de ineficácia do negócio jurídico e de nulidade do respectivo registro demanda a comprovação irretorquível da ocorrência de fraude, a teor do artigo 53 da antiga Lei de Falências – Precedentes do STJ – Ausência dessa comprovação no caso sub judice *– Transferência da propriedade à primeira ré que se deu quase dez anos antes do decreto de quebra – Negociação que não se mostrou irrita ao bom direito, nem afastada da legalidade – Improcedência do pedido – Recursos providos.*

Com a devida vênia, não obstante o entendimento dos d. desembargadores prolatores do citado acórdão, a embargante entende e defende a tese do d. desembargador [NOME], que negou provimento à apelação, pois entendera que ficara comprovada a fraude pela embargada. A esse respeito, citamos na íntegra seu voto, porém, vencido:

Meu voto, permissa vênia da douta maioria, negava provimento ao recurso.
De início, cumpre consignar que a preliminar de decadência, em que se insiste no apelo, não era mesmo de ser reconhecida. A propósito do tema, o voto do eminente relator e bem aquele do eminente revisor deram conta à sociedade – de demonstrar sua falibilidade. Desnecessários, pois, outros argumentos. Na medida em que não houve desídia do síndico ao não publicar o aviso, o prazo não se iniciou, não sendo razoável aplicar-se analogicamente o prazo prescricional da responsabilidade penal do falido, como alhures se surgiu.
Afastada a decadência, tenho que no mérito a decisão deve ser mantida.
A venda do imóvel onde se situava o estabelecimento comercial sede da empresa às vésperas da concordata torna-a inegavelmente suspeita.
Só os elementos objetivos isso indicam. Primeiro, a proximidade com a impetração do favor legal. Segundo, a venda parcelar sem entrega da posse. Terceiro, declarar a ora falida, quando da interpretação da concordata, sua sede no imóvel já vendido. Quarto, a existência de dívidas pendentes – tanto que necessária a impetração da concordata – sem reserva de bens para pagamento. Quinto, a aquisição de imóvel de tamanho significativo sem que a primordial adquirente para lá transferisse sua sede. Sexto, sendo tal adquirente empresa, se dedicasse à compra e venda imobiliária quando esse não é seu objeto social (e desde o compromisso de compra e venda até os atos mais recentes tal adquirente não indicasse local diverso como sendo sua sede). Sétimo, a total ausência de comprovação do efetivo pagamento dos valores e, em especial, das parcelas que se venceram no curso da concordata. Oitavo, a venda desse mesmo imóvel para a atual adquirente nada menos que dois dias antes da efetiva quebra. Nono, o fato de a falida ter vendido o imóvel, mas nunca ter quitado seus débitos – e, por omissão deliberada ou não, se desconhece a solução ao pedido de concordata –, o que é incompatível com a postura de quem vendeu porque necessitava solver débitos.
Por certo não se desconhece que a inicial deveria ter sido mais bem instruída e amealhado inúmeros outros fatos que motivavam o questionamento sobre a suspeitíssima – quiçá fraudulenta, mesmo – venda realizada. Mas certamente isso não impede que a busca da verdade real se faça, em benefício da coletividade de credores.

A meu sentir, portanto, a venda é suspeita e deve mesmo assim ser declarada, devolvendo-se o imóvel à falida, respeitada, por evidente, a indenização devida pelas benfeitorias. De toda sorte, e se esse não fosse o entendimento do tribunal, tenho que a reversão do julgado para concluir pela improcedência é impossível, ao menos nessa oportunidade.
É que um dos fundamentos do pedido era a desproporção do valor real e do preço pago, circunstância que a sentença nem sequer cogitou e que traduziu verdadeiro cerceamento do direito para a massa. E, por cuidar a matéria de ordem pública, independia de apelo específico, podendo ser reconhecida de ofício pelo tribunal.
Nem se imagine falta de apelo da massa ou do próprio Ministério Público nesse sentido. Julgada procedente a ação, impossível que apelassem sobre os fundamentos da decisão. Como a conclusão era favorável, gravame inexistiu a justificar sua interposição, até porque o recurso condicional não se poderia admitir.
A meu sentir, a venda é ilegal e teve por fim exclusivamente prejudicar os credores da falida, de modo que isso deve o Poder Judiciário reconhecer.
Por tais razões, meu voto propõe a manutenção do julgado; mas, caso isso se mostre impossível, essencial a anulação dele para que se permita a dilação probatória, em especial para que se apurem a efetiva (e não meramente nominal) transferência de todos os valores pagos, o valor pago e o preço real, a efetiva utilização do imóvel pela primitiva adquirente (já que a comercialização de imóveis não se insere em seu objeto social), seja diretamente, seja pela exploração indireta, com os respectivos consectários fiscais e sua escrituração, decorrentes dessa utilização, o valor da venda para a atual adquirente e sua também adequação com o preço real. Tudo a espancar os sombrios pontos que envolveram – e ainda envolvem – essa negociação.
Há muito ainda que se poderá provar com diligências úteis – e o Ministério Público de primeiro grau tem ampla possibilidade de requerê-las – para que a verdade venha à tona. Assim se orienta meu voto, respeitada a convicção da douta maioria. [O PRESENTE VOTO FOI EXTRAÍDO NA ÍNTEGRA DE UM PROCESSO DE FALÊNCIA, OBJETO DE APELAÇÃO, PERANTE O EGRÉGIO TRIBUNAL DE JUSTIÇA DE SÃO PAULO. FORAM RETIRADOS, CONTUDO, DADOS PESSOAIS, NÚMEROS E DEMAIS ELEMENTOS IDENTIFICADORES DAS PARTES ENVOLVIDAS.]

Com efeito, pretende a embargante, por intermédio da oposição dos presentes embargos infringentes, nos termos do artigo 530 do CPC, provocar o reexame da matéria, no sentido de prevalecerem os argumentos sustentados pelo voto vencido, por estarem em conformidade com a jurisprudência dos tribunais superiores.

3 – Nova decisão

Conforme narrado nos fatos, trata-se de ação revocatória com o intuito de tornar ineficaz a transferência de um bem a terceiro, a qual fora objeto de apelação, o que em razão dos votos autoriza a oposição dos presentes embargos infringentes.

Os argumentos do d. desembargador, cujo voto foi vencido, encontram respaldo na jurisprudência do Superior Tribunal de Justiça, atualmente pacificada, no sentido do direito à ação revocatória, independentemente da comprovação real de fraude.

Ementa

Recurso especial. Direito empresarial. Negativa de prestação jurisdicional. Inexistência. Alienação de imóveis após a decretação da sentença falimentar. Nulidade absoluta. Ajuizamento da ação revocatória. Medida desnecessária. Nulidade reconhecida ex officio. *Alegações incognoscíveis. Súmula 7 do STJ. Recurso improvido.*

1. Negativa de prestação jurisdicional. Inexistência.

2. O falido não tem o poder de dispor de seus bens, por isso qualquer alienação realizada após a decretação da falência, salvo as exceções legais, é considerada nula, pois infringe os princípios norteadores da par conditio creditorum, *motivo pelo qual pode ser reconhecida* ex officio.

3. In casu, *a alienação dos imóveis ocorreu após a existência de sentença falimentar, circunstância que torna nulo o ato de disposição patrimonial.*

4. O ajuizamento de ação revocatória, para atacar a aludida alienação, mostra-se desnecessário, tendo em vista que esse remédio processual visa à desconstituição de negócio jurídico realizado dentro do termo legal, ou seja, antes da decretação da falência.

5. Alegações incognoscíveis. A alteração do julgado, da maneira exposta nas razões do especial, demanda incursão indevida nos aspectos fáticos dos autos, situação interditada pela Súmula 7 do STJ.

6. Recurso especial improvido.

Portanto, não resta dúvida quanto ao cabimento da ação revocatória, protestando, assim, a embargante por novo julgamento.

4 – Do pedido

Diante do exposto, pede que sejam providos e conhecidos os presentes embargos infringentes, para o fim de que prevalecendo os fundamentos do voto vencido seja reformado o acórdão recorrido e, por consequência, seja mantida a respeitável sentença de primeiro grau.

Local, data.

Advogado(a)
OAB

Contrarrazões dos embargos infringentes

As contrarrazões dos embargos infringentes consistem no direito de resposta da embargada à oposição dos embargos infringentes pela embargante.

Assim como nas demais contrarrazões, seu objeto é bem restrito, isto é, poderá a embargada, ao oferecer suas contrarrazões, impugnar apenas os embargos infringentes.

Previsão legal

A previsão das contrarrazões dos embargos infringentes encontra-se no artigo 531 do Código de Processo Civil:

Interpostos os embargos, abrir-se-á vista ao recorrido para contrarrazões; após, o relator do acórdão embargado apreciará a admissibilidade do recurso.

Interposição

As contrarrazões dos embargos infringentes serão apresentadas em petição escrita, porém em duas partes: a primeira, a de interposição, endereçada ao relator do acórdão; a segunda, as contrarrazões propriamente ditas. Nessa segunda peça, a embargada deverá apresentar todos os argumentos que entender cabíveis, lembrando, contudo, que seu objeto é bem restrito. Sua interposição, no fim, independe de preparo.

O prazo de interposição ou apresentação das contrarrazões é de 15 dias (art. 508, CPC).

Importante!

As contrarrazões dos embargos infringentes serão apresentadas em petição escrita, porém em duas partes – a primeira, a de interposição; a segunda, as contrarrazões. Seu prazo é de 15 dias, e seu objeto se restringe às alegações apresentadas pela embargante nos embargos infringentes.

Modelo

Contrarrazões dos embargos infringentes – Peça de interposição

EXCELENTÍSSIMO SENHOR DOUTOR DESEMBARGADOR RELATOR DA ____ CÂMARA DE DIREITO DO EGRÉGIO TRIBUNAL DE JUSTIÇA DO ESTADO DE ____.

↕ Espaço de 5 linhas

Processo n.º ____
Acórdão n.º ____

↕ Espaço de 5 linhas

"B", já qualificada nos autos do processo em epígrafe, por seu advogado infra-assinado, que ora subscreve, vem, respeitosamente, à presença de Vossa Excelência, com fulcro no artigo 531 do Código de Processo Civil, apresentar suas

CONTRARRAZÕES DOS EMBARGOS INFRINGENTES

na forma das razões anexas, requerendo a devida juntada aos autos.

Termos em que,
pede deferimento.

Local, data.

Advogado(a)
OAB

Contrarrazões dos embargos infringentes

Embargante: [NOME COMPLETO]
Embargada: [NOME COMPLETO]
Processo de origem n.º ____
Comarca de origem: ____

Egrégio Tribunal
Colenda Câmara

1 – Dos fatos

A embargada fora objeto de ação revocatória proposta pela embargante com o intuito de tornar ineficaz a transferência de um bem a terceiro.

A sentença de primeira instância julgou procedente o pedido da embargante, declarando a referida transferência ineficaz, ordenando, por consequência, a volta do bem à massa falida. A embargada, não se conformando com a respeitável decisão de primeiro grau, apresentou recurso de apelação, o qual teve provimento, sendo reformada a referida decisão por força do acórdão, ora objeto dos embargos infringentes, opostos pela embargante.

2 – Do recurso

Conforme se depreende dos fatos acima narrados, a embargante opôs os embargos infringentes contra o acórdão que reformou a decisão de primeiro grau, sob a alegação de que não ficara comprovada a fraude pela embargada.

No entanto, alega a embargante que o entendimento correto é aquele proferido pelo d. desembargador [NOME], cujo voto fora vencido, uma vez que seus argumentos encontram respaldo na jurisprudência dos tribunais superiores e que a fraude resta cristalina.

Em que pesem os argumentos da embargante, razão não lhe assiste. A afirmação de que as jurisprudências dos tribunais superiores são favoráveis a seu pleito não reflete na jurisprudência brasileira.

A embargada, com a devida vênia, cita as melhores jurisprudências sobre o caso em tela, com o objetivo de comprovar que as alegações da embargante são infundadas e, portanto, não devem ser acolhidas por este egrégio tribunal.

Ementa

Direito civil e comercial. Desconsideração da personalidade jurídica. Semelhança com as ações revocatória falencial e pauliana. Inexistência. Prazo decadencial. Ausência. Direito potestativo que não se extingue pelo não uso. Deferimento da medida nos autos da falência. Possibilidade. Ação de responsabilização societária. Instituto diverso. Extensão da disregard *a ex-sócios. Viabilidade.*

1. A desconsideração da personalidade jurídica não se assemelha à ação revocatória falencial ou à ação pauliana, seja em suas causas justificadoras, seja em suas consequências. A primeira (revocatória) visa ao reconhecimento de ineficácia de determinado negócio jurídico tido como suspeito, e a segunda (pauliana), à invalidação de ato praticado em fraude a credores, servindo ambos os instrumentos como espécies de interditos restitutórios, no desiderato de devolver à massa, falida ou insolvente, os bens necessários ao adimplemento dos credores, agora em igualdade de condições (arts. 129 e 130, Lei 11.101/05, e art. 165, Código Civil de 2002).
2. A desconsideração da personalidade jurídica, a sua vez, é técnica consistente não na ineficácia ou invalidade de negócios jurídicos celebrados pela empresa, mas na ineficácia relativa da própria pessoa jurídica – rectius, *ineficácia do contrato ou estatuto social da empresa –, frente a credores cujos direitos não são satisfeitos, mercê da autonomia patrimonial criada pelos atos constitutivos da sociedade.*
3. Com efeito, descabe, por ampliação ou analogia, sem qualquer previsão legal, trazer para a desconsideração da personalidade jurídica os prazos decadenciais para o ajuizamento das ações revocatória falencial e pauliana.
4. Relativamente aos direitos potestativos para cujo exercício a lei não vislumbrou necessidade de prazo especial, prevalece a regra geral da inesgotabilidade ou da perpetuidade, segundo a qual os direitos não se extinguem pelo não uso. Assim, à míngua de previsão legal, o pedido de desconsideração da personalidade jurídica, quando preenchidos os requisitos da medida, poderá ser realizado a qualquer momento.
5. A superação da pessoa jurídica afirma-se como um incidente processual e não como um processo incidente, razão pela qual pode ser deferida nos próprios autos da falência, nos termos da jurisprudência sedimentada do STJ.
6. Não há como confundir a ação de responsabilidade dos sócios e administradores da sociedade falida (art. 6.º, Decreto-Lei 7.661/45, e art. 82, Lei 11.101/05) com a desconsideração da personalidade jurídica da empresa. Na primeira, não há um sujeito oculto, ao contrário, é plenamente identificável e evidente, e sua ação infringe seus próprios deveres de sócio/administrador, ao passo que, na segunda, supera-se a personalidade jurídica sob cujo manto se escondia a pessoa oculta, exatamente para evidenciá-la como verdadeira beneficiária dos atos fraudulentos. Ou seja, a ação de responsabilização societária, em regra, é medida que visa ao ressarcimento da sociedade por atos próprios dos sócios/administradores, ao passo que a desconsideração visa ao ressarcimento de credores por atos da sociedade, em benefício da pessoa oculta.
*7. Em sede de processo falimentar, não há como a desconsideração da personalidade jurídica atingir somente as obrigações contraídas pela sociedade antes da saída dos sócios. Reconhecendo o acórdão recorrido que os atos fraudulentos, praticados quando os recorrentes ainda faziam parte da sociedade, foram causadores do estado de insolvência e esvaziamento patrimonial por que passa a falida, a superação da pessoa jurídica tem o condão de estender aos sócios a responsabilidade pelos créditos habilitados, de forma a solvê-los de acordo com os princípios próprios do direito falimentar, sobretudo aquele que impõe igualdade de condição entre os credores (*par conditio creditorum*), na ordem de preferência imposta pela lei.*
8. Recurso especial parcialmente conhecido e não provido.

Ementa

Ação revocatória. Alienação de bens imóveis dentro do termo legal. Acórdão que diante das provas constantes dos autos reconheceu a fraude praticada em prejuízo aos demais credores da massa falida e, ainda, a prática da venda tida como fraudulenta, como meio de pagamento de dívida de forma diversa da contratada. Impossibilidade de se rever nessa instância tal entendimento. Incidência da Súmula 7/STJ. Recurso especial não conhecido.

1. Não é possível modificar, sede de ação revocatória, os critérios de fixação do termo legal da falência, pois eventual ilegalidade na fixação do termo legal deveria ser alegada no momento oportuno, tal como determina o parágrafo do artigo 22 da revogada Lei de Quebras.

2. No tocante a alegada violação ao artigo 52-VII, Lei de Falências, é bem verdade que o STJ firmou posição no sentido de que "a alienação de bem pertencente à falida, realizada dentro do termo legal, mas antes da decretação da quebra, não se subsume ao artigo 52, inciso VII, da antiga Lei de Falências, mas, eventualmente, ao artigo 53, dependendo a ineficácia do negócio, em relação à massa, de prova da ocorrência de fraude a credores" (REsp 806044/RS, desta relatoria, DJe *19/4/2010).*

3. No caso concreto, contudo, a aplicação dos artigos 52, VII, e 53 da Lei de Falências, pelo acórdão, deu-se com base nas provas constantes dos autos, que comprovaram a fraude contra credores.

4. Recurso especial não conhecido.

Portanto, resta cristalino na jurisprudência do Superior Tribunal de Justiça que, se a transferência dos bens não se deu dentro do termo legal de falência, sua ineficácia depende de fraude comprovada pelo falido, no caso, pela embargada, o que não ficou comprovado no decorrer do processo movido pela embargante.

Assim sendo, assiste à embargada o direito à manutenção do acórdão, objeto dos embargos infringentes.

3 – Do pedido

Diante do exposto, pede que seja negado provimento aos embargos infringentes, com a devida manutenção do acórdão recorrido.

Local, data.

Advogado(a)
OAB

Embargos de declaração

Os embargos de declaração terão cabimento quando (art. 535, CPC): houver, na sentença ou no acórdão proferido por quem de direito, obscuridade ou contradição; forem omitidas matérias sobre as quais deveria se pronunciar o juiz de primeira instância ou tribunal.

Verifica-se, pois, que esse recurso poderá ser oposto não apenas contra sentença ou acórdão, mas também contra uma decisão interlocutória.

De outro lado, é pacífica a jurisprudência no sentido de que a utilização dos embargos de declaração com a finalidade ilícita e manifesta de adiar a efetividade da decisão atacada enseja o não conhecimento dos embargos e a concessão, excepcional, de eficácia imediata da decisão, independentemente de seu trânsito em julgado.

Assim, quando os embargos forem declarados, pelo juiz ou pelo tribunal, manifestamente protelatórios, o embargante será condenado a pagar multa ao embargado, a qual não poderá exceder a 1% do valor atribuído à causa. Se, porém, houver reiteração dos embargos protelatórios, a multa será elevada em até 10% do valor da causa, ficando condicionada a interposição de qualquer outro recurso ao depósito de tal valor, conforme parágrafo único do artigo 538 do CPC.

Como bem destaca Nelson Luiz Pinto (*op. cit.*, p. 178):

> *São também os embargos de declaração utilizados com o objetivo de prequestionamento de questão federal ou de questão constitucional, para efeito de viabilizar a interposição de recurso especial ou recurso extraordinário. Trata-se de requisito necessário à admissão desses recursos, nos quais não se pôde ventilar questões que não foram objeto de tratamento no acórdão recorrido.*

Ressalte-se que o pressuposto de admissibilidade dos embargos declaratórios é a existência de obscuridade ou contradição na decisão ou omissão de algum ponto sobre o qual o julgador deveria ter-se pronunciado. Assim, cabe distinguir entre obscuridade, contrariedade e omissão.

Obscuridade é a característica de que se reveste a decisão ambígua, ou seja, que propicia a possibilidade de interpretações distintas; contrariedade é a característica que possibilita entendimentos diretamente opostos; e omissão representa a lacuna, ou seja, implica decisão silente que não menciona aquilo que deveria ser mencionado.

Processamento

Os embargos de declaração devem ser opostos no prazo de cinco dias, em petição dirigida ao juiz ou relator, indicando o ponto obscuro, contraditório ou omisso, não estando sujeitos a preparo (art. 536, CPC). Note-se, de outro lado, que o pedido de declaração não está adstrito à parte vencida, e sim a qualquer das partes a que interesse o esclarecimento ou a integração da decisão.

Opostos os embargos declaratórios, o juiz os julgará em cinco dias, já nos tribunais, e o relator os apresentará em mesa na sessão subsequente, proferindo seu voto (art. 537, CPC).

A oposição dos embargos de declaração interromperá o prazo para a interposição de outros recursos, por qualquer das partes (art. 538, CPC).

Nesse sentido, vale lembrar que a interrupção do prazo, diferentemente da mera suspensão, implica que o prazo recomeça a correr por inteiro, desde a intimação da decisão. Nos Juizados Especiais, porém, não há interrupção, e sim suspensão do prazo para recurso.

Importante!

São cabíveis os embargos de declaração quando:
a) houver, na sentença ou no acórdão, obscuridade ou contradição;
b) for omitido ponto sobre o qual devia se pronunciar o juiz ou tribunal.

São utilizados, ainda, para prequestionar matérias de ordem federal ou constitucional, viabilizando a interposição do recurso especial e do recurso extraordinário.

Por fim, devem ser opostos no prazo de cinco dias, interrompendo, ademais, o prazo para interposição de outros recursos, não estando sujeitos a preparo.

Modelo

Embargos de declaração

EXCELENTÍSSIMO SENHOR DOUTOR JUIZ DE DIREITO DA ____ VARA CÍVEL DA COMARCA DE ____, ESTADO DE ____.

↕ Espaço de 5 linhas

Processo n.º ____

↕ Espaço de 5 linhas

"A", já qualificada nos autos do processo em epígrafe, por seu advogado infra-assinado, vem, perante Vossa Excelência, com fulcro no artigo 535 do CPC, opor os presentes

EMBARGOS DE DECLARAÇÃO

pelas razões de fato e de direito a seguir aduzidas:

1 – Dos fatos

A embargante ingressou perante este respeitável juízo com pedido de falência da embargada, com base no artigo 94, I, da Lei de Recuperação e Falências (11.101/05), requerendo, ademais, a devida declaração de inconstitucionalidade de forma incidental do citado artigo ao atrelar o pedido de falência com base na impontualidade em valor superior a 40 (quarenta) salários mínimos.

A embargada, por sua vez, apresentou contestação, alegando que os argumentos da embargante não encontram respaldo na lei. Alega, ainda, que o dispositivo legal atacado pela embargante é constitucional e que, portanto, o valor mínimo determinado pela lei deve ser respeitado e, por consequência, sua falência jamais poderia ser decretada, uma vez que a embargante é credora de R$ 5.000,00 (cinco mil reais) apenas, não atingindo o valor mínimo necessário.

A respeitável sentença do MM. juiz julgou improcedente o pedido da embargante, acolhendo, portanto, as alegações da embargada. No entanto, o d. juiz foi omisso quanto à constitucionalidade ou não do artigo 94, I, da Lei de Recuperação e Falências.

2 – Do direito

Conforme se depreende dos fatos narrados, a respeitável sentença do d. juiz julgou improcedente o pedido da ora embargante. Contudo, ele não se manifestou sobre a constitucionalidade ou não da exigência de valor mínimo para pedido de falência, alegado na inicial pela embargante. Portanto, não resta dúvida de que a r. sentença se apresenta omissa e que, conforme o artigo 535, II, do CPC, faculta à parte que entender conveniente, a oposição dos embargos de declaração:

Art. 535 – Cabem embargos de declaração quando:
[...]
II – for omitido ponto sobre o qual devia pronunciar-se o juiz ou tribunal.
[...]

A omissão quanto à constitucionalidade ou não do dispositivo da Lei de Recuperação e Falências poderá acarretar prejuízo ao direito da embargante, impedindo prosseguimento a futuros recursos, dentre eles o recurso especial e o recurso extraordinário, não restando alternativa senão a elaboração do presente pedido.

3 – Do pedido

Diante do exposto, pede a embargante que sejam os presentes embargos de declaração conhecidos e julgados procedentes, a fim de suprimir a omissão da respeitável sentença, com o devido pronunciamento do d. magistrado sobre a inconstitucionalidade do artigo 94, I, da Lei de Recuperação e Falências.

Termos em que
pede deferimento.

Local, data.

Advogado(a)
OAB

Recurso ordinário

O recurso ordinário encontra-se previsto na Constituição Federal de 1988 em seus artigos, 102, II, e 105, II:

Art. 102 – Compete ao Supremo Tribunal Federal, precipuamente, a guarda da Constituição, cabendo-lhe:
[...]
II – julgar, em recurso ordinário:
a) o habeas corpus, *o mandado de segurança, o* habeas data *e o mandado de injunção decididos em única instância pelos tribunais superiores, se denegatória a decisão;*
[...]

Art. 105 – Compete ao Superior Tribunal de Justiça:
[...]
II – julgar, em recurso ordinário:
a) os habeas corpus *decididos em única ou última instância pelos Tribunais Regionais Federais ou pelos tribunais dos Estados, do Distrito Federal e Territórios, quando a decisão for denegatória;*
b) os mandados de segurança decididos em única instância pelos Tribunais Regionais Federais ou pelos tribunais dos Estados, do Distrito Federal e Territórios, quando denegatória a decisão;
c) as causas em que forem partes Estado estrangeiro ou organismo internacional, de um lado, e, do outro, Município ou pessoa residente ou domiciliada no país;
[...]

Conforme se depreende dos artigos transcritos, a competência para o julgamento do recurso ordinário será tanto do STF como do STJ, observada a disciplina dos artigos 539 e 540 do CPC sobre a matéria:

Art. 539 – Serão julgados em recurso ordinário:
I – pelo Supremo Tribunal Federal, os mandados de segurança, os habeas data *e os mandados de injunção decididos em única instância pelos tribunais superiores, quando denegatória a decisão;*
II – pelo Superior Tribunal de Justiça:
a) os mandados de segurança decididos em única instância pelos Tribunais Regionais Federais ou pelos tribunais dos Estados e do Distrito Federal e Territórios, quando denegatória a decisão;
b) as causas em que forem partes, de um lado, Estado estrangeiro ou organismo internacional e, do outro, Município ou pessoa residente ou domiciliada no país.
Parágrafo único – Nas causas referidas no inciso II, alínea "b", caberá agravo das decisões interlocutórias.

Art. 540 – Aos recursos mencionados no artigo anterior aplica-se, quanto aos requisitos de admissibilidade e ao procedimento no juízo de origem, o disposto nos capítulos II e III deste título, observando-se, no Supremo Tribunal Federal e no Superior Tribunal de Justiça, o disposto nos seus regimentos internos.

Interposição

O prazo para interposição do recurso ordinário é de 15 dias, conforme artigo 508 do CPC.

O recurso interposto de decisão proferida em mandado de segurança, por ter natureza similar à da apelação, devolve ao tribunal o conhecimento de toda a matéria alegada na impetração, independentemente de eventual análise pelo tribunal de origem, em especial quando se tratar de matéria de ordem pública e que, portanto, pode ser conhecida a qualquer tempo. Esse é o posicionamento do STJ. Assim, o prequestionamento não é requisito de admissibilidade do recurso ordinário.

O recurso ordinário não será conhecido quando as razões forem apresentadas fora de prazo ou quando vier desacompanhado das razões do pedido de reforma da decisão.

Da decisão monocrática que em mandado de segurança originário impetrado nos Tribunais Regionais Federais ou em tribunais estaduais e do Distrito Federal indeferir a petição inicial caberá ao interessado interpor agravo por instrumento ao colegiado competente para o julgamento do mandado de segurança. Entretanto, da decisão que negar provimento a tal agravo, bem como da que confirmar o indeferimento da inicial, caberá recurso ordinário.

Ademais, caso um tribunal estadual ou do Distrito Federal denegue em única instância o mandado de segurança, será cabível, também o recurso ordinário, independentemente de versar ou não sobre matéria constitucional.

Importante!

O recurso ordinário, segundo a Constituição Federal, será julgado pelo Supremo Tribunal Federal ou pelo Superior Tribunal de Justiça. Seu cabimento encontra-se previsto nos artigos 102 e 105 da CF e 539 e 540 do CPC.

O prazo para interposição dessa modalidade recursal é de 15 dias, nos termos do artigo 508 do CPC.

Modelo

Recurso ordinário – Peça de interposição

EXCELENTÍSSIMO SENHOR DOUTOR DESEMBARGADOR DO TRIBUNAL DE JUSTIÇA DO ESTADO DE ____.

↕ Espaço de 5 linhas

Processo n.º ___

↕ Espaço de 5 linhas

"A", já qualificado nos autos do processo em epígrafe, vem, por seu advogado que esta subscreve, com fulcro no artigo 105, II, "a", da Constituição Federal e no artigo 539, II, do Código de Processo Civil, interpor o presente

RECURSO ORDINÁRIO

com o escopo de ver reformada a decisão de fls. ____, anexando, para tanto, as razões recursais.

Pedido

Posto isso, pede que seja recebido e regularmente processado o recurso, com a competente remessa ao STJ.

Local, data.

Advogado(a)
OAB

Razões do recurso ordinário

Processo nº ____
Recorrente: [NOME COMPLETO]
Recorrido: [NOME COMPLETO]

Egrégio Tribunal
Colenda Turma

1 – Dos fatos

O recorrente é empresário e em 2010 teve sua falência requerida indevidamente pelo recorrido.

No bojo de sua contestação, efetuou o depósito elisivo com o intuito de impedir a decretação de sua falência. Contestou, ademais, que o título, objeto do pedido falimentar, estava prescrito.

No entanto, o douto magistrado não acatou as alegações do recorrente e decretou sua falência, conforme sentença de folhas ____.

O recorrente apresentou agravo por instrumento, nos termos do Código de Processo Civil, para reverter a referida decisão, requerendo ao presente recurso o efeito suspensivo ativo, restabelecendo o *status quo ante* do recorrente.

O d. magistrado, por sua vez, achou por bem converter o presente agravo por instrumento em agravo retido, negando a ele o efeito suspensivo, o que levou o recorrente a sofrer todos os efeitos da sentença declaratória de falência.

Em que pese o notório saber do magistrado, razão nenhuma lhe assiste, uma vez que o CPC garante ao recorrente seu direito ao agravo por instrumento em razão do receio do dano irreparável ou de difícil reparação a que está sujeito diante dos efeitos da sentença declaratória de falência.

Inconformado com a referida decisão, o recorrente impetrou mandado de segurança perante o Tribunal de Justiça do Estado de ____ para atribuir ao recurso originário o efeito suspensivo e impedir a aplicação dos efeitos da sentença declaratória de falência.

Entretanto, para surpresa do recorrente, o tribunal não conheceu do mandado de segurança, o que, por si só, autoriza, segundo a Constituição Federal e o Código de Processo Civil, o presente recurso ordinário perante o egrégio Superior Tribunal de Justiça.

2 – Razões do pedido de reforma da v. decisão

Em que pese o notório saber jurídico dos doutos desembargadores do Tribunal de Justiça, razão assiste ao recorrente, senão vejamos:

De acordo com a Lei 12.016/09 (Lei do Mandado de Segurança), poderá aquele que sofrer violação de direito líquido e certo ou estar na iminência de sofrer por ato de autoridade, mediante abuso de poder ou ilegalidade, impetrar o presente *mandamus*.

Como é do conhecimento de Vossas Excelências, o Código de Processo Civil assegura à parte sucumbida o direito de recorrer, em especial por intermédio do agravo por instrumento, toda vez que uma decisão interlocutória possa acarretar-lhe prejuízo irreparável ou de difícil reparação.

Por meio do presente recurso, o recorrente buscou a reforma da decisão interlocutória, primando, ademais, pelo efeito suspensivo ativo dessa modalidade recursal. No entanto, como já demonstrado nos fatos, seu recurso foi convertido na modalidade retido indevidamente, isto é, sem amparo legal na legislação e na jurisprudência, fato típico de ilegalidade praticada por autoridade, o que autoriza a impetração do mandado de segurança.

Cumpre ressaltar, d. desembargadores, que o tribunal *a quo* não poderia negar provimento e conhecimento ao mandado de segurança impetrado pelo recorrente, uma vez que seu objeto não era a reforma da decisão do juiz de primeiro grau; ao contrário, o recorrente buscava apenas o efeito suspensivo ao recurso interposto naquela oportunidade. Efeito suspensivo que busca o recorrente se encontra calcado na Lei do Mandado de Segurança e na própria Constituição Federal; trata-se de direito do recorrente, não sendo facultado aos d. julgadores negá-lo.

Sendo assim, diante da negativa do direito do recorrente, o que caracteriza uma ilegalidade, não restou alternativa a ele senão interpor o presente recurso ordinário perante este egrégio tribunal para reformar a decisão do Tribunal de Justiça, a fim de que o mandado de segurança seja conhecido, atribuindo os devidos efeitos.

3 – Do pedido

Diante do exposto, pede o recorrente a este egrégio tribunal que seja conhecido e provido o recurso interposto para que a decisão atacada seja reformada em sua totalidade, conhecendo, dessa forma, do presente mandado de segurança, atribuindo-lhe o efeito suspensivo, por ser questão de Justiça.

Local, data.

Advogado(a)
OAB

Recurso especial e recurso extraordinário

Como bem sustenta a doutrina processualista, os recursos podem ser classificados em:

Recursos comuns – Visam à satisfação de um direito direto do recorrente, o qual almeja a reforma de determinada decisão que lhe foi desfavorável. Assim, geralmente é requisito indispensável para seu cabimento a sucumbência.

Recursos extraordinários – Não visam à satisfação de um direito direto do recorrente. Servem como instrumento de controle do sistema jurídico brasileiro, isto é, buscam guardar a validade de uma norma federal ou da Constituição Federal que, por via difusa, atingirá o direito e o interesse do recorrente. Portanto, é requisito principal o questionamento de uma norma federal ou da própria Constituição Federal.

Nessa linha, caminha Athos Gusmão Carneiro ao mencionar (*Recurso especial, agravos e agravo interno*, p. 8):

> *O recurso extraordinário, no direito "brasileiro", sempre foi manifestado como recurso propriamente dito (interposto, portanto, no mesmo processo) e fundado imediatamente no interesse de ordem pública em ver prevalecer a autoridade e a exata aplicação da Constituição Federal e da lei federal; apenas mediatamente visa à tutela do interesse do litigante. Tem, pois, um caráter político, como bem observou Enrique Vescovi.*

Com a promulgação da Constituição Federal de 1988, o recurso extraordinário, previsto na Carta Magna anterior, foi desmembrado em dois: **recurso extraordinário *stricto sensu***, conhecido pela abreviatura RE, e **recurso especial**, conhecido na comunidade jurídica pela abreviatura REsp.

Segundo entendimento do STF:

> *O recurso extraordinário e o recurso especial são institutos de direito processual constitucional. Trata-se de modalidades excepcionais de impugnação recursal, com domínios temáticos próprios que lhes foram constitucionalmente reservados. Assentando-se o acórdão do tribunal inferior em duplo fundamento, impõe-se à parte interessada o dever de interpor tanto o recurso especial para o STJ (para exame da controvérsia de caráter eminentemente legal) quanto o recurso extraordinário para o STF (para apreciação do litígio de índole essencialmente constitucional), sob pena de, em não se deduzindo qualquer desses recursos, o recorrente sofrer as consequências indicadas na Súmula 283/STF, motivadas pela existência de fundamento inatacado, apto a dar, à decisão recorrida, condições suficientes para subsistir autonomamente. A circunstância de o STJ haver examinado o mérito da causa, negando provimento ao recurso especial – e, assim, resolvendo a controvérsia de mera legalidade instaurada nessa via excepcional –, não prejudica o conhecimento do recurso extraordinário, que, visando à solução de litígio de índole essencialmente constitucional, foi interposto, simultaneamente, pela mesma parte recorrente, contra o acórdão por ela também impugnado em sede recursal especial. (STF – 2.ª Turma – Ag. em Rextr. 246.370-1/SC – rel. p/ acórdão ministro Celso de Mello,* Diário da Justiça, *Seção I, 5/5/2000, p. 34).*

Recurso especial

É um recurso extraordinário que se diferencia do recurso extraordinário *stricto sensu* pela matéria por ele atacada e por seu tribunal de destino. Assim, preceitua o artigo 105 da Constituição Federal:

Compete ao Superior Tribunal de Justiça:
[...]
III – julgar, em recurso especial, as causas decididas, em única ou última instância, pelos Tribunais Regionais Federais ou pelos tribunais dos Estados, do Distrito Federal e Territórios, quando a decisão recorrida:
a) contrariar tratado ou lei federal, ou negar-lhes vigência;
b) julgar válido ato de governo local contestado em face de lei federal;
c) der a lei federal interpretação divergente da que lhe haja atribuído outro tribunal.

Como bem ressalta Arruda Alvim, compete ao STJ ser o "guardião da inteireza do sistema jurídico federal, *não constitucional*, assegurando-lhe validade e bem assim uniformidade de interpretação".

A esse respeito, decidiu o STJ:

***Ementa** – Processual – Recurso especial – Prequestionamento – Lei superveniente – Não conhecimento.*
I – O recurso especial não foi concebido como instrumento para corrigir erros ou injustiças. Seu destino é garantir a boa aplicação da lei federal e unificar-lhe a interpretação em todo o Brasil. O pressuposto de seu cabimento é a existência de decisão que tenha (CF – art. 105, III): a) contrariado a lei federal ou lhe negado vigência; b) declarado a eficácia de lei ou ato administrativo estadual, impugnado diante de lei federal; c) divergido, na interpretação de lei federal, de acórdão formado em outro tribunal. Fora dessas situações, o recurso é incabível. Para que se demonstre o adimplemento de tais requisitos é que se exige o prequestionamento do tema federal. II – Se a lei supostamente maltratada não existia, quando se formou o acórdão recorrido, o recurso especial não pode ser conhecido. (STJ – 1.ª Turma – REsp. 225.671– rel. ministro Humberto Gomes de Barros, Diário da Justiça, Seção I, 5/11/2001, p. 82).

Pressupostos de admissibilidade do recurso especial

O recurso especial deve atender, de primeira mão, a todos os requisitos dos demais recursos, isto é, os requisitos intrínsecos e os extrínsecos.

Ademais, não se pode perder de vista que tal recurso deve ser utilizado para atacar decisão proferida pelo Tribunal Regional Federal ou Tribunal de Justiça dos Estados ou do Distrito Federal, não se admitindo, dessa maneira, sua interposição contra decisão proferida pelos tribunais trabalhistas, eleitorais ou militar federal.

Note-se, ainda, que o legislador constituinte se utilizou das expressões "única ou última instância" para fins de admissão do recurso especial ou extraordinário. Diz a Súmula 281 do STF:

É inadmissível o recurso extraordinário, quando couber na justiça de origem, recurso ordinário da decisão impugnada.

Repercussão geral e súmula vinculante

Athos Gusmão Carneiro faz uma indagação que aparentemente parece ser simples e muito óbvia, mas que na prática tem gerado muita discussão entre os especialistas no assunto. O nobre colega pergunta:

> *Bastará a existência de uma questão federal para legitimar a interposição de recursos extraordinários (extraordinário* stricto sensu *e recurso especial), ou será necessário, ainda, que tal questão seja de interesse não apenas para os litigantes, mas para a nação como um todo, ou para parcelas quantitativamente importantes da comunidade brasileira?*

Em primeiro lugar, cumpre ressaltar que, segundo Ives Granda e Arnoldo Wald, nos dizeres de Carneiro, não é da índole dos tribunais superiores corrigir erros e falhas dos juízes singulares e dos tribunais estaduais ou regionais. A principal função dos tribunais superiores é a de salvaguardar a Constituição Federal, uniformizando, desse modo, a jurisprudência e intervindo, nas demais instâncias, quando estiver em julgo interesse da nação.

Em 2004, por intermédio de emenda constitucional, ao artigo 102 da Constituição Federal, foi acrescido o § 3.º, que diz:

> *No recurso extraordinário o recorrente deverá demonstrar a repercussão geral das questões constitucionais discutidas no caso, nos termos da lei, a fim de que o tribunal examine a admissão do recurso, somente podendo recusá-lo pela manifestação de dois terços de seus membros.*

O referido parágrafo foi regulamentado pela Lei Infraconstitucional 11.418, de 19 de dezembro de 2006, alterando o artigo 543-A do Código de Processo Civil:

> *O Supremo Tribunal Federal, em decisão irrecorrível, não conhecerá do recurso extraordinário, quando a questão constitucional nele versada não oferecer repercussão geral, nos termos deste artigo. [grifo nosso]*
> *§ 1.º – Para efeito da repercussão geral, será considerada a existência, ou não, de questões relevantes do ponto de vista econômico, político, social ou jurídico, que ultrapassem os interesses subjetivos da causa.*
> *[...]*
> *§ 3.º – Haverá repercussão geral sempre que o recurso impugnar decisão contrária a súmula ou jurisprudência dominante do tribunal.*

Acredito que a questão levantada pelo eminente processualista Carneiro se encontra respondida pela própria legislação. Vale dizer, não é a simples violação de lei federal que desafia o recurso especial. Essa modalidade recursal exige mais.

Segundo o Supremo Tribunal Federal, a finalidade da repercussão geral consiste em:

> *Delimitar a competência do STF, no julgamento de recursos extraordinários, às questões constitucionais com relevância social, política, econômica ou jurídica, que transcendam os interesses subjetivos da causa.*
> *Uniformizar a interpretação constitucional sem exigir que o STF decida múltiplos casos idênticos sobre a mesma questão constitucional.*

Os artigos 322 a 329 do Regimento Interno do Supremo Tribunal Federal (RISTF) disciplinam o modo pelo qual os ministros do STF devem proceder quando estiver em jogo a repercussão geral. O artigo 327, *caput*, determina que a repercussão geral seja apresentada pelo recorrente em preliminar, sob pena de indeferimento do recurso extraordinário pela Presidência do Supremo Tribunal Federal.

Repercussão geral e casos múltiplos

A repercussão geral e os efeitos sobre os casos múltiplos encontram-se previstos no artigo 543-B do CPC.

Os casos múltiplos consistem em situações em que há multiplicidade de recursos sobre causas idênticas. O Superior Tribunal de Justiça trata o assunto como casos de "recursos repetitivos". Diz o artigo 543-B do CPC:

> *Quando houver multiplicidade de recursos com fundamento em idêntica controvérsia, a análise da repercussão geral será processada nos termos do Regimento Interno do Supremo Tribunal Federal, observado o disposto neste artigo:*
> *§ 1.º – Caberá ao tribunal de origem selecionar um ou mais recursos representativos da controvérsia e encaminhá-los ao Supremo Tribunal Federal, sobrestando os demais até o pronunciamento definitivo da Corte.*
> *§ 2.º – Negada a existência de repercussão geral, os recursos sobrestados considerar-se-ão automaticamente não admitidos.*
> *§ 3.º – Julgado o mérito do recurso extraordinário, os recursos sobrestados serão apreciados pelos tribunais, turmas de uniformização ou turmas recursais, que poderão declará-los prejudicados ou retratar-se.*
> *§ 4.º – Mantida a decisão e admitido o recurso, poderá o Supremo Tribunal Federal, nos termos do regimento interno, cassar ou reformar, liminarmente, o acórdão contrário à orientação firmada.*
> *§ 5.º – O Regimento Interno do Supremo Tribunal Federal disporá sobre as atribuições dos ministros, das turmas e de outros órgãos, na análise da repercussão geral.*

Assim, de acordo com o artigo supracitado, os casos múltiplos ou os recursos repetitivos têm por objetivo facilitar e agilizar o julgamento de recursos idênticos, evitando, assim, decisões contraditórias.

Dessa maneira, caberá ao tribunal de origem selecionar um ou mais recursos idênticos e encaminhá-los ao Supremo Tribunal Federal. Os demais recursos idênticos serão sobrestados até o julgamento definitivo. Se, no entanto, for negada a existência de repercussão geral, os recursos sobrestados serão considerados não admitidos. Se for reconhecida a repercussão geral e conhecido o recurso ou os recursos e julgados seus méritos, os demais recursos sobrestados serão apreciados pelos tribunais, turmas de uniformização ou recursais, que poderão declará-los prejudicados ou retratar-se.

Por fim, mantido e admitido o recurso ou os recursos, poderá o Supremo Tribunal Federal, nos termos de seu regimento interno, cassar ou reformar, liminarmente, o acórdão contrário a sua orientação.

A mesma sistemática no que se refere aos casos múltiplos ou recursos repetitivos é aplicada ao recurso especial, conforme preceitua o artigo 543-C do CPC:

> *Quando houver multiplicidade de recursos com fundamento em idêntica questão de direito, o recurso especial será processado nos termos deste artigo.*

§ 1.º – Caberá ao presidente do tribunal de origem admitir um ou mais recursos representativos da controvérsia, os quais serão encaminhados ao Superior Tribunal de Justiça, ficando suspensos os demais recursos especiais até o pronunciamento definitivo do Superior Tribunal de Justiça.
§ 2.º – Não adotada a providência descrita no § 1.º deste artigo, o relator no Superior Tribunal de Justiça, ao identificar que sobre a controvérsia já existe jurisprudência dominante ou que a matéria já está afeta ao colegiado, poderá determinar a suspensão, nos tribunais de segunda instância, dos recursos nos quais a controvérsia esteja estabelecida.
§ 3.º – O relator poderá solicitar informações, a serem prestadas no prazo de 15 dias, aos tribunais federais ou estaduais a respeito da controvérsia.
§ 4.º – O relator, conforme dispuser o regimento interno do Superior Tribunal de Justiça e considerando a relevância da matéria, poderá admitir manifestação de pessoas, órgãos ou entidades com interesse na controvérsia.
§ 5.º – Recebidas as informações e, se for o caso, após cumprido o disposto no § 4.º deste artigo, terá vista o Ministério Público pelo prazo de 15 dias.
§ 6.º – Transcorrido o prazo para o Ministério Público e remetida cópia do relatório aos demais ministros, o processo será incluído em pauta na seção ou na Corte Especial, devendo ser julgado com preferência sobre os demais feitos, ressalvados os que envolvam réu preso e os pedidos de habeas corpus.
§ 7.º – Publicado o acórdão do Superior Tribunal de Justiça, os recursos especiais sobrestados na origem:
I – terão seguimento denegado na hipótese de o acórdão recorrido coincidir com a orientação do Superior Tribunal de Justiça; ou
II – serão novamente examinados pelo tribunal de origem na hipótese de o acórdão recorrido divergir da orientação do Superior Tribunal de Justiça.
§ 8.º – Na hipótese prevista no inciso II do § 7.º deste artigo, mantida a decisão divergente pelo tribunal de origem, far-se-á o exame de admissibilidade do recurso especial.
§ 9.º – O Superior Tribunal de Justiça e os tribunais de segunda instância regulamentarão, no âmbito de suas competências, os procedimentos relativos ao processamento e julgamento do recurso especial nos casos previstos neste artigo.

Prequestionamento

Trata-se de requisito de admissibilidade dos recursos especial e extraordinário.

Para que uma questão seja considerada prequestionada, é necessária apenas sua cogitação no processo ou ela dever ter sido realmente decidida?

A questão é bastante polêmica na doutrina especializada, por isso aconselho o leitor a realizar um estudo mais aprofundado. No entanto, transcrevo a opinião de Athos Gusmão Carneiro ao citar a posição de Arruda Alvim (*op. cit.*, p. 50), com a qual concordo:

> *Todavia, parece-nos correta a posição de Arruda Alvim, de que não se deve confundir prequestionamento com "postulado pela parte", a respeito de uma dada questão federal: a questão federal considera-se prequestionada quando decidida no acórdão, haja ou não sido expressa ou implicitamente suscitada pelo litigante. O prefixo "pré" significa anterioridade com relação ao momento processual em que a parte manifesta o recurso extraordinário ou especial, e não ao momento em que prolatada a decisão recorrível.*

Para nós, não basta que a matéria tenha sido suscitada no processo ordinário comum. O prequestionamento exige mais. Exige que a matéria tenha sido realmente decidida. São de causas decididas que cabem recurso especial e recurso extraordinário. A esse respeito, dizem o STJ e o STF:

Súmula 207, STJ – É inadmissível recurso especial quando cabíveis embargos infringentes contra o acórdão proferido no tribunal de origem.
Súmula 281, STF – É inadmissível o recurso extraordinário quando couber, na justiça de origem, recurso ordinário da decisão impugnada.

Não entrarei no mérito do prequestionamento expresso ou implícito, pois foge ao âmbito deste livro, mas convido o leitor a investigar esse assunto tão fascinante. Oportuno, apenas, citar as seguintes súmulas do STF:

Súmula 282 – É inadmissível o recurso extraordinário quando não ventilada, na decisão recorrida, a questão federal suscitada.
Súmula 356 – O ponto omisso da decisão, sobre o qual não foram opostos embargos declaratórios, não pode ser objeto de recurso extraordinário, por faltar o requisito do prequestionamento.

Por fim, diz a Súmula 320 do STJ:

A questão federal somente ventilada no voto vencido não atende ao requisito do prequestionamento.

Cássio Scarpinella Bueno comenta o entendimento da referida súmula, que considero interessante aludir (*Curso sistematizado de Direito Processual Civil*, p. 275):

É do acórdão que se recorre, isto é, da reunião dos votos e opiniões do órgão colegiado e não de cada um dos votos individualmente considerados. Isso, contudo, não significa que o exame do voto vencido não pode ser importante para verificar em que medida houve, no acórdão, divergência sobre determinada questão constitucional ou legal e, assim, viabilizar uma melhor compreensão do que e por quais fundamentos foi efetivamente decidido para fins de cabimento do recurso extraordinário ou recurso especial.

Embargos de declaração e prequestionamento

Ao comentar os embargos de declaração, deixei claro que, além das finalidades expressamente tipificadas no Código de Processo Civil, essa modalidade recursal é muito utilizada pelos advogados para prequestionar matérias de ordem constitucional ou federal, ensejando, assim, o cabimento do recurso extraordinário ou do recurso especial.

A questão do cabimento dos embargos de declaração como instrumento prequestionador de matérias de índole constitucional ou federal é pacífica na doutrina e jurisprudência brasileiras. No entanto, não é pacífico o entendimento sobre em que momento há de ser considerada prequestionada a matéria objeto dos embargos de declaração.

Segundo o STJ, somente será considerada prequestionada determinada matéria por intermédio dos embargos de declaração se estes forem acolhidos pelo tribunal competente para apreciá-los naquele momento processual. Dessa maneira, se os embargos de declaração forem rejeitados, deverá a parte embargante ou recorrente valer-se do recurso especial, alegando violação às normas e regras processuais.

Não é esse o entendimento do STF, do qual compartilho. Segundo a Suprema Corte, considera-se prequestionada a matéria quando da interposição dos embargos declaratórios, ainda que rejeitados pelo tribunal de origem, isto é, competente para sua apreciação.

Tanto é que Athos Gusmão Carneiro (*op. cit.*) diz que existem no Brasil dois sistemas: o do Superior Tribunal de Justiça e o do Supremo Tribunal Federal. A conclusão desse respeitado jurista encontra respaldo nas próprias decisões do STJ e do STF, em especial quando da publicação das seguintes súmulas:

> *Súmula 211, STJ – Inadmissível recurso especial quanto à questão que, a despeito da oposição de embargos declaratórios, não foi apreciada pelo tribunal* a quo.

> *Súmula 356, STF – O ponto omisso da decisão, sobre o qual não foram opostos embargos declaratórios, não pode ser objeto de recurso extraordinário, por faltar o requisito do prequestionamento.*

Interposição e forma dos recursos especial e extraordinário

Os recursos especial e extraordinário devem ser interpostos no prazo de 15 dias (art. 508, CPC).

Quando, no entanto, o dispositivo do acórdão contiver julgamento por maioria de votos e julgamento unânime e forem interpostos embargos infringentes, o prazo para a interposição do recurso especial ou do recurso extraordinário, relativamente ao julgamento unânime, ficará sobrestado até a intimação da decisão nos embargos (art. 498, CPC).

Caso não sejam interpostos embargos infringentes, o prazo relativo à parte unânime da decisão terá como dia de início aquele em que transitar em julgado a decisão por maioria de votos.

A esse respeito, colho os ensinamentos de Fredie Didier Jr. (*Curso de Direito Processual Civil*, p. 244):

> *Desse modo, não interpostos os embargos infringentes, o prazo para o aforamento dos recursos extraordinário e especial tem início a partir do 16.º (décimo sexto) dia, contado da intimação do acórdão que julgara a apelação ou a ação rescisória. Isso porque, dispõe o novo parágrafo único do artigo 498 do CPC: "Quando não forem interpostos embargos infringentes, o prazo relativo à parte unânime da decisão terá como dia de início aquele em que transitar em julgado a decisão por maioria de votos".*
> *O trânsito em julgado da decisão por maioria de votos, como é curial, opera-se no décimo quinto dia. Este, segundo o parágrafo único do artigo 498 do CPC, é o início do prazo para os recursos especial e extraordinário contra a parte unânime da decisão. E, como se sabe, no cômputo dos prazos, exclui-se o dia do início, incluindo-se o do final. Então, como o décimo quinto dia é o dia do início, deve ele, na contagem, ser excluído, incluindo-se o último dia (art. 184, CPC). Logo, não interpostos embargos infringentes, a parte disporá de 30 (trinta) dias para interposição de recurso especial e extraordinário, contados da intimação do acórdão que julgar a apelação ou ação rescisória.*

A sistemática adotada para os recursos especial e extraordinário é, em geral, a mesma dos demais recursos ordinários, isto é, sua petição de interposição é endereçada ao juízo onde foi proferida a decisão objeto do recurso.

Insta salientar que essa modalidade recursal somente é cabível contra decisão colegiada, ou seja, contra acórdão e não contra decisão monocrática. É isso que o STF entende quando diz em seus enunciados que os recursos extraordinários não têm cabimento quando não esgotados os recursos comuns ordinários.

Os recursos especial e extraordinário serão interpostos perante o presidente ou o vice-presidente do tribunal recorrido, em petições distintas, quando de forma simultânea, que deverão conter (art. 541, CPC):

a) a exposição do fato e do direito;
b) a demonstração do cabimento do recurso;
c) as razões de reforma da decisão recorrida.

Ademais, quando o recurso especial fundar-se em dissídio jurisprudencial, o recorrente fará a prova da divergência mediante certidão, cópia autenticada, ou pela citação do repositório de jurisprudência, oficial ou credenciado, até mesmo em mídia eletrônica, em que tiver sido publicada a decisão divergente, ou ainda pela reprodução de julgado disponível na internet, com indicação da respectiva fonte, mencionando, em qualquer caso, as circunstâncias que identifiquem ou assemelhem os casos confrontados.

De acordo com o artigo 542 do CPC, recebida a petição pela secretaria do tribunal, o recorrido será intimado, e a ele se abrirá vista para que, em 15 dias, apresente suas contrarrazões. Findo o prazo para as contrarrazões, serão os autos conclusos para admissão ou não do recurso especial ou extraordinário, também em 15 dias, em decisão devidamente fundamentada. Compete ao presidente ou ao vice-presidente do tribunal a admissão ou não do recurso, o qual terá apenas efeito devolutivo.

O recurso extraordinário, ou o especial, quando interposto contra decisão interlocutória nos processos de conhecimento, cautelar ou embargos à execução, ficará retido nos autos e somente será processado se a parte reiterar sua análise, no prazo para a interposição contra a decisão final ou nas contrarrazões.

Conforme o artigo 543 do CPC, admitidos ambos os recursos, os autos serão remetidos ao STJ. Uma vez concluído o julgamento do recurso especial, os autos serão encaminhados ao STF para apreciação do recurso extraordinário, caso não esteja prejudicado.

Se, no entanto, o relator do recurso especial considerar que o extraordinário é prejudicial àquele, sobrestará o julgamento, em decisão irrecorrível, e remeterá os autos ao STF para julgamento do extraordinário. Nesse caso, se o relator do recurso extraordinário, também em decisão irrecorrível, não o considerar prejudicial ao especial, devolverá os autos ao STJ para julgamento.

Importante lembrar que, tratando-se de recurso extraordinário, o recorrente deverá, ainda, demonstrar a repercussão geral das questões constitucionais discutidas no caso, nos termos da lei, a fim de que o tribunal examine a admissão do recurso, somente podendo recusá-lo pela manifestação de dois terços de seus membros.

Preparo

O preparo consiste no pagamento das custas processuais, sendo exigível nos termos da lei federal ou estadual. Ele ora é exigido quando da propositura da ação, ora em determinada fase processual, nos termos do artigo 511 do CPC:

> *No ato de interposição do recurso, o recorrente comprovará, quando exigido pela legislação pertinente, o respectivo preparo, inclusive porte de remessa e de retorno, sob pena de deserção.*

Os recurso especial e extraordinário estão sujeitos ao preparo, sob pena de deserção. Quando o preparo for insuficiente, seja qual for a modalidade recursal, poderá o recorrente suprir a diferença em cinco dias.

Recurso extraordinário

O recurso extraordinário em sentido *stricto sensu* possui previsão na Constituição Federal, em especial em seu artigo 102:

> *Compete ao Supremo Tribunal Federal, precipuamente, a guarda da Constituição, cabendo-lhe:*
> *[...]*
> *III – julgar, mediante recurso extraordinário, as causas decididas em única ou última instância, quando a decisão recorrida:*
> *a) contrariar dispositivo desta Constituição;*
> *b) declarar a inconstitucionalidade de tratado ou lei federal;*
> *c) julgar válida lei ou ato de governo local contestado em face desta Constituição;*
> *d) julgar válida lei local contestada em face de lei federal.*

Agravo contra decisão denegatória de recurso extraordinário e de recurso especial

Além dos agravos retido e por instrumento, já comentados, o Código de Processo Civil prevê outra modalidade de agravo, em seu artigo 544: o agravo contra decisão denegatória de admissão de recurso extraordinário ou especial. Diz o citado artigo:

> *Não admitido o recurso extraordinário ou o recurso especial, caberá agravo nos próprios autos, no prazo de 10 (dez) dias.*
> *§ 1.º – O agravante deverá interpor um agravo para cada recurso não admitido.*

Esse tipo de agravo, em sua fase original, era processado na modalidade por instrumento. No entanto, em razão do excesso de formalismo e rigor para tal recurso, o legislador ordinário editou a Lei12.322/10, transformando-o em agravo nos próprios autos.

Interposição

O referido agravo será interposto perante o órgão prolator da decisão agravada, ou seja, perante o presidente ou vice-presidente do tribunal que não admitiu o processamento do recurso extraordinário ou do recurso especial.

O agravante não pode perder de vista o § 1.º do artigo 544 do CPC, isto é, deverá interpor um agravo para cada recurso não admitido. Vale dizer, para reformar a decisão que não admitiu o recurso extraordinário, ele apresentará um recurso de agravo; caso pretenda atacar a decisão que não admitiu o recurso especial, apresentará outro agravo. Em ambos os casos, o prazo para interposição será de dez dias.

As razões recursais também serão apresentadas nos próprios autos, as quais terão por finalidade atacar a decisão que não admitiu o recurso extraordinário ou especial. Sua petição, conforme já explicado, será dirigida ao presidente ou vice-presidente do tribunal de origem, não dependendo do pagamento de custas e despesas postais.

O agravado, por sua vez, será intimado, de imediato, para que também em dez dias ofereça sua resposta, podendo, nessa fase processual, instruí-la com cópias das peças que entender convenientes. Em seguida, subirá o agravo ao tribunal superior, onde será processado na forma regimental (arts. 313 a 316, RISTF, e arts. 253 e 254, RISTJ).

Diz § 3.º do artigo 544, alterado pela Lei 12.322, de 9 de setembro de 2010:

O agravado será intimado, para no prazo de dez dias oferecer resposta. Em seguida, os autos serão remetidos à superior instância, observando-se o disposto no artigo 543 deste código e, no que couber, na Lei 11.672, de 8 de maio de 2008.

Julgamento do agravo

Com relação ao julgamento dessa modalidade recursal, sem perder de vista os procedimentos regimentais de cada tribunal, aplicar-se-á o disposto no § 4.º do artigo 544 do CPC:

No Supremo Tribunal Federal e no Superior Tribunal de Justiça, o julgamento do agravo obedecerá ao disposto no respectivo regimento interno, podendo o relator:
I – não conhecer do agravo manifestamente inadmissível ou que não tenha atacado especificamente os fundamentos da decisão agravada;
II – conhecer do agravo para:
a) negar-lhe provimento, se correta a decisão que não admitiu o recurso;
b) negar seguimento ao recurso manifestamente inadmissível, prejudicado ou em confronto com súmula ou jurisprudência dominante no tribunal;
c) dar provimento ao recurso, se o acórdão recorrido estiver em confronto com súmula ou jurisprudência dominante no tribunal.

Por fim, de qualquer das decisões do relator monocrático elencadas no artigo 544, isto é, não conhecer do agravo, negar-lhe provimento ou decidir, desde logo, o recurso não admitido na origem, caberá novo agravo, em cinco dias, ao órgão competente, nos termos do artigo 557, §§ 1.º e 2.º do CPC. Trata-se, nessa fase processual, de agravo interno.

Importante!

A competência para julgamento do recurso especial é do Superior Tribunal de Justiça, por força do artigo 105 da Constituição Federal.

Resumidamente, esse recurso visa a atacar causas decididas, em única ou última instância, pelos Tribunais Regionais Federais ou pelos tribunais dos Estados, do Distrito Federal e Territórios, quando a decisão recorrida: contrariar tratado ou lei federal, ou negar-lhes vigência; julgar válido ato de governo local contestado em face de lei federal; der a lei federal interpretação divergente da que lhe haja atribuído outro tribunal. Além dos requisitos pertinentes aos demais recursos ordinários, o recurso especial somente será conhecido se o recorrente comprovar o prequestionamento da matéria a ser atacada.

O recurso especial deve ser interposto no prazo de 15 dias e está sujeito ao preparo, sob pena de deserção.

Modelo

Recurso especial – Peça de interposição

EXCELENTÍSSIMO SENHOR DOUTOR DESEMBARGADOR PRESIDENTE DO EGRÉGIO TRIBUNAL DE JUSTIÇA DO ESTADO DE ____.

↕ Espaço de 5 linhas

Processo n.º ____
Recorrente: [NOME COMPLETO]
Recorrido: [NOME COMPLETO]

↕ Espaço de 5 linhas

[RECORRENTE], já qualificado nos autos, por seu advogado que esta subscreve, mandado anexo, vem, respeitosamente, à presença de Vossa Excelência e perante este egrégio tribunal, interpor o presente

RECURSO ESPECIAL

com fulcro no artigo 105, inciso III, alíneas “a”/“b”/“c” [CONFORME O CASO], da Constituição Federal e nos artigos 541 e seguintes do Código de Processo Civil, pelas anexas razões de fato e de direito, requerendo, ademais, o recebimento e regular processamento do presente recurso, ora interposto, com a competente remessa ao Superior Tribunal de Justiça.

Requer, outrossim, a juntada do comprovante de recolhimento do porte de remessa e de retorno.

Termos em que
pede deferimento.

Local, data.

Advogado(a)
OAB

Razões do recurso especial

Processo n.º ____
Acórdão n.º ____
Recorrente: [NOME COMPLETO]
Recorrido: [NOME COMPLETO]
Origem: TJ

Egrégio Superior Tribunal de Justiça
Colenda Turma
Eméritos Julgadores

1 – Das razões do recurso especial

O acórdão proferido pela ____ Câmara Cível do Tribunal de Justiça do Estado de ____, em grau de apelação, manteve a sentença de primeiro grau que julgara improcedente o pedido de falência proposto pelo recorrente, sem, contudo, encontrar respaldo na legislação brasileira, tampouco na jurisprudência dos tribunais superiores, violando frontalmente lei federal, em especial a lei falimentar e o Código de Processo Civil, conforme se demonstrará nestas razões recursais.

2 – Dos fatos

O recorrente, em fevereiro de 2010, requereu a falência do recorrido com base em um título executivo extrajudicial, vencido e não pago, no valor de R$ 150.000,00 (cento e cinquenta mil reais).

O recorrido, por sua vez, no prazo de defesa, contestou o pedido do recorrente, alegando, no bojo de sua contestação, que o referido título executivo se encontra prescrito, sem, contudo, efetuar o depósito elisivo da importância reclamada.

É notório dentre os especialistas em processo falimentar que, se o devedor não efetua o depósito elisivo em falência requerida com base na impontualidade injustificada, deve o magistrado decretar sua falência, nos termos do artigo 94, I, da Lei de Recuperação e Falências (11.101/05).

No entanto, o d. magistrado de primeiro grau, mesmo ante a ausência do depósito elisivo, acolheu o pedido do recorrido e julgou improcedente o pedido de falência feito pelo ora recorrente, considerando que o título executivo embasador do pedido realmente se encontrava prescrito.

Inconformado com a r. sentença de primeiro grau, o recorrente, nos termos do artigo 100 da Lei de Recuperação e Falências e do Código de Processo Civil, apresentou o recurso de apelação para reformar a referida decisão denegatória, ao qual foi negado provimento pelo egrégio Tribunal de Justiça.

Na oportunidade do julgamento do recurso de apelação, os d. desembargadores não se posicionaram sobre a violação do artigo 98, parágrafo único, da Lei de Recuperação e Falências, quando da prolação do referido acórdão (anexo).

O recorrente, novamente inconformado, apresentou, contra o acórdão prolatado, embargos de declaração almejando a declaração do egrégio Tribunal de Justiça a respeito da violação da Lei Federal 11.101/05 pelo magistrado de primeiro grau ao expedir sua sentença. Nessa fase processual, o tribunal reconheceu a violação da lei federal, o que, por si só, configura hipótese de cabimento do presente recurso especial, uma vez que a matéria se encontra prequestionada.

Essa é a síntese dos fatos.

3 – Do direito

3.1 – Do cabimento do recurso especial

De acordo com a Constituição Federal em seu artigo 105, III, "a", caberá recurso especial quando as causas decididas, em única ou última instância, pelos Tribunais Regionais Federais ou pelos tribunais dos Estados, do Distrito Federal e dos Territórios, contrariarem *lei federal.*

Eméritos julgadores, o acórdão proferido pelo Tribunal de Justiça do Estado mantendo a decisão do juiz de primeiro grau viola frontalmente a Lei de Recuperação e Falências, bem como o Código de Processo Civil, ambas leis federais. Da violação de tais disposições resta cabido o presente recurso especial.

No que diz respeito ao "prequestionamento" exigido pela Constituição Federal como pressuposto de admissibilidade do recurso especial, o mesmo deu-se por intermédio dos embargos de declaração interpostos pelo recorrendo e julgado pela Corte do Tribunal de Justiça (decisão anexa).

3.2 – Do direito à reforma da decisão

A Lei de Recuperação e Falências (11.101/05), em seu artigo 94, diz que a falência do devedor empresário será decretada quando ele, sem relevante razão de direito, não paga, no vencimento, obrigação líquida materializada em títulos executivos protestados cuja soma ultrapasse o equivalente a 40 (quarenta) salários mínimos na data do pedido de falência.

O artigo 96 do mesmo diploma legal, por sua vez, estabelece que a falência do requerido, isto é, do devedor empresário, com base na impontualidade injustificada não será decretada se ele provar a prescrição do título executivo ensejador do pedido de falência.

Com relação ao artigo 94, ou seja, a exigência de uma dívida do devedor empresário superior a 40 (quarenta) salários mínimos, fica comprovado o direito do recorrente, pois este é credor de R$ 150.000,00 (cento e cinquenta mil reais). Portanto, o pedido de falência deveria ter sido julgado procedente.

Naquilo que diz respeito ao artigo 96, razão não assiste novamente ao recorrido, tampouco ao d. magistrado de primeiro grau e, por consequência, aos d. desembargadores do Tribunal de Justiça. Isso porque o título executivo que ensejou o pedido de falência do recorrido consiste em uma nota promissória, cuja prescrição ocorre em 3 (três) anos, a contar do vencimento, conforme artigo 70 do Decreto 57.663/66 – LU (Lei da Letra de Câmbio e da Nota Promissória), e não em 1 (um), conforme alega o recorrido. Assim sendo, não estando prescrito o título executivo, o pedido de falência haveria de ser julgado procedente.

Não obstante a violação dos artigos 94 e 96 da Lei de Recuperação e Falências, o artigo 98 do mesmo diploma legal diz:

Citado, o devedor poderá apresentar contestação no prazo de 10 (dez) dias.
Parágrafo único – Nos pedidos baseados nos incisos I e II do caput *do artigo 94 desta lei, o devedor poderá, no prazo da contestação, depositar o valor correspondente ao total do crédito, acrescido de correção monetária, juros e honorários advocatícios, hipótese em que a falência não será decretada e, caso julgado procedente o pedido de falência, o juiz ordenará o levantamento do valor pelo autor.*

Como se pode visualizar, eméritos julgadores, a expressão "poderá" deve ser entendida como "deverá", não sendo, portanto, uma escolha do devedor depositar ou não a importância reclamada. Em sua ausência, deve o magistrado decretar sua falência.

Infelizmente, não foi esse o procedimento adotado pelo d. magistrado de primeiro grau, ou seja, mesmo ante a ausência do depósito elisivo pelo recorrido, sua falência não foi decretada. A respeitável decisão do magistrado violou frontalmente a Lei de Recuperação e Falências, não restando ao recorrente alternativa senão valer-se do presente recurso especial para garantir a efetividade da lei federal, reformando, dessa maneira, a decisão do acórdão prolatado pelo Tribunal de Justiça do Estado de ____ que manteve a discutida e inaceitável decisão de primeiro grau.

4 – Do pedido

Diante de todo o exposto, pede e requer:

I) que seja conhecido e provido o presente recurso especial, para o fim de reformar a sentença e o acórdão que a confirmou em sua íntegra, declarando falido o recorrido, efetivando, desse modo, o devido cumprimento à Lei Federal de Recuperação e Falências;

II) que seja intimada a parte recorrida para apresentar contrarrazões;

III) que seja a parte recorrida condenada ao pagamento das custas e honorários advocatícios.

Nesses termos,
pede deferimento.

Local, data.

Advogado(a)
OAB

Importante!

O recurso extraordinário em sentido *stricto sensu* possui previsão na Constituição Federal, em especial em seu artigo 102, III. Assim, compete ao STF, precipuamente, a guarda da Constituição, cabendo-lhe julgar, mediante recurso extraordinário, as causas decididas em única ou última instância, quando a decisão recorrida: contrariar dispositivo da Constituição; declarar a inconstitucionalidade de tratado ou lei federal; julgar válida lei ou ato de governo local contestado em face da Constituição; julgar válida lei local contestada em face de lei federal.

Além dos requisitos pertinentes aos demais recursos ordinários, o recurso extraordinário somente será conhecido se o recorrente comprovar o prequestionamento da matéria a ser atacada, sem prejuízo das questões constitucionais discutidas no caso, nos termos da lei, a fim de que o tribunal examine a admissão do recurso, somente podendo recusá-lo pela manifestação de dois terços de seus membros. O recurso extraordinário deve ser interposto no prazo previsto em 15 dias e está sujeito ao preparo, sob pena de deserção.

Modelo

Recurso extraordinário – Peça de interposição

EXCELENTÍSSIMO SENHOR DOUTOR DESEMBARGADOR PRESIDENTE DO EGRÉGIO TRIBUNAL DE JUSTIÇA DO ESTADO DE ____.

↕ Espaço de 5 linhas

Processo n.º ____
Recorrente: [NOME COMPLETO]
Recorrido: [NOME COMPLETO]

↕ Espaço de 5 linhas

[RECORRENTE], já qualificado nos autos, por seu advogado que esta subscreve, mandado anexo, vem, respeitosamente, à presença de Vossa Excelência e perante este egrégio tribunal, interpor o presente

RECURSO EXTRAORDINÁRIO

com fulcro no artigo 102, inciso III, alíneas "a"/"b"/"c"/"d" [CONFORME O CASO], da Constituição Federal e nos artigos 541 e seguintes do Código de Processo Civil, pelas anexas razões de fato e de direito, requerendo, ademais, o recebimento e regular processamento do presente recurso, ora interposto, com a competente remessa ao excelso Supremo Tribunal Federal.

Requer, outrossim, a juntada do comprovante de recolhimento do porte de remessa e de retorno.

Termos em que
pede deferimento.

Local, data.

Advogado(a)
OAB

Razões do recurso extraordinário

Processo n.º ____
Acórdão n.º ____
Recorrente: [NOME COMPLETO]
Recorrido: [NOME COMPLETO]
Origem: TJ

Egrégio Superior Tribunal de Justiça
Colenda Turma
Eméritos Julgadores

1 – Das razões do recurso extraordinário

O acórdão proferido pela ____ Câmara Cível do Tribunal de Justiça do Estado de ____, em grau de apelação, manteve a sentença de primeiro grau que julgara improcedente o pedido de falência proposto pelo recorrente, sem, contudo, encontrar respaldo na legislação brasileira, tampouco na jurisprudência dos tribunais superiores, violando, frontalmente, a Constituição Federal do Brasil, em especial o artigo 5.º, LV, bem como o Código de Processo Civil, conforme se demonstrará nestas razões recursais.

2 – Dos fatos

O recorrente, em fevereiro de 2010, requereu a falência do recorrido com base em um título executivo extrajudicial, vencido e não pago, no valor de R$ 150.000,00 (cento e cinquenta mil reais).

O recorrido, por sua vez, no prazo de defesa, contestou o pedido do recorrente, alegando, no bojo de sua contestação, que o referido título executivo se encontra prescrito, sem, contudo, efetuar o depósito elisivo da importância reclamada.

É notório dentre os especialistas em processo falimentar que, se o devedor não efetua o depósito elisivo em falência requerida com base na impontualidade injustificada, deve o magistrado decretar sua falência, nos termos do artigo 94, I, da Lei de Recuperação e Falências (11.101/05).

No entanto, o d. magistrado de primeiro grau, mesmo ante a ausência do depósito elisivo, acolheu o pedido do recorrido e julgou improcedente o pedido de falência feito pelo ora recorrente, considerando que o título executivo embasador do pedido realmente se encontrava prescrito.

Inconformado com a r. sentença de primeiro grau, o recorrente, nos termos do artigo 100 da Lei de Falências e Recuperação e do Código de Processo Civil, apresentou o recurso de apelação para reformar a referida decisão denegatória, ao qual foi negado provimento pelo egrégio Tribunal de Justiça.

Na oportunidade do julgamento do recurso de apelação, os d. desembargadores não se posicionaram sobre a violação do artigo 5.º, LV, da Constituição Federal, quando da prolação do referido acórdão (anexo).

O recorrente, novamente inconformado, apresentou, contra o acórdão prolatado, embargos de declaração almejando a declaração do egrégio Tribunal de Justiça a respeito da violação da Constituição Federal pelo magistrado de primeiro grau ao expedir sua sentença. Nessa fase processual, o tribunal reconheceu a violação da Constituição Federal, mas manteve a decisão do juízo *a quo*, o que, por si só, configura hipótese de cabimento do presente recurso extraordinário, uma vez que a matéria se encontra prequestionada.

Essa é síntese dos fatos.

3 – Do direito

3.1 – Do cabimento do recurso especial

De acordo com a Constituição Federal, em seu artigo 102, III, "a", caberá recurso extraordinário quando as causas decididas, em única ou última instância, contrariarem dispositivo constitucional, isto é, a própria *Constituição Federal.*

Eméritos ministros, o acórdão proferido pelo Tribunal de Justiça do Estado mantendo a decisão do juiz de primeiro grau viola frontalmente a Constituição Federal do Brasil, bem como o Código de Processo Civil, naquilo que diz respeito ao devido processo legal e ao contraditório. Da violação de tais disposições resta cabido o presente recurso extraordinário.

No que diz respeito ao "prequestionamento" exigido pela Constituição Federal como pressuposto de admissibilidade do recurso extraordinário, o mesmo deu-se por intermédio dos embargos de declaração interpostos pelo recorrendo e julgado pela Corte do Tribunal de Justiça (decisão anexa).

3.1.1 – Da repercussão geral

Preliminarmente, em atendimento aos dispositivos legais introduzidos pela Emenda Constitucional 45/04, regulamentada pela Lei 11.418/06, o recorrente vem por meio do presente recurso demonstrar que a questão nos autos fora prequestionada nos embargos de declaração, possuindo, ademais, repercussão geral apta a ensejar a admissibilidade do presente recurso extraordinário.

Dessa maneira, o § 3.º do artigo 102 da Constituição Federal determina que:

> *No recurso extraordinário o recorrente deverá demonstrar a repercussão geral das questões constitucionais discutidas no caso, nos termos da lei, a fim de que o tribunal examine a admissão do recurso, somente podendo recusá-lo pela manifestação de dois terços de seus membros.*

A Lei Infraconstitucional 11.418, de 19 de dezembro de 2006, regulamentando a matéria, incluiu o artigo 543-A no Código de Processo Civil:

> *O Supremo Tribunal Federal, em decisão irrecorrível, não conhecerá do recurso extraordinário, quando a questão constitucional nele versada não oferecer repercussão geral, nos termos deste artigo. [grifo nosso]*
>
> *§ 1.º – Para efeito da repercussão geral, será considerada a existência, ou não, de questões relevantes do ponto de vista econômico, político, social ou jurídico, que ultrapassem os interesses subjetivos da causa.*
>
> *[...]*

§ 3.º – Haverá repercussão geral sempre que o recurso impugnar decisão contrária a súmula ou jurisprudência dominante do tribunal.
[...]

Segundo o Supremo Tribunal Federal, a finalidade da repercussão geral consiste em:

Delimitar a competência do STF, no julgamento de recursos extraordinários, às questões constitucionais com relevância social, política, econômica ou jurídica, que transcendam os interesses subjetivos da causa.
Uniformizar a interpretação constitucional sem exigir que o STF decida múltiplos casos idênticos sobre a mesma questão constitucional.

A repercussão geral ora considerada pelo recorrente apta à admissibilidade do presente recurso extraordinário baseia-se no fato de o juiz de primeira instância ter violado a Constituição Federal ao negar ao recorrente as vias processuais para comprovar o direito que lhe assiste, em especial por não admitir a juntada do título executivo extrajudicial para comprovar seu crédito diante do recorrido e por negar a ele o direito de agravar a decisão com o intuito de reverter o indeferimento de seu pedido.

Não obstante a negativa do juízo de primeiro grau, o egrégio Tribunal de Justiça manteve sua decisão, violando novamente a Constituição Federal naquilo que diz respeito à ampla defesa e ao contraditório.

Portanto, não paira dúvida de que as matérias atinentes ao contraditório e à ampla defesa consagradas na Constituição Federal possuem relevância jurídica que transcendem os interesses subjetivos do recorrente. Vale dizer, o recorrente está socorrendo-se da Suprema Corte para garantir o respeito à Magna Carta e por via difusa ver reconhecido seu direito no caso em tela.

3.2 – Do direito a reforma da decisão

A Lei de Recuperação e Falências (11.101/05), em seu artigo 94, diz que a falência do devedor empresário será decretada quando ele, sem relevante razão de direito, não paga, no vencimento, obrigação líquida materializada em títulos executivos protestados cuja soma ultrapasse o equivalente a 40 (quarenta) salários mínimos na data do pedido de falência.

O artigo 96 do mesmo diploma legal, por sua vez, diz que a falência do requerido, isto é, do devedor empresário, com base na impontualidade injustificada não será decretada se ele provar a prescrição do título executivo ensejador do pedido de falência.

Com relação ao artigo 94, ou seja, a exigência de uma dívida do devedor empresário superior a 40 (quarenta) salários mínimos, fica comprovado o direito do recorrente, pois este é credor de R$ 150.000,00 (cento e cinquenta mil reais). Portanto, o pedido de falência deveria ter sido julgado procedente.

Naquilo que diz respeito ao artigo 96, razão não assiste novamente ao recorrido, tampouco ao d. magistrado de primeiro grau e, por consequência, aos d. desembargadores do Tribunal de Justiça. Isso porque o título executivo que ensejou o pedido de falência do recorrido consiste em uma nota promissória, cuja prescrição ocorre em 3 (três) anos, a contar do vencimento, conforme artigo 70 do Decreto 57.663/66 – LU (Lei da Letra de Câmbio e da Nota Promissória), e não em 1 (um), conforme alega o recorrido. Assim sendo, não estando prescrito o título executivo, o pedido de falência haveria de ser julgado procedente.

Não obstante a violação dos artigos 94 e 96 da Lei de Recuperação e Falências, o artigo 98 do mesmo diploma legal diz:

Citado, o devedor poderá apresentar contestação no prazo de 10 (dez) dias. Parágrafo único – Nos pedidos baseados nos incisos I e II do caput *do artigo 94 desta lei, o devedor poderá, no prazo da contestação, depositar o valor correspondente ao total do crédito, acrescido de correção monetária, juros e honorários advocatícios, hipótese em que a falência não será decretada e, caso julgado procedente o pedido de falência, o juiz ordenará o levantamento do valor pelo autor.*

Como se pode visualizar, eméritos ministros, a expressão "poderá" deve ser entendida como "deverá", não sendo, portanto, uma escolha do devedor depositar ou não a importância reclamada. Em sua ausência, deve o magistrado decretar sua falência.

Infelizmente, não foi esse o procedimento adotado pelo d. magistrado de primeiro grau, ou seja, mesmo ante a ausência do depósito elisivo pelo recorrido, sua falência não foi decretada. A respeitável decisão do magistrado violou frontalmente a Lei de Recuperação e Falências, não restando ao recorrente alternativa senão valer-se do presente recurso extraordinário para garantir a efetividade da Constituição Federal, reformando, dessa maneira, a decisão do acórdão prolatado pelo Tribunal de Justiça do Estado de ____ que manteve a discutida e inaceitável decisão de primeiro grau.

Cumpre, ademais, ressaltar, d. ministros do excelso tribunal, que a juntada da nota promissória comprovando o valor da dívida de R$ 150.000,00 (cento e cinquenta mil reais) foi negada pelo magistrado de primeiro grau, por entender, de forma antecipada, que ela se encontra prescrita. Negou, no fim, que o recorrente apresentasse recurso para que o referido título pudesse ser admitido como meio de prova, entendendo que seu despacho negativo consiste em uma decisão não atacável por qualquer modalidade recursal prevista no Código de Processo Civil.

As alegações ora suscitadas foram objeto de recurso de apelação, o qual não foi processado, tampouco conhecido pelo egrégio Tribunal de Justiça, mantendo, assim, a r. sentença do juízo *a quo*.

Em que pese o notório saber do juiz de primeiro grau e dos d. desembargadores do egrégio Tribunal de Justiça, razão não lhes assiste. A sentença, ora confirmada pelo acórdão, objeto do presente recurso, viola frontalmente a Constituição Federal em seu artigo 5.º, inciso LV:

aos litigantes, em processo judicial ou administrativo, e aos acusados em geral são assegurados o contraditório e a ampla defesa, com os meios e recursos a ela inerentes.

Negar ao recorrente o direito de fazer prova dos fatos alegados em sua exordial e não permitir que ele recorra da decisão proferida pelo Poder Judiciário vai na contramão de tudo aquilo que se deve entender por devido processo legal e ampla defesa.

Não resta nenhuma dúvida ao recorrente de que o v. acórdão, ao violar os dispositivos constitucionais, deve ser reformado, garantindo ao recorrente o devido processo legal. Isto é, somente por meio do devido processo legal é que o recorrente e todos os cidadãos brasileiros ou estrangeiros terão seus direitos respeitados por quem quer que seja. Esse é o preceito constitucional que se almeja pelo presente recurso extraordinário.

4. Do pedido

Diante de todo o exposto, pede e requer:

I) que seja conhecido e provido o presente recurso extraordinário, para o fim de reformar a sentença e o acórdão que a confirmou em sua íntegra, garantindo ao recorrente o devido processo legal, bem como a manutenção da ordem constitucional brasileira;

II) que seja intimada a parte recorrida para apresentar contrarrazões;

III) que seja a parte recorrida condenada ao pagamento das custas e honorários advocatícios.

Nesses termos,
pede deferimento.

Local, data.

Advogado(a)
OAB

Contrarrazões do recurso especial e do recurso extraordinário

Em obediência ao princípio da ampla defesa e do contraditório consagrado na Constituição Federal em seu artigo 5.º, LV, o Código de Processo Civil garante à outra parte dos recursos especial e extraordinário, isto é, o recorrido, o direito de resposta, nos moldes do artigo 542. Esse direito de resposta consiste, pois, nas contrarrazões.

Prazo de interposição

Recebida a petição do recurso pela secretaria do tribunal, o recorrido será intimado, e a ele se abrirá vista para que apresente suas contrarrazões em 15 dias, conforme o artigo 508 do CPC.

Importante!

O procedimento das contrarrazões é o mesmo do recurso especial ou extraordinário. O recorrido deverá, no entanto, ater-se às alegações do recorrente, restando, assim, mais restrito o âmbito de discussão por intermédio das contrarrazões, uma vez que elas representam apenas o direito de resposta do recorrido.

O prazo para apresentação das contrarrazões é o mesmo do recurso, ou seja, 15 dias.

Modelo

Contrarrazões de recurso especial – Peça de interposição

EXCELENTÍSSIMO SENHOR DOUTOR DESEMBARGADOR PRESIDENTE DO EGRÉGIO TRIBUNAL DE JUSTIÇA DO ESTADO DE ____.

⇕ Espaço de 5 linhas

Processo n.º ____
Recorrente: [NOME COMPLETO]
Recorrido: [NOME COMPLETO]

⇕ Espaço de 5 linhas

[RECORRIDO], já qualificado nos autos, por seu advogado que esta subscreve, mandado anexo, vem, respeitosamente, à presença de Vossa Excelência e perante este egrégio tribunal, em atendimento ao despacho de fls. ____, apresentar as

CONTRARRAZÕES DE RECURSO ESPECIAL

interposto pelo recorrente, na forma das razões anexas, requerendo a devida juntada aos autos.

Termos em que,
pede deferimento.

Local, data.

Advogado(a)
OAB

Contrarrazões de recurso especial

Processo n.º ____
Acórdão n.º ____
Recorrente: [NOME COMPLETO]
Recorrido: [NOME COMPLETO]
Origem: TJ

Egrégio Superior Tribunal de Justiça
Colenda Turma
Eméritos Julgadores

1 – Do direito

Diante das particularidades das matérias alegadas em sede do recurso especial pelo recorrente e em razão da pacífica jurisprudência deste egrégio Superior Tribunal de Justiça, o recorrido abstém-se do direito de acrescer outros argumentos jurídicos em oposição ao recurso especial interposto, objeto das presentes contrarrazões, adotando, dessa maneira, como suas contrarrazões, os fundamentos da respeitável decisão proferida pelo Tribunal de Justiça do Estado de ____, que, com precisão e objetividade, desenhou o direito das partes.

2 – Do pedido

Diante do exposto, pede e espera o recorrido que seja o presente recurso especial desprovido, mantendo, dessa forma, o r. acórdão nos exatos termos em que foi prolatado.

Local, data.

Advogado(a)
OAB

Modelo

Contrarrazões de recurso extraordinário – Peça de interposição

EXCELENTÍSSIMO SENHOR DOUTOR DESEMBARGADOR PRESIDENTE DO EGRÉGIO TRIBUNAL DE JUSTIÇA DO ESTADO DE ____.

⇕ Espaço de 5 linhas

Processo n.º ____
Recorrente: [NOME COMPLETO]
Recorrido: [NOME COMPLETO]

⇕ Espaço de 5 linhas

[RECORRIDO], já qualificado nos autos, por seu advogado que esta subscreve, mandado anexo, vem, respeitosamente, à presença de Vossa Excelência e perante este egrégio tribunal, em atendimento ao despacho de fls. ___, apresentar as

CONTRARRAZÕES DE RECURSO EXTRAORDINÁRIO

interposto pelo recorrente, na forma das razões anexas, requerendo a devida juntada aos autos.

Termos em que,
pede deferimento.

Local, data.

Advogado(a)
OAB

Contrarrazões de recurso extraordinário

Processo n.º ____
Acórdão n.º ____
Recorrente: [NOME COMPLETO]
Recorrido: [NOME COMPLETO]
Origem: TJ

Excelso Supremo Tribunal Federal
Colenda Turma
Insignes Ministros

1 – Do direito
1.1 – Da repercussão geral
Preliminarmente, cumpre ressaltar que o recorrente, quando da interposição do recurso extraordinário, não comprovou o atendimento à Constituição Federal e ao Código de Processo Civil Brasileiro quanto ao requisito da repercussão geral sobre a matéria a ser discutida no bojo do presente recurso, o que por si só deverá acarretar o não conhecimento do mesmo por este excelso tribunal, nos termos do artigo 543-A do CPC, que diz:

O Supremo Tribunal Federal, em decisão irrecorrível, não conhecerá do recurso extraordinário, quando a questão constitucional nele versada não oferecer repercussão geral, nos termos deste artigo.
[...]

1.2 – Do mérito
Com base nas particularidades das matérias alegadas em sede do recurso extraordinário pelo recorrente e em razão da pacífica jurisprudência deste excelso Supremo Tribunal Federal, o recorrido abstém-se do direito de acrescer outros argumentos jurídicos em oposição ao recurso extraordinário interposto, objeto das presentes contrarrazões, adotando, dessa maneira, como suas contrarrazões, os fundamentos da respeitável decisão proferida pelo Tribunal de Justiça do Estado de ___ que, com precisão e objetividade, desenhou o direito das partes.

2 – Do pedido
Diante do exposto, pede e espera o recorrido que seja o presente recurso extraordinário desprovido, mantendo, dessa forma, o r. acórdão nos exatos termos em que foi prolatado.

Local, data.

Advogado(a)
OAB

Embargos de divergência em recurso especial e em recurso extraordinário

A previsão dos embargos de divergência encontra-se no artigo 546 do CPC, que diz:

É embargável a decisão da turma que:
I – em recurso especial, divergir do julgamento de outra turma, da seção ou do órgão especial;
II – em recurso extraordinário, divergir do julgamento da outra turma ou do plenário.
Parágrafo único – Observar-se-á, no recurso de embargos, o procedimento estabelecido no regimento interno.

A respeito do tema, afirma Cássio Scarpinella Bueno (*op. cit.*, p. 347):

O recurso de embargos de divergência visa, como outros mecanismos processuais, a uniformizar a jurisprudência, eliminando a controvérsia existente sobre determinadas teses jurídicas, com todos os inconvenientes daí derivados.

Tal ensinamento corrobora meu entendimento de que o presente recurso tem por finalidade uniformizar a jurisprudência apenas do Supremo Tribunal Federal e do Superior Tribunal de Justiça, não havendo amparo legal para seu cabimento a fim de uniformizar a jurisprudência dos demais tribunais. Isso porque, para a referida uniformização, a parte interessada poderá valer-se de outro mecanismo, qual seja, do incidente de uniformização de jurisprudência.

Os embargos de divergência devem ser entendidos como um recurso extraordinário, não em sentido *stricto sensu*, uma vez que seu objetivo não é garantir de forma direta ao embargante uma solução mais adequada a seus interesses. Assim como os recursos especial e extraordinário, os embargos de divergência visam à uniformização de um direito amparado na jurisprudência e, de forma difusa, o direito do embargante.

Cabimento dos embargos de divergência

A princípio, o cabimento desse recurso, como mencionado, encontra-se previsto no artigo 546 do CPC.

Já nos termos dos artigos 330 a 336 do regimento interno do STF, somente cabem embargos de divergência da decisão de turma que, em recurso extraordinário ou em agravo por instrumento, divergir de julgado de outra turma ou do plenário na interpretação do direito federal. A divergência deverá ser comprovada por certidão ou cópia autenticada ou mediante citação do repositório de jurisprudência, oficial ou autorizada, com a transcrição dos trechos que configurem o dissídio, mencionadas as circunstâncias que identifiquem ou assemelhem os casos confrontados.

De outro lado, não servirá para comprovar a divergência acórdão já invocado para demonstrá-la, mas repelido como não dissidente no julgamento do recurso extraordinário. Sua disciplina pelo STJ encontra-se prevista também em seu regimento interno, nos artigos 266 e 267.

Quanto ao procedimento, os embargos de divergência deverão ser opostos em 15 dias, perante a secretaria, e juntados aos autos, independentemente de despacho, possuindo efeito devolutivo. Suas razões recursais devem ser apresentadas diretamente no Supremo Tribunal Federal ou no Superior Tribunal de Justiça, conforme o caso, não se admitindo sua oposição na forma adesiva.

Uma vez distribuídos os embargos, os autos serão conclusos ao novo relator, que poderá admiti-los ou rejeitá-los, de acordo com o regimento interno do STF, artigo 335, e do STJ, artigo 266. Da decisão que negá-los caberá agravo interno.

Julgamento dos embargos de divergência

De acordo com o regimento interno do STF, o julgamento dos embargos de divergência compete ao plenário desse excelso tribunal. No STJ, o julgamento fica a cargo das seções ou da Corte Especial, conforme regimento interno do STF e do STJ.

Importante!

É embargável a decisão da turma que, em sede de recurso especial, divergir do julgamento de outra turma, da seção ou do órgão especial ou que, em sede de recurso extraordinário, divergir do julgamento de outra turma ou do plenário. O presente recurso visa a uniformizar a jurisprudência apenas do Supremo Tribunal Federal e do Superior Tribunal de Justiça, não havendo amparo legal para seu cabimento a fim de uniformizar a jurisprudência dos demais tribunais. Isso porque, para a referida uniformização, a parte interessada poderá valer-se do incidente de uniformização de jurisprudência.

Os embargos de divergência serão endereçados ao Supremo Tribunal Federal ou ao Superior Tribunal de Justiça, conforme a jurisprudência a ser uniformizada. Quanto ao procedimento, deverão ser opostos em 15 dias, perante a secretaria, e juntados aos autos, independentemente de despacho, possuindo efeito devolutivo.

Modelo

Embargos de divergência – Peça de interposição

EXCELENTÍSSIMO SENHOR DOUTOR PRESIDENTE DO SUPREMO TRIBUNAL FEDERAL.

↕ Espaço de 5 linhas

Processo n.º ____
Recurso n.º ____
Embargante: ____
Embargado: ____

↕ Espaço de 5 linhas

[EMBARGANTE – QUALIFICAÇÃO COMPLETA], nos autos da ação falimentar, conforme processo em epígrafe, ajuizada contra [EMBARGADO – QUALIFICAÇÃO COMPLETA], por seu advogado que esta subscreve, mandado anexo, inconformado com o r. acórdão exarado pela ____ Turma, vem, respeitosamente, à presença de Vossa Excelência, interpor, nos termos do artigo 546, II, do Código de Processo Civil, os presentes

EMBARGOS DE DIVERGÊNCIA

pelas razões de fato e de direito anexas.

Local, data.

Advogado(a)
OAB

Razões dos embargos de divergência

Eméritos Julgadores

1 – Dos fatos

O embargante teve contra si proferida em grau de recurso o acórdão de n.º ____ por este excelso tribunal, o qual fora desfavorável a suas pretensões, quando do não acolhimento ao pedido de reforma da decisão que negara seu direito de requerer a falência de seu devedor consubstanciada em uma nota promissória.

Essa é a síntese dos fatos.

2 – Do direito

Em que pese o notório saber jurídico desta colenda turma, ela diverge frontalmente da própria jurisprudência que vinha sendo proferida por outra seção e pelo próprio plenário.

No processo em discussão, isto é, *sub judice*, o acórdão, objeto dos presentes embargos de divergência, diz:

[TRANSCREVER A EMENTA DO ACÓRDÃO.]

Não obstante a decisão proferida pelo citado acórdão, a jurisprudência desta corte, em outro acórdão, mesmo tratando-se de caso idêntico, entendeu:

[TRANSCREVER A EMENTA DO NOVO ACÓRDÃO.]

Ao analisar, portanto, a decisão proferida no acórdão de n.º ____, objeto do presente recurso, fica patente que o mesmo se encontra em desconformidade com as demais decisões proferidas por outras seções da própria Suprema Corte, o que por si só autoriza a interposição dos embargos de divergência com o intuito de uniformizar a jurisprudência, nos termos do artigo 546, II, do Código de Processo Civil, que diz:

É embargável a decisão da turma que:
[...]
II – em recurso extraordinário, divergir do julgamento da outra turma ou do plenário.

Eméritos julgadores, a uniformização da jurisprudência, pelos presentes embargos, e em especial pela aplicação do acórdão de n.º ____, proferido pela ____ Turma, decorre do direito do embargante, já reconhecido em outras decisões, isto é, em casos semelhantes.

3 – Do pedido

Isso posto, pede o embargante o reexame do referido acórdão, bem como sua reforma no sentido de prevalecer o entendimento do acórdão e da jurisprudência proferida pelas demais turmas deste excelso tribunal, por ser medida da mais lídima Justiça.

Local, data.

Advogado(a)
OAB

Referências bibliográficas

ALMEIDA, Amador Paes. *Curso de falência e concordata*. 16. ed. São Paulo: Saraiva, 1998.

__________. *Curso de falência e recuperação de empresa*. 21. ed. São Paulo: Saraiva, 2005.

ALMEIDA, André Luiz Paes de; MAZZA, Alexandre (Coord.). *Vade mecum empresarial*. São Paulo: Rideel, 2010.

ALVIM, Eduardo Arruda. *Curso de Direito Processual Civil*. São Paulo: Revista dos Tribunais, 1999.

AMARO, Luciano. *Direito Tributário brasileiro*. 11. ed. São Paulo: Saraiva, 2005.

BALEEIRO, Aliomar. *Direito Tributário brasileiro*. 11. ed. Rio de Janeiro: Forense, 2005.

BUENO, Cássio Scarpinella. *Curso sistematizado de Direito Processual Civil*. v. 5. 3. ed. São Paulo: Saraiva, 2011.

__________. *Tutela antecipada*. 1. ed. São Paulo: Saraiva, 2004.

BULGARELLI, Waldirio. *Títulos de crédito*. 17. ed. São Paulo: Atlas, 2001.

CARNEIRO, Athos Gusmão. *Recurso especial, agravos e agravo interno*. 6. ed. Rio de Janeiro: Forense, 2009.

Código Brasileiro de Defesa do Consumidor comentado. 8. ed. Rio de Janeiro: Forense Universitária, 2005.

Código Comercial. 5. ed. São Paulo: Revista dos Tribunais, 2000.

Código de Processo Civil. 2. ed. São Paulo: Revista dos Tribunais, 2000.

COELHO, Fábio Ulhoa. *Código Comercial e legislação complementar anotados*. 6. ed. São Paulo: Saraiva, 2003.

__________. *Comentários à nova Lei de Falências e de Recuperação de Empresas*. São Paulo: Saraiva, 2005.

__________. *Curso de Direito Comercial*. 6. ed. São Paulo: Saraiva, 2003.

__________. *Manual de Direito Comercial*. 14. ed. São Paulo: Saraiva, 2003.

DIDIER JR., Fredie. *Curso de Direito Processual Civil*, v. 3, 9. ed. São Paulo: Podivm, 2011.

DINAMARCO, Cândido Rangel. *Instituições de Direito Processual Civil III*. 6. ed. São Paulo: 2009.

DINIZ, Maria Helena. *Código Civil anotado*. 8. ed. São Paulo: Saraiva, 2002.

__________. *Lei de Locações de Imóveis Urbanos comentada*. 4. ed. São Paulo: Saraiva, 1997.

FAZZIO Jr., Waldo. *Nova Lei de Falência e Recuperação de Empresas*. São Paulo: Atlas, 2005.

FILOMENO, José Geraldo Brito. *Manual de direitos do consumidor*. 8. ed. São Paulo: Atlas, 2005.

FIUZA, Ricardo. *Novo Código Civil comentado*. São Paulo: Saraiva, 2003.

MAMEDE, Gladston. *Direito societário: sociedades simples e empresárias*. São Paulo: Atlas, 2004.

MARINONI, Luiz Guilherme; ARENHART, Sérgio Cruz. *Procedimentos especiais*. 2. ed. São Paulo: Revista dos Tribunais, 2011.

MARTINS, Fran. *Contratos e obrigações comerciais*. 15. ed. Rio de Janeiro: Forense, 2002.

__________. *Curso de Direito Comercial*. 28. ed. Rio de Janeiro: Forense, 2002.

__________. *Títulos de crédito*. 11. ed. Rio de Janeiro: Forense, 2001.

MENDONÇA, J. X. Carvalho. *Tratado de Direito Comercial brasileiro*. 7. ed. Rio de Janeiro: Freitas Bastos, 1963.

MIRABETE, Júlio Fabbrini. *Manual de Direito Penal II*. 22. ed. São Paulo: Atlas, 2004.

NEGRÃO, Ricardo. *Manual de Direito Comercial e de Empresa*. 3. ed. São Paulo: Saraiva, 2003.

NEGRÃO, Theotonio; GOUVÊA, José Roberto F. *Código de Processo Civil*. 36. ed. São Paulo: Saraiva, 2004.

NERY JR., Nelson; ANDRADE, Rosa Maria. *Código de Processo Civil comentado*. 4. ed. São Paulo: Revista dos Tribunais, 1999.

PINTO, Nelson Luiz. *Manual dos recursos cíveis*. 3. ed. São Paulo: Malheiros, 2004.

REALE, Miguel. *Lições de Direito*. 27. ed. São Paulo: Saraiva, 2003.

REQUIÃO, Rubens. *Curso de Direito Comercial*. 25. ed. São Paulo: Saraiva, 2003.

RIZZARDO, Arnaldo. *Leasing: arrendamento Mercantil no Direito Brasileiro*. 4. ed. São Paulo: Revista dos Tribunais, 2000.

THEODORO JR., Humberto. *Curso de Direito Processual Civil*. v. II. 45. ed. Rio de Janeiro: Forense, 2010.

WAMBIER, Luiz Rodrigues. *Curso avançado de Processo Civil*. v. 1. 9. ed. São Paulo: Revista dos Tribunais, 2006/2007.